W0291860

Lone Frank · Liebe

LONE FRANK

LIEBE

VOM HÖCHSTEN DER GEFÜHLE

Aus dem Dänischen
von Kerstin Schöps

KEIN & ABER

Die Originalausgabe erschien 2020 unter dem Titel
Størst af alt bei Politikens Forlag.
© Lone Frank and Politikens Forlag 2020
in agreement with Politiken Literary Agency

Deutsche Erstausgabe
Alle Rechte vorbehalten
Copyright © 2023 by Kein & Aber AG Zürich – Berlin
Cover: Maurice Ettlin
Satz: Dörlemann Satz, Lemförde
Druck und Bindung: GGP Media GmbH, Pößneck
ISBN 978-3-0369-5889-7
Auch als eBook erhältlich

www.keinundaber.ch

Für Morten

Für Peter

Man kann nie wissen, was man wollen soll, weil man nur ein Leben hat, das man weder mit früheren Leben vergleichen noch in späteren korrigieren kann.

MILAN KUNDERA

PROLOG

Das Klingeln des Telefons ist leise und zart, aber es trifft mich in der Dunkelheit des Morgens mit der Wucht einer Explosion. Es ist sieben Uhr. Niemand ruft morgens um sieben an. Nur die, von denen man nichts hören will. Ich weiß, wer es ist, bevor ich das Display berühre. Die Krankenschwester von der Palliativstation redet nicht lange um den heißen Brei herum.

»Ihrem Mann geht es sehr schlecht. Es ist möglich, dass er im Sterben liegt.«

Was meint sie? Das kann nicht wahr sein. Hier muss eine Verwechslung vorliegen.

»Aber gestern Abend, als ich nach Hause gegangen bin, war sein Zustand nicht kritisch. Ich habe die Nachtwache gefragt, und sie hat gesagt ›Immer mit der Ruhe‹ und ›Bis morgen!‹.«

»Sein Zustand hat sich im Laufe der Nacht verschlechtert. Er zeigt keine Reaktionen.«

Ich lege auf. Es ist kalt im Schlafzimmer. Plötzlich befinde ich mich in einer verzerrten Wiederholung einer ähnlichen Situation, nur liegt diese Jahre zurück. Damals kam der Anruf von der Onkologischen Station des Krankenhauses in Århus. Sie sagten mir, dass ich augenblicklich kommen solle, weil meine Mutter im Sterben lag. Damals war ich 18, heute bin ich 48. Aber das Gefühl, dass durch meine Adern Quecksilber fließt, ist identisch.

Meine Klamotten, die ich gestern getragen habe, liegen neben dem Bett auf dem Boden. Ich ziehe sie wieder an, schnappe mir den Autoschlüssel und fahre los. Es ist Ende November, es hat gefroren, ich müsste die dünne Eisschicht von der Windschutzscheibe kratzen. Mit dem Ärmel reibe ich ein Loch frei, durch das ich sehen kann. Das muss genügen. Ich fahre rückwärts aus der Einfahrt, treffe dabei möglicherweise ein Fahrrad. Egal, Hauptsache, los.

Wie kann es sein, dass jede Ampel auf der Strecke rot ist? Und warum dauern die Ampelphasen länger als sonst? Da stimmt etwas nicht. Heute kann nicht das Ende sein. Wenn ich mich darauf konzentriere, dann wird er aufwachen, er muss aufwachen. Gestern noch, das ist nicht einmal einen Tag her, saß ich bei einem der Ärzte im Zimmer, und der hat mir gesagt, dass er noch Zeit hat, ein paar Monate.

So früh am Morgen gibt es noch Parkplätze vor dem großen Tor. Ich achte darauf, keinen Bordstein mitzunehmen, schließe den Wagen ab und renne auf den Eingang mit den sehr langsamen, elektrischen Schiebetüren und dem Schild zu, auf dem Palliativstation steht. Niemand im Alter von 56 Jahren sollte hier liegen.

Ich gehe an der Schwester von der Frühschicht in ihrem gläsernen Zimmer vorbei, biege nach links, bis ans Ende des Ganges und dann rechts in sein Zimmer.

Er ist nicht wach. Seine Augenlider sind leicht geöffnet, aber er sieht nichts, atmet nur flach und stoßhaft. Ich kenne dieses Röcheln. So klang es auch, als mein Vater vor einigen Jahren bewusstlos in einem anderen Krankenhaus lag.

Sein Herz hat fast einen ganzen Tag gebraucht, um mit dem Schlagen aufzuhören.

Eine blonde Krankenschwester, ich habe sie schon einmal gesehen, kommt ins Zimmer und spricht mit mir. Sie nimmt den Katheterbeutel in die Hand und kontrolliert ihn. Er ist kaum gefüllt, und die Flüssigkeit darin ist dunkel, fast braun. Sie geht wieder. Ich laufe ihr hinterher, hole sie im Gang ein und frage sie, ob er nicht doch wieder aufwachen kann. Sie geht einfach weiter. Ich frage, ob sie ihm nicht irgendetwas geben können? Das glaube sie nicht. Aber was ist denn los, was genau *ist passiert*, dass er jetzt bewusstlos ist? Wir hätten uns doch gestern Abend noch unterhalten? Das kann sie mir nicht beantworten. Das wüssten sie nicht. Sein Zustand habe sich in der Nacht verschlechtert, sie hätten Schwierigkeiten mit dem Katheter gehabt, den sie wegen der Flüssigkeit im Unterleib nicht richtig einführen konnten. Am Ende habe es doch funktioniert, aber jetzt sehe es so aus, als hätten die Nieren versagt.

Die Nieren haben ihren Dienst aufgegeben. Organversagen. Die Worte stürmen in meinem Kopf voran, ich muss sie aufhalten. Konzentriere mich auf einen dünnen Mann in einem blau gestreiften Bademantel, der sich an der Wand entlang langsam an uns vorbeischleicht. Er schiebt einen Infusionsständer vor sich her. Seine Haut ist ausgetrocknet, und gelb, die falsche Farbe.

Ich gehe zurück in das Zimmer. Es gibt keine Veränderung. Er liegt reglos im Bett. Ich nehme seine Hand in meine. Ein weißes Gipsrelief an der Wand über dem Kopfende erinnert mich an das Thorvaldsens Museum. Genauso wie die senffarbenen Wände. Diese Station ist wie ein Museum eingerichtet.

Plötzlich fängt er an zu keuchen, sein Körper zuckt, als würde er sich aufsetzen wollen. Dann gibt er brummende

Laute von sich. Will er mir etwas sagen? Es klingt so eindringlich, er hat die Augen weit aufgerissen, aber sieht weder mich noch etwas im Raum an. Sein Blick ist sonderbar leer. Ich kann nicht erkennen, ob er wach ist. Ich weiß nicht, was ich tun soll, deshalb streichele ich seinen Arm und lehne mich vor. »Nicht sprechen, beruhige dich. Ich bin hier.«

Eine andere Krankenschwester, älter, kommt ins Zimmer und stellt sich wortlos auf die andere Seite des Bettes. In einer einzigen Bewegung holt sie eine Spritze aus ihrer Kitteltasche, sticht damit in das weiche Plastik des Infusionsbeutels, drückt den Inhalt der Spritze hinein und zieht sie wieder heraus. Sie richtet den Schlauch und geht wieder. Das ist Routine, sie macht das mehrmals am Tag. Er wird ruhig, entspannt sich, anders als sonst. Die Zeit verstreicht, vielleicht sind es zwei oder fünf Minuten. Er atmet leise, ein und aus, ein und aus, ein und aus. Am Ende nur noch aus.

Die Liebe kann einen überraschen. Man lebt vor sich hin und denkt, dass man weiß, was Liebe ist, und man seine Gefühle kennt – natürlich tut man das. Aber dann trifft einen das Leben mit voller Wucht, und es fallen einem halbe und ganze Erkenntnisse vor die Füße.

Wir kannten uns seit 13 Jahren, hatten Höhen und Tiefen miteinander erlebt, waren gereist, hatten gestritten und Krisen überwunden, und es sah aus, als hätten wir unseren Kurs gefunden. Wir waren füreinander bestimmt. Nicht, dass das einer von uns so direkt gesagt hätte, wir gehörten nicht zu den Leuten, die von der großen Liebe sprachen oder sich »Ich liebe dich« hinterherriefen. Genau genommen wurde dieser Satz nur wenige Male ausgesprochen und dann meistens etwas unbeholfen und wie im Vorbeigehen. Dafür aber teilten wir den schwarzen Humor, und manchmal kam es vor, dass er mich ansah und rief: »Mann, haben wir es gut zusammen.« Und das hatten wir. Fast jeder Tag begann damit, dass wir über irgendetwas lachten, bevor wir aufstanden. Es schien, dass der Spaß niemals enden würde.

Dann starb er. Er bekam Krebs und zerfiel innerhalb von sechs Monaten Stück für Stück.

Ich dachte, ich würde mich mit Trauer und Verlust auskennen, weil ich meine Mutter am Ende meiner Kindheit und Jahre später meinen Vater verloren hatte, der immer mein Anker gewesen war. Aber dieses Mal verlor ich meinen Geliebten, meinen Mann, und der Verlust meiner Eltern erschien mir im Vergleich wie kleine Wellen an der Oberfläche. Dieser Schmerz war von einer anderen Größenordnung. Die Liebe, die auf einmal heimatlos geworden war, machte erbarmungslos auf sich aufmerksam, indem sie den Sinn des Lebens zerstörte und in mir eine große Leere hinterließ.

Am Boden dieser Leere aber keimte mit der Zeit eine Erkenntnis, die grauenvoll und beängstigend war. Denn ich erkannte, dass meine Liebe für ihn größer gewesen ist, als es mir bewusst war, und größer, als ich mir eingestanden hatte. *Nichts davon hast du verstanden*, wiederholte die Stimme in meinem Kopf. *Du weißt noch nicht einmal, was du gefühlt hast.*

Ehrlich gesagt, habe ich mir über die Liebe nie viele Gedanken gemacht. Ich habe sie als etwas Selbstverständliches betrachtet. Es gab sie einfach. Zu keinem Zeitpunkt habe ich daran gezweifelt, dass meine Eltern mich lieben und mich für ein Prachtexemplar von einer Tochter halten. Das macht Elternliebe schließlich aus. Bedingungslos, bewundernd, blind und so weiter. Auch an der Liebe meiner Partner habe ich nie gezweifelt, obwohl jeder von ihnen bei genauerer Betrachtung einiges ertragen musste. Meine Unzufriedenheit mit dem Leben und meine wechselnden

Ambitionen und dazugehörigen Enttäuschungen durften sich in einigen Beziehungen sehr raumgreifend verhalten. Nicht selten wurden sie ungefiltert in der ganz selbstverständlichen Erwartung in die Welt gebrüllt, dass mir mit Verständnis, Hilfe und Trost begegnet werden soll. Mein Dreh- und Angelpunkt war meine Arbeit, meine Ziele, alles, was ich erreichen wollte. Darin investierte ich meine ganze Energie.

Jetzt saß ich auf meinem grauen Sofa und starrte auf das Regal, wo die Buchrücken meiner eigenen Werke mich anglotzten, im Original und in Übersetzungen. Aber sie wärmten mich nicht. Sie konnten keine Tränen zum Versiegen bringen. Sie nahmen mich nicht an die Hand und sagten: »Liebling, das wird schon wieder.« Genau genommen war das alles unfassbar bedeutungslos geworden, das galt auch für meinen Job, in den ich so viel Zeit und Energie gesteckt hatte und der meine Identität ausmachte.

Die Liebe gilt als »die größte von allen« – alle kennen das Zitat, auch wenn vielleicht nicht jeder weiß, dass es vom Apostel Paulus stammt. Die Liebe ist die zentrale Säule des menschlichen Lebens. Sie hat Bestand und gibt uns Halt, wenn alles in sich zusammenbricht und sich auflöst – wir alle kennen diese Formulierungen und wiederholen sie ganz automatisch. Aber ich hatte sie bisher noch nie *in die Praxis* umgesetzt. Ich hatte diese sehr banale Wahrheit verdrängt oder vernachlässigt, dass die Beziehungen zu anderen Menschen das Fundament des Daseins sind. Ohne andere Menschen sind wir formlos und nutzlos. Diese Wahrheit brüllte mir ins Gesicht. Mit seinem Tod war der letzte Mensch verschwunden, von dem ich sagen konnte, dass ich ihn liebte. Und auch mich liebte niemand mehr.

Mein Bruder und ich hatten nur sporadisch Kontakt, wenn ich mich aufraffte und ihn anrief, was vielleicht einmal im Jahr passierte. Zu den Onkeln und Tanten, Cousins und Cousinen, die auf beiden Seiten der Familie noch lebten, hatte ich kaum noch Kontakt. Zwei Kollegen von mir und eine gute Freundin meines Vaters kümmerten sich um mich und lockten mich ein paarmal vor die Tür. Aber das, was wir die selbst gewählte Familie nennen – die engen Freunde – ja, die waren am Ende doch nicht so eng, denn kein Einziger von ihnen hat mich besucht und sich zu mir auf mein Sofa gesetzt, wo ich ein halbes Jahr lang saß und an die Decke starrte.

Das hässliche Wort »Netzwerk« klang jetzt noch hässlicher, weil ich sah, dass es gar nicht existierte. Wer niemanden oder fast niemanden hat – der ist ein Loser, soziale Ausschussware. Es war armselig, mir das eingestehen zu müssen. Die Frage drängte sich auf: Wie ist es dazu gekommen? Wie bin ich zu diesem Menschen geworden, dessen stärkste Verbindung die zu einem Toten war, ohne dass ich die Stärke dieser Verbindung erkannt habe, während er noch am Leben war?

Hatten der Zufall und die Umstände den Weg dazu bereitet, oder hatte es mit mir, mit meinem Inneren zu tun? Und wenn ja, was war es? Ich musste herausfinden, ob und wie man Liebe überhaupt begreifen kann.

»DIE LIEBE IST DIE EINFACHSTE UND ZUGLEICH die komplizierteste der menschlichen Verhaltensweisen, die Einfluss auf das gesamte Bewusstsein hat. Liebe ist unbeschreiblich – und doch ist sie das Thema, der sich die Poesie am häufigsten zuwendet. Sogar Philosophen müssen zur Bildsprache greifen, um über die Liebe zu schreiben.«

So äußert sich der Literat und Literaturhistoriker Thomas Bredsdorff in seiner Ausführung über die Liebe in dem Nachschlagewerk *Den Store Danske Encyklopædi*. Er hat sich diesem großen Thema eher traditionell genähert und erforscht die verschiedenen Winkel der Philosophie, Poesie und Religion. Die altgriechischen Begriffe des *Eros* und der *Agape* werden diskutiert, mittelalterliche Gedichte über Ritter und unerreichbare Damen kommen zur Sprache, und wir erfahren etwas über die Sage von Tristan und Isolde, das traurige, romantische Paar. Aus dem Eintrag geht hervor, dass die Philosophen dieser Welt mal das eine, mal das andere über das Wesen der Liebe gesagt haben, und auch dem Christentum und seiner zentralen Botschaft über die Liebe wird ein großzügiger Platz eingeräumt.

Der Text ist schön, formvollendet, aber auch schrecklich unbefriedigend. Kein Wort über die Evolution oder Gehirnfunktionen. Nicht einmal die Andeutung des Gewichts von Hormonen oder Biochemie. Alles, was in unserem Alltag in unseren Köpfen vor sich geht und, ob man das nun will oder nicht, die physische Substanz von Liebe ausmacht, wird geflissentlich ausgelassen. Es fehlt mit anderen Worten das, was wenigstens die mechanischen Vorgänge erklärt und somit verraten könnte, warum sich die Liebe in so vielen verschiedenen Formen und Aufmachungen zeigt.

»Jetzt hör auf. Die Liebe ist keine Wissenschaft, und du wirst ihr Wesen auch in keinem Molekül oder einer anderen Struktur nachweisen können«, sagte mir ein alter Freund beim Kaffeetrinken. Es sei die reinste Zeitverschwendung, darüber ein Buch zu schreiben. Die Menschen beschäftigten sich mit der Liebe, seit die Sprache erfunden wurde. Und mein Beharren darauf, mich in die Biologie zu vertiefen, würde garantiert nichts Interessantes zum Vorschein bringen.

Ich bin davon überzeugt, dass er sich irrt. Ich gebe zwar zu, dass größere Geister als ich dieses Thema unter die Lupe genommen haben, aber ich bin der Ansicht, dass es Zeit und Raum für die Ausweitung der Kampfzone gibt.

Es ist wunderbar, sich mit Poesie zu nähren. Ich mache es selbst immer wieder mal. Denn Poesie kann etwas in einem auslösen, wenn sie sich *richtig* anfühlt. Aber die lyrischen Ergüsse sind am Ende nichts anderes als die Beschreibung eines persönlichen und durch und durch subjektiven Erlebens. Dasselbe gilt auch für die hauptberuflichen Denker, die Philosophen, die sich auffällig uneinig sind. Man kann für jede Tagesform und Laune eine passende philosophische Analyse der Liebe finden.

Nehmen wir zum Beispiel den deutschen Pessimisten

Arthur Schopenhauer. Für ihn ist die Liebe zwischen Mann und Frau (eine andere Sexualität existierte für die angesehenen Philosophen des 19. Jahrhunderts nicht) nichts anderes als ein Täuschungsmanöver der Natur. Unser Trieb steuert die Gefühle, die wir einem Menschen entgegenbringen und die unsere eigenen seelischen Bedürfnisse befriedigen sollen. Eine hungrige Gier, die Nahrung braucht. Aber wenn sie dann gesättigt ist, fallen uns die Schuppen von den Augen, wir drehen uns im Bett den Rücken zu und befinden uns wieder in dem Zustand unerträglicher Einsamkeit. Das einzig nennenswerte Resultat dieser leidenschaftlichen Begegnung sind unsere Nachfahren und damit die Arterhaltung. Und so geht es immer weiter, eine hoffnungslose Generation folgt der nächsten nach.

Später meldeten sich die Existenzialisten zu Wort, allen voran Simone de Beauvoir, die betonte, dass die einzig authentische Liebe nur in der (äußerst seltenen) Beziehung zwischen zwei absolut gleichberechtigten Partnern existieren kann, die jeweils die Freiheit des anderen akzeptieren. So wurden die Gefühle politisch.

Und die queere Philosophin bell hooks (die konsequent auf die Kleinschreibung ihres Namens bestand) vertrat vehement den Standpunkt, dass Liebe nichts mit Gefühlen zu tun habe, sondern ausschließlich mit Handlungen. Für sie war Liebe nicht etwas, das einem geschieht, sondern eine bewusste Entscheidung, die bewusste Handlungen nach sich zieht.

Also, wer von ihnen hat nun recht – wenn überhaupt? Die vielen gegensätzlichen Ansichten und Deutungen sind am Ende nur ein Beleg dafür, dass die Analyse und die Definition von Liebe von der Kultur und Geschichte geprägt werden.

Aber das Phänomen als solches ist im Grunde ein biologisches, chemisches und physisches. Wir können das Wesen der Liebe nicht begreifen, ohne einmal tief in sie einzutauchen und uns ihre Mechanismen anzusehen. Mit anderen Worten, wir dürfen uns nicht damit zufriedengeben, was andere über die Liebe zu sagen haben. Wir müssen in ihre Köpfe klettern, um sehen zu können, was darin geschieht. Gleichzeitig ist es notwendig, wenn wir verstehen wollen, woher die Liebe kommt, die evolutionären Kräfte zu beleuchten, die sie geformt haben.

Mit ihrer beeindruckenden Reichweite ist die Liebe nicht nur eine von vielen interessanten, menschlichen Eigenschaften. Sie sitzt auf dem Thron unseres Daseins. Alles, was wir sind und tun, kreist am Ende immer um dieses Band, das uns mit anderen verknüpft. Wir verwenden die Liebe in den unterschiedlichsten Zusammenhängen, benutzen dasselbe Wort für die verschiedensten emotionalen Zustände. Liebe gibt es nämlich nicht nur zwischen Eltern und ihren Kindern oder als romantische und leidenschaftliche Liebe zwischen Individuen aller Geschlechter. Wir sprechen auch von Liebe in tiefen Freundschaften und bewegen uns sogar an den Rand dieses Spektrums, wenn wir von Liebe zu anderen Wesen sprechen (Haustiere oder sogar wilde Tiere). In seiner ätherischsten Version gibt es die Liebe auch für Ideen und Auffassungen (Götter, politische Ideologien, Sagen).

Man kann sagen, dass die Liebe uns Menschen ausmacht. Wenn es sie nicht gäbe, oder sie sich auf eine vollkommen andere Weise abspielen würde, wären wir eine andere Spezies. Was wir daraus aber auch schließen können, ist, dass die Liebe jeden Einzelnen von uns definiert, und ich habe das Gefühl, dass genau das der Schlüssel des Ganzen sein könnte. Erkenne dich selbst, haben die Griechen in der Antike mit erhobenem Zeigefinger gesagt. Ich glaube, dass der beste Weg zur Selbsterkenntnis der ist, herauszufinden, wie man die Liebe versteht, und dann die Ursachen dafür zu suchen.

Das heißt, die persönliche Suche nach der Erkenntnis und dem Verstehen kann zu etwas Allgemeingültigem führen. Wenn ich also von mir ausgehe und mir sehr persönliche Fragen stelle, kann das neue, universale Perspektiven eröffnen.

Es leuchtet ein, dass es keine hübsch sortierte Wahrheit über die Liebe geben wird oder gar einen Ansatz, der einem alles darüber verrät. Wir müssen uns dem Phänomen von mehreren Seiten nähern.

Ich werde mich in der Welt der Wissenschaften herumtreiben und ihre Teilaspekte zusammentragen, um am Ende aus allen Details ein großes Ganzes zusammenzusetzen.

Die Evolutionspsychologen können mir erklären, aus welchem Grund sich unsere behaarten Vorfahren in der Savanne von den anderen Affen abgespalten und die erste Paarbeziehung eingeführt haben. Die Neurowissenschaftler und Biochemiker können enthüllen, wie unser Gehirn Liebe erlebt. Weil aber das Gehirn niemals isoliert ist oder allein agiert, sondern immer in seinem Umfeld, seiner Zeit und seiner Kultur eingebettet ist, müssen wir ganz nah heran und uns ganz weit entfernen. Auf mikroskopischer Ebene können Genetiker belegen, dass subtile Veränderungen in unserer Erbanlage individuelle Unterschiede in der Wahrnehmung und in unseren Fähigkeiten bewirken können. Aber erst die Psychologen und Anthropologen sind in der Lage zu erklären, wie unsere Lebensweise die Liebe formt, bei jedem Einzelnen und in der Gesellschaft.

Meine Suche, die Liebe zu verstehen, ist eher eine Entdeckungsreise. Mein Weg führt mich durch ziemlich unwegsames Gelände. Es gibt kein klares, lineares Narrativ, auf das ich mich stützen kann. Ich sehe vielmehr drei Pfade vor mir, die sich abwechseln und zum Schluss zusammenführen lassen. Der erste ist der persönliche Pfad, der aus meinen Erinnerungen, Erlebnissen und Gedanken zu meinen Begegnungen mit der Liebe besteht. Jeder weiß, dass man selbst nicht gerade sein bester Analytiker ist. Um blinde Flecken und verborgene Ecken aufzuspüren, werde ich Gespräche mit einem Psychologen führen. Er ist Spezialist auf dem Gebiet des menschlichen Liebeslebens und wird mir helfen, einen zweiten Pfad auf meiner Reise einzuschlagen.

Diese beiden Pfade, mein subjektiver, persönlicher sowie der professionelle Blick auf mein Liebesleben, bereiten den Weg für den dritten Pfad, den wissenschaftlichen. Die vielseitige Forschung wird zu Wort kommen und ihr erhellendes und erklärendes Licht auf das gelebte Leben werfen.

Wie sich diese drei zueinander verhalten, kann ich an der Schwelle, an der ich jetzt stehe, noch nicht vorhersagen. Deshalb werden die Teile wie bei einem Mosaik nacheinander gelegt. Von Nahem kann man die Konturen und Formen jedes einzelnen, noch so kleinen Teils sehen. Und wenn man einen Schritt zurücktritt, entsteht hoffentlich ein ganzes Bild.

So komplex die Methode scheint, so einfach ist mein Antrieb. Mir will ein Satz des norwegischen Autors Stig Sætterbakken nicht aus dem Kopf gehen, der sich nach der Veröffentlichung seines letzten Romans das Leben genommen hat. »Man schreibt, wenn man nicht liebt.« Ich stürze mich ins Schreiben, weil ich lieben lernen will.

»Herzlich willkommen – melden Sie sich bei der Rezeption an, bedienen Sie sich mit einer Tasse Kaffee und nehmen Sie Platz.«

Der Text steht auf der Praxiswand des Psychologen Asger Neumann. Die Buchstaben sind geschwungen, aber modern, und die Message ist freundlich und einladend. Das ist Neumann auch, der aus den hinteren Räumen auf mich zukommt und mir die Hand entgegenstreckt. Er ist nicht größer als ich, von normaler Statur, sein Haar ist grau und etwas zerzaust, er trägt Bart und hat interessierte Augen. Hinter seinem aufmerksamen Zuhören schlummert ein Lächeln, das jeden Augenblick zum Vorschein kommen könnte.

»Wie ist es, wieder hier zu sein?«, fragt er und meint damit, in Aarhus zu sein. Das ist meine Heimatstadt, obwohl ich seit einer halben Ewigkeit nicht mehr hier wohne. Aber irgendwie passt es, dass ich ausgerechnet in Aarhus das Gespräch mit einem Psychologen suche. Neumanns Praxis befindet sich am Bahnhof Nørreport. Von dort teilt sich die Straße in alle Richtungen und führt an Orte, die mir etwas bedeutet haben. Den Hügel hinauf Richtung Randersvej sieht man auf der einen Seite die Universität, in der ich studiert habe, und auf der anderen das Ehemalige Kommunale Krankenhaus, in dem meine Mutter gearbeitet hat. Im rechten Winkel stößt die Nørre Allé dazu, wo eine Abteilung der Dänischen Volkshochschule untergebracht ist, an der mein Vater die meiste Zeit meiner Kindheit unterrichtet hat. Von dort war es damals nur ein kurzer Spaziergang zur Koch-Schule, in die ich neun Jahre lang ging. Diese Orte, die quasi das Dreieck meiner Kindheit verbildlichen, habe ich unzählige Male besucht und immer wieder in meine Erinnerungen eingebaut.

»Lass uns hier reingehen«, sagt Asger und öffnet die Tür zu seinem Büro, das aus einem Wohnmagazin stammen könnte. Auf den breiten Fensterbrettern stehen Bilderrahmen mit kleinen Zeichnungen, antike und ausgefallene Möbel bilden einen hervorragenden Kontrast zu den modernen, glatten Oberflächen. Hinter dem Schreibtisch hängt ein großes Gemälde, auf dem die Beine eines Mannes zu sehen sind. Sie sind sonderbar verdreht. Darunter befindet sich eine Eisfläche, die von Sprüngen durchzogen ist, wie man das von Schlittschuhbahnen kennt. Die Hosen und die braunen Schuhe lassen unmittelbar an einen Geschäftsmann denken, aber die Szene hat etwas Beunruhigendes, Zweideutiges. Ich habe das ungute Gefühl, vor einem sehr raffiniert platzierten Rorschachtest zu sitzen. Man kann nämlich nicht sehen, ob der Mann gemütlich auf dem Eis sitzt oder gestürzt ist. Ist die Eisdecke dick genug und sicher, oder wird er gleich einbrechen?

»Nimm dir gerne ein Croissant, die haben die perfekte Knusprigkeit«, sagt Neumann und zeigt auf einen Brotkorb, der auf dem niedrigen Tisch zwischen uns steht. Die Stühle sind sehr bequem, es gibt Wasser und Kaffee in reichlichen Mengen. Die Schachtel mit den Kleenex-Tüchern für weinende Klienten steht etwas abseits in einem Regal.

Es ist das erste Mal für mich. Nicht etwa, weil meine Psyche keinen Bedarf für Verbesserung und Heilung hätte, sondern weil ich dieser Zunft gegenüber immer ein gewisses Misstrauen hegte. Im Gegensatz zu den Neurowissenschaften, die mich geprägt haben, zeichnen sich weite Teile der Psychologie durch bloße Theoriebildung und Annahmen ohne jede empirische Grundlage aus. Ich habe mich für Asger Neumann entschieden, weil er sich aus beruflichen Gründen für die Liebe interessiert und sie durch eine Linse betrachtet, die sich zwar auf die Erkenntnisse der Wissenschaft beruft, aber gleichzeitig über ein beeindruckendes Weitwinkelobjektiv verfügt.

»Dein Projekt ähnelt in vielerlei Hinsicht meinem eigenen«, sagte er, als ich ihn das erste Mal anrief und ihm mein Interesse für das Wesen der Liebe schilderte.

»Bei mir gibt es, wie bei dir, einen Auslöser für mein Interesse«, erzählt er mir jetzt. In den 80er-Jahren war Neumann als Student Mitglied des Det Neodepressionistiske Danseorkester, einem New-Wave-Orchester aus Aarhus, das 1985 sein erstes Album veröffentlichte. Das Studio gehörte der dänischen Rockband Gnags mit ihrem Frontmann Peter A. G. Nielsen, kurz Peter A. G.

»Ich erinnere mich ganz genau an den Tag, als uns Peter A. G. gerade etwas Technisches erklärte und uns dann plötzlich und aus heiterem Himmel mitteilte, dass er sich scheiden lässt. Er war am Boden zerstört, was mich verwirrte. Ich war fest davon überzeugt, dass dieser Mann, der so viele Texte über die Liebe und Beziehungen geschrieben hat, eine Art Experte ist. Aber das stimmte ganz offensichtlich nicht. Weshalb hatte ich ihm so lange zugehört, als er über die Liebe gesprochen hat?«

Während seines Psychologiestudiums schloss sich Neumann dem Anthropologischen Forum an, einer Plattform für jene, die sich mit den sogenannten anthropologischen Konstanten beschäftigten. Damit sind die universellen Aspekte unserer menschlichen Grundkonstitution gemeint. Wir können es auch die menschliche Natur nennen. Diese Aspekte können zwar eine unterschiedliche, kulturelle Ausprägung und Gestalt haben, je nachdem, wo und wann man mit ihnen in Berührung kommt, aber sie alle haben ein gleichbleibendes und übereinstimmendes Fundament, denselben Ursprung.

»Die Liebe tauchte irgendwann als Thema in mir auf, und ich wusste, dass ich mich damit beschäftigen will. Weil sie als Phänomen so viele Gebiete der Psychologie berührt, die Entwicklungspsychologie, die Psychoanalyse und die Sozialpsychologie. Außerdem streckt die Liebe ihre Fühler weit in die angrenzenden Wissenschaften, die Biologie, die Anthropologie und Soziologie – ja, auch die Theologie, wenn man so weit gehen will?«

Ich erwidere nichts darauf, sondern konzentriere mich darauf, mir Kaffee einzuschenken. Neumann ignoriert mein Schweigen und fährt fort.

»Die Liebe ist ein Phänomen, das eine konstituierende Bedeutung für die menschliche Natur hat. Sie ist die Grundform unseres Daseins, muss aber gleichzeitig auf verschiedenen Ebenen betrachtet werden.«

Das erinnert mich an ein Gespräch, das ich mit dem amerikanischen Neurobiologen Robert Sapolsky geführt habe. Er betonte, dass es unmöglich ist, die menschlichen Handlungen und Gefühle nur anhand eines einzigen Parameters erklären zu können. Ob wir uns einen bestimmten Botenstoff, ein Areal im Gehirn, ein Gen oder die besonderen Umstände unserer Vorfahren in der Savanne genauer ansehen. Alle Parameter müssen gleichzeitig aktiv sein. Um zu einem wahrhaftigen Verständnis für die Gefühle und Handlungen zu gelangen, ist es erforderlich, alle wissenschaftlichen Erkenntnisse zurate zu ziehen und sowohl unser Gehirn, unsere Kultur und unsere Entwicklungsgeschichte zu berücksichtigen.

»Wir können unsere menschliche Natur auch als die Basis bezeichnen, sie bildet die unterste Ebene. Darüber kann uns die Evolutionslogik und evolutionäre Psychologie einiges verraten und uns die mentale Entwicklung unserer Art erklären«, sagt Asger Neumann. »Über dieser Basis gibt es eine Ebene, auf der die individuelle Genetik und die Varianten der menschlichen Biochemie eine Rolle spielen. Details, die dafür sorgen, dass mein Gehirn anders reagiert als deins. Und darüber haben wir die Ebene der Familie und Kultur, in der wir aufgewachsen sind und die einen extrem starken Einfluss darauf hat, wie wir die Liebe sehen. Diese kulturelle Ebene ist verantwortlich für unsere Scham- und Schuldgefühle und prägt unser Verständnis von richtig und falsch, erstrebenswert und so weiter. Und über alldem, über der Natur und der Kultur, schwebt eine Metaebene, in der wir als Individuum die vielen verschiedenen Einflüsse reflektieren und abwägen. Folge ich den Konventionen oder nicht?«

Plötzlich huscht ein Lächeln über sein Gesicht, er legt sein angebissenes Croissant beiseite. Offenbar ist ihm ein Gedanke gekommen.

»Das ist jetzt ein bisschen peinlich, aber um es zu verbildlichen, erzähle ich dir von einem Geburtstagsfest, auf dem ich vor Kurzem war. Ich habe mich mit einer Frau intensiv und interessant über die Betreuungsinstitutionen in der Stadt unterhalten, aber … ihr Dekolleté war *wirklich* tief ausgeschnitten.«

Trotz bester Intentionen hatte er beträchtliche Schwierigkeiten, sich auf die Partie oberhalb des Ausschnitts zu konzentrieren.

»Am Tag danach sah ich die Parallelen zu einem Spaziergang mit meinem Hund. Wenn er abhaut, um einem anderen hinterherzulaufen. Ich brülle ihm hinterher, und dann bleibt er auch stehen. Aber dann macht er ein paar Schritte vor, dann wieder zurück. Als würden in ihm zwei Kräfte arbeiten, die Natur zieht ihn weiter, und die Erziehung kämpft dagegen an. Bei mir fand etwas Ähnliches statt. Im Unterschied zu meinem Hund aber kam noch etwas Drittes hinzu, die Reflexion. Wir müssen unsere Natur die ganze Zeit beherrschen, weil wir gegenüber der Welt und der Wirklichkeit, in der wir leben, eine Verpflichtung haben.«

Er lehnt sich in seinem Stuhl zurück, als würde er mir jetzt den Ball zuwerfen wollen.

»Auch du hast diese Ebenen in dir, von deiner ursprünglichen Natur bis hin zu den Feinheiten deiner Kultur und Selbstreflexion. Wenn du damit einverstanden bist, werden wir versuchen, sie genauer anzusehen?«

»Ich erinnere genau, als du mich das erste Mal angesehen hast. Als wäre es gestern gewesen.«

So fing die Lieblingsgeschichte meines Vaters an. Sie spielte sich 1966 ab, in einer Zeit, als Väter noch nicht mit in den Kreißsaal geschleppt wurden. Er saß zu Hause mit meiner Großmutter in unserer Wohnung in Trøjborg, rauchte Kette und wartete auf den Anruf vom Geburtshaus. Ich war ein paar Stunden alt, als mein Vater seine Frau und seine kleine Tochter besuchen durfte. Er hob mich aus dem Kasten auf Rädern, in die man früher die Neugeborenen gelegt hat, und wiegte mich in den Armen. Da habe ich plötzlich die Augen aufgeschlagen.

»Woom!«, hat er immer gesagt und beschrieben, dass sich dieser Moment wie eine innere Explosion angefühlt hat. »Du hast mich angesehen, tief in mein Inneres. Du hast durch mich durchgesehen.«

»Jetzt hör auf damit, Papa«, habe ich jedes Mal geantwortet und so getan, als würde mich seine wahnsinnige Übertreibung stören. Ein Neugeborenes kann noch überhaupt nichts mit dem Blick fixieren, habe ich erwidert. Es sieht nur verschwommene Umrisse seiner Umgebung und hat von nichts eine Ahnung. Es ist ein unkoordinierter Haufen von Instinkten und Reflexen, ein übergroßer Fötus, sonst nichts. Aber mein Vater lächelte nur wie jemand, der über privilegiertes Wissen verfügt, und beharrte auf seiner Deutung. Ich hätte ihn nicht nur gesehen, sondern angeschaut und für gut befunden.

Das kann ich auf den Fotos in dem alten Album aus den 60-ern nachprüfen, das in meinem Bücherregal steht. Die Seiten sind beklebt mit Schnappschüssen von der kleinen Lone in den unterschiedlichsten Posen und Situationen oder von *Lone und Papa*. Es gibt auffällig wenige Fotos von *Lone und Mama*. Und auf denen, die es gibt, kümmert sich meine Mutter eher um praktische Dinge wie mich zu baden, zu wickeln oder mir unter Protest die Ohren zu säubern. Bei meiner Taufe hält meine Mutter mich in Kleidchen und mit Schleifchen bestückt in den Armen. Sie selbst trägt eine Perlenkette und strahlt in die Kamera, während ich mürrisch den Kopf zur Seite drehe.

Die Fotos mit meinem Vater erzählen etwas anderes, sie zeigen uns immer bei einer gemeinsamen Unternehmung oder in ein Gespräch vertieft.

Auf einem bin ich eine vier Jahre alte Akrobatin in kurzem Kleid und mit Sonnenhut auf dem Kopf. Es ist ein warmer Sommerabend, und ich stehe barfuß auf den Schultern meines Vaters, der breit in die Kamera grinst. Er hält eine meiner Hände, während ich die andere frech in den Himmel strecke. Unser Schatten auf dem Rasen sieht aus wie ein Fabelwesen.

Auf einem anderen bin ich noch etwas jünger. Ich sitze in einem weißen Gitterbettchen, über mir ein Hampelmann, an meiner Seite mein roter Stoffelefant, der mit mir unter der Decke liegt. Mein Vater sitzt auf dem Boden neben dem Bett und hat das Buch *Mein Hunde ABC* in der Hand. Mein Zeigefinger schwebt über einer der Abbildungen. Man kann deutlich sehen, dass sich unsere Lippen bewegen.

Aber die tiefe Verbindung zu meinem Vater ist schon auf einem der ersten quadratischen Schnappschüsse erkennbar, auf dem ich erst ein paar Wochen alt bin. Meine Mutter hat das Foto gemacht, sie muss dabei auf einem Stuhl gestanden haben, denn man sieht den Raum von schräg oben. Wir sind im Wohnzimmer der ersten Wohnung meiner Eltern, zwei Zimmer unterm Dach in der Tordenskjoldgade. Der grobe graue Teppich mit dem geometrischen Muster hat seit den 50er-Jahren Winterschlaf gehalten. Mein Vater steht in Strümpfen vor einer Kommode aus Mahagoni mit Messingbeschlägen. Er ist nicht älter als 25 Jahre, schlank mit vollem, schwarzem Haar und säuberlich gestutztem Bart. Er hält mich in den Armen. Ich liege auf einem Samtkissen mit Spitzenbesatz wie ein glänzendes Schmuckstück und trage einen weißen Strampler. Aus weit aufgerissenen Augen in einem viel zu großen Kopf starre ich meinen Vater an. Er hat den Kopf gesenkt, sieht mich an, und man hat den Eindruck, dass er mit sanfter Stimme zu mir spricht. »Mein kleiner Schatz, schlaf jetzt ein«, hat meine Mutter in Schönschrift unter das Foto geschrieben.

»Nichts in der *Biologie* macht Sinn außer im Lichte der *Evolution.*«

Das schrieb der ukrainisch-amerikanische Genetiker Theodosius Dobzhansky 1973 in einem berühmten Essay. Der Satz taucht wieder auf, als ich an Asger Neumanns Worte über die Basis der Liebe denken muss und die Evolutionslogik, die auf dieser Ebene ihre größte Wirkung entfaltet. Was zwischen Eltern und Kindern passiert, gibt uns nicht nur die Möglichkeit, den Ursprung der Liebe zu entdecken. Es erklärt auch, warum wir Menschen so anders sind.

Wenn wir uns die Säugetiere ansehen, zu deren Klasse wir gehören, zeichnet sie vor allem die besondere Art der Brutpflege aus – was schon das namengebende Merkmal der Klasse andeutet. Aber nur bei etwa drei bis fünf Prozent aller Säugetierarten kommt es zur Paarbildung oder zur Beteiligung der Männchen bei der Aufzucht, so wie wir Menschen das machen. Sogar unter unseren nächsten Verwandten, den Großaffen, sind wir die Einzigen. Also warum ausgerechnet der Mensch?

Da kommt wieder Dobzhanskys Diktum ins Spiel. Es war einer meiner fachlichen Offenbarungen, die ich im Laufe meines fünfjährigen Studiums der Biologie erlebt habe, und mit Abstand die weitreichendste. Ich hatte das Modul Evolutionstheorie belegt, von dem ich mir keine großen Hoffnungen machte. Ich hatte mich für Biologie entschieden, weil ich eine Faszination für das Gehirn mit all seinen Facetten hatte. Evolutionstheorie fand ich dagegen ziemlich verstaubt. Das Fach klang für mich nach Archäologie. Ich wollte hinaus in die Welt und das moderne Gehirn erforschen und neue, unbekannte Territorien bereisen. Was kümmerten mich die primitiven Lebensformen der Vorzeit oder die Fossilien meiner längst verstorbenen Vorfahren mit zu ausgeprägter Stirnwulst?

Während einer der Vorlesungen blätterte ich gelangweilt in meinem Lehrbuch und stieß auf diesen Satz, die Überschrift eines Artikels. Die kursiven Buchstaben und etwas an der Formulierung weckten mein Interesse, und ich las weiter. Dobzhansky beschrieb darin eine neue Logik, einen Deutungsrahmen, der für die gesamte lebende Natur anwendbar ist und jedes Rätsel aufklären kann. Diese Logik ist einfach, schön und einleuchtend, wenn man sie verstanden hat.

Dobzhansky erinnert uns daran, dass die Eigenschaften

der Organismen nur existieren, weil sie einen unaufhörlichen, evolutionären Prozess durchlebt haben und man diesen Prozess betrachten muss, um sie zu verstehen. Wir sind vielleicht erst gestern zur Welt gekommen, aber unsere DNA ist Milliarden Jahre alt und hat eine Reise durch eine unüberschaubar lange Anzahl anderer Individuen hinter sich, bis sie unsere wurde. Unsere Vorfahren haben sich gepaart und ihr Erbmaterial kombiniert. Und diese Informationen wurden im Laufe der Zeit mit der akkuraten Schere der Evolution zurechtgeschnitten.

Man muss akzeptieren, dass die Evolution keine Romantikerin ist. Die treibenden Kräfte der Entwicklung besitzen weder Werte noch Moral. Sie haben kein Ziel und keine bestimmte Richtung. Sie streben auch nicht nach etwas Höherem, Besserem. Sie werden nicht durch Sorgen gequält oder müssen jemanden oder etwas versorgen. Es ist eine notwendige, unvermeidliche Anpassung an die Umstände und den Druck, der durch die verschiedensten Faktoren ausgelöst wird. Die Natur verursacht pausenlos Veränderungen, die für die einen von Vorteil, für die anderen von Nachteil sind. Wenn es beispielsweise an einem Ort wärmer und trockener wird, werden es Individuen einer dort ansässigen Art, die Wärme und Trockenheit nicht gut tolerieren, schwerer haben zu überleben. Denjenigen, die damit besser umgehen können, wird das leichter fallen.

Die armen Individuen, die den Kräften der Evolution ausgesetzt sind, wandern in vollkommener Unwissenheit umher und tun, was sie nun einmal tun. Nicht ahnend, dass ihre Entscheidungen und Handlungen ausschließlich daran gemessen werden, wie viele Nachkommen sie in die Welt setzen können. Am Ende zählt nämlich in der großen Bilanz der Natur nur, wem es am effektivsten gelungen ist, seine Gene in den großen Genpool zu werfen und weiterzugeben. Man kann ein hübsches, talentiertes und in jeder Hinsicht bewundernswertes Exemplar sein – in der evolutionären Arena hat das keinerlei Bedeutung, wenn man sich nicht vermehrt und Nachkommen gezeugt hat, die eine Überlebenschance haben.

Der Grundgedanke ist denkbar einfach, aber das bedeutet nicht, dass es einem genauso leichtfällt, die evolutionäre Logik oder den Ursprung des Ganzen zu durchschauen. Stattdessen muss man eine Zeitreise machen, Millionen von Jahren zurückgehen, um sich vorstellen zu können, welche Kräfte dafür verantwortlich waren, dass sich neue Arten gebildet haben und sie mit ihrem Verhalten Spuren in deren Nachfahren hinterlassen haben, die bis heute nachwirken. Dafür kann man sich nicht nur den Einfluss der Umweltfaktoren ansehen, sondern muss auch die Lebensform der Organismen und ihr inneres Milieu berücksichtigen. Sind die Tiere Einzelgänger, oder leben sie in Gruppen, und wenn ja, wie groß sind diese Gruppen? Wie haben sie miteinander kommuniziert?

Der Weg führt von Dobzhansky direkt zur Evolutionspsychologie. Denn auch für den Inhalt des Schädels gilt dasselbe wie für die physischen Eigenschaften – unser aufrechter Gang oder der abgespreizte Daumen, der es uns ermöglicht, Objekte sehr detailgenau zu bewegen – sie sind teilweise durch die Evolution verändert worden. Mentale Eigenschaften, Psyche und Verhalten entspringen dem Gehirn und seiner komplexen und komplizierten Zellbiologie, Biochemie und elektrischen Aktivitäten. Natürlich reagiert das Gehirn auf Einflüsse von außen, aber dessen Reaktionen beruhen nicht allein auf gesammelten Erfahrungen, sondern auch auf den Optionen, die von Anfang an in sein System integriert wurden. So wie der Körper hat sich auch die Psyche an die äußeren Umstände angepasst. Das Leben im afrikanischen Busch, in kleinen Gruppen und das über mehrere Hunderttausend Jahre lang, hat seine Spuren hinterlassen. Sie schlagen immer wieder durch und können auch bei den besonders digitalisierten Vertretern der Spezies und naturentfremdeten Stadtmenschen gefunden werden.

Allerdings gibt es nicht die eine mentale Eigenschaft, die wir Menschen ganz für uns allein haben und die nicht in einer ungeschliffenen und primitiveren Ausgabe bei einer anderen Tierart auf dieser Welt existiert. Die Forscher haben sich immer wieder mit großem Aufwand auf die Suche gemacht, um das eine Einzigartige zu finden, das den Homo sapiens endgültig von allen anderen Lebewesen unterscheidet. Zuerst führte man den Gebrauch von Werkzeugen an, später die Ausbildung von Sprache, aber keiner der beiden Aspekte hielt bei genauerer Betrachtung stand. Nicht nur unsere nächsten Verwandten, die Großaffen, sondern auch die Krähenvögel sind ziemlich geschickt im Umgang mit Werkzeugen. Und wenn man sich mit der Kommunikation im Tierreich beschäftigt, wird man regelrecht überschwemmt von Beispielen. Tanzende Bienen, das Schwarmverhalten von Singvögeln bis hin zu Walgesängen und der Mimik von Menschenaffen.

Wir müssen wohl akzeptieren, dass es keine geistige Eigenschaft gibt, weder eine kognitive noch eine emotionale, die nur wir besitzen. Man kann aber Unterschiede festmachen, in der Fähigkeit, sich auszudrücken und vor allem in der Komplexität. Hunde und Makaken folgen zum Beispiel einer sehr basalen Moral und entscheiden unmittelbar, ob etwas fair oder unfair ist. Wir hingegen haben raffinierte Moralphilosophien entwickelt, mit den verschiedensten Grundsätzen und Prinzipien über das Gute.

Lasst uns einen Blick auf die Liebe werfen. Obwohl sie eine vielseitige, komplexe und kulturell geformte Größe ist, kann man ihren Ursprung schnell ermitteln. Es liegt auf der Hand, dass die Brutpflege ein starkes Band zwischen dem Muttertier und ihren Jungen erfordert. Etwas muss sie antreiben, die Brut zu versorgen und zu beschützen. Zum Beispiel die Rattenmutter. Sie macht sich keine philosophischen Gedanken, ob sie ihre Gene durch die nackten, fiependen Geschöpfe in ihrem Nest weitergibt, die sie unter großen Schmerzen aus sich herausgepresst hat. Eine innere Kraft – ein Drang – muss ihr vermitteln, dass es nicht nur natürlich, sondern zwingend notwendig ist, sich um ihre Kleinen zu kümmern, statt sie aufzufressen. Was durchaus vorkommen kann, zum Beispiel, wenn es sich um die appetitliche Brut einer anderen Ratte handelt.

»Eine Ratte kann doch nicht *lieben*«, wird man jetzt wahrscheinlich denken. »Sie folgt doch nur ihren Instinkten.«

So kann man das auch nennen. Aber unsere verfeinerten Empfindungen bauen alle auf einem evolutionären Fundament aus Instinkten oder unmittelbaren Emotionen auf, denen wir lediglich einen Überbau aus Gedanken und Bewusstsein aufgesetzt haben.

Die mütterliche Liebe ist verhältnismäßig leicht und verständlich zu erklären. Anders und weniger einleuchtend ist das bei der Liebe zwischen erwachsenen Individuen und zwischen Vätern und deren Kindern. Bei den Säugetieren sind es nur jämmerliche drei bis fünf Prozent, bei denen es zu einer Paarbildung kommt und die Männchen an der Brutpflege beteiligt sind. Bei den Primaten ist das Phänomen noch seltener, und wenn wir unsere nächsten Verwandten ansehen, die Großaffen, kommt es bei keinem von ihnen zu einer Paarbildung. Und dort beteiligt sich auch keines der Männchen nennenswert bei der Aufzucht ihrer Nachkommen.

Was ist bloß mit dem Homo sapiens passiert? Diese Frage hat die Forscher fast ein ganzes Jahrhundert lang beschäftigt. Die Theorie mit den meisten Anhängern und den besten Argumenten besagt, dass unsere Gehirne zu groß geworden sind. Unser Organ ist so groß geworden, dass unsere Kinder gezwungen sind, extrem unreif auf die Welt zu kommen, weil ihre Köpfe sonst nicht durch den Geburtskanal passen würden. Der wiederum dürfte nicht größer sein, denn das verhältnismäßig schmale Becken der Frau ist Voraussetzung dafür, dass wir auf zwei Beinen laufen können.

Den Anthropologen zufolge hat die Größe unseres Gehirns vor etwa fünfhunderttausend Jahren einen kritischen Quantensprung vollzogen. Die Menschen damals begannen, mehr Fleisch zu essen und sich Essen zuzubereiten. So konnten sie konstanter eine größere Menge an Kalorien zu sich nehmen, um dieses energiezehrende Organ zu nähren. Das Gehirn vertilgt etwa ein Fünftel unseres gesamten Energieverbrauchs, auch wenn es gar nicht intensiv genutzt wird. Man geht davon aus, dass die alleinige Aufzucht der Kinder durch die Mutter oder in Zusammenarbeit mit nahen Verwandten wie Großmutter oder Schwestern nicht mehr möglich war, weil die Beschaffung von Fleisch und zusätzlichen Kalorien fürs Überleben wichtig wurde. Die Spezies überlebte diese Herausforderung, indem die Männchen ihre Rolle aufgaben, als ungebundene Vertreter umherzuziehen, sich bei Gelegenheit zu paaren und danach sofort zu verabschieden. Stattdessen wurden aus ihnen Väter, die Zeit und Arbeit in die Aufzucht ihrer Nachkommen investierten. Der Weg dorthin war der, dass sie für eine begrenzte Zeit eine Bindung zu einer einzigen Frau eingegangen sind – oder hauptsächlich einer – und ihr mit den Kindern geholfen haben. Das ist eine Verhaltensänderung und ein emotionaler Quantensprung.

Männer, die diesem Impuls gefolgt sind, zusammen mit der Frau die gemeinsamen Kinder großzuziehen, haben das Überleben dieser Kinder garantiert. Anders erging es den Kindern, deren Väter diesen Impuls nicht hatten. Die genetischen Varianten, die das Knüpfen dieses Bandes ermöglicht haben, konnten sich effektiv in der Population verbreiten und im Laufe der Zeit die anderen Varianten verdrängen.

Damit war die Liebes-App installiert.

Wie beschreibt man seine Kindheit? Wir haben die Angewohnheit, die erste Phase unseres Lebens mit einem einzigen Wort zusammenzufassen. Zwei oder drei Worte, wenn es hochkommt. »Meine Kindheit war glücklich«, sagt man und betrachtet das eine Adjektiv als ausreichende Beschreibung. Die abgeschwächte Version ist eine »behütete Kindheit« und geht man in die negative Richtung, kommen Begriffe wie eine beschwerte, traurige, unglückliche oder gewalttätige Kindheit.

»Schlimm«, habe ich jahrelang geantwortet, wenn mich jemand gefragt hat. Wenn mein Humor besonders schwarz war, konnte die Formulierung sich auch zu »elend« steigern.

Für mich war meine Kindheit eine Aneinanderreihung von Katastrophen. Die schlimmste, die alles andere überschattete, war der Tod meiner Mutter. Sie war 46 und ich noch nicht erwachsen.

Als ich in die zehnte Klasse kam, wurde bei ihr Brustkrebs festgestellt, und diese Diagnose und die dazugehörige Angst überschattete drei Jahre lang mein Leben, bis ich 18 war. Die Augenblicke und Sequenzen, an die ich mich am besten erinnere, haben alle etwas mit meiner Mutter zu tun.

Zuerst der graue Herbsttag, als sie sich zu mir ins Wohnzimmer setzte, meine Hände in ihre nahm und mir erzählte, dass der Knoten in ihrer Brust Krebs war. Ich heulte wie ein Schlosshund. Meine Mutter hielt mich im Arm, während ich hilflos schluchzte, und sie versuchte, den Ernst der Lage herunterzuspielen. Sie müsste zwar operiert werden, aber vielleicht hatte der Krebs noch nicht in die Lymphknoten in den Achselhöhlen gestreut. Dann hätte sie große Heilungschancen. Zumindest würde sie lange damit leben können.

Er hatte gestreut. Aber nicht so schlimm, wie er es hätte können, erklärte sie mir im Krankenhaus am Tag nach der Operation. Sie hatte eine große klaffende Wunde an der Stelle, wo ihr die linke Brust entfernt worden war, und sie wartete auf die Operation, mit der man den Muskel mit Haut von ihrem Oberschenkel bedecken wollte. Die Wahrscheinlichkeit war groß, dass Chemo und Bestrahlung den Rest beseitigten, den der Chirurg nicht hatte beseitigen können. Das versprach sie mir.

Später kamen die halbjährlichen Kontrollen und Scans dazu und die Wartezeiten, gezeichnet von irrsinniger Hoffnung und schwelender Angst, die ich nur mit dem Aufsagen erfundener Merksätze in Schach halten konnte. Die Bedeutung von besonders komplizierten Fremdwörtern beispielsweise oder die Texte auf den Straßenschildern auf dem Weg von der Schule nach Hause. Aber die Ergebnisse aus dem Labor zerschlugen mit großer Regelmäßigkeit jede Hoffnung. Doch, es seien leider Metastasen in der Leber entdeckt worden, aber die könne man mit einer weiteren Chemo in den Griff bekommen. Doch, leider, die Schmerzen in der Hüfte hingen damit zusammen, dass der Krebs auch in die Knochen vorgedrungen sei. Wir versuchen es mit Bestrahlung. Heilungschancen? Nein, diese Hoffnung gäbe es nicht mehr, aber es gibt einige Patienten, die noch lange damit leben können. Wie viele Jahre? Das könne man so genau nicht sagen.

Meine Mutter lag im Kommunalkrankenhaus, in dem sie jahrelang gearbeitet und Krankenpfleger ausgebildet hatte. Mit eigenem Büro und umgeben von Kollegen und Schülern, um die sie sich gekümmert hatte. Jetzt lag sie in so einem Krankenhausbett und trug einen dieser anonymen, weißen Kittel. Sie war eine Patientin wie alle anderen Patienten auch. Eine ihrer Bettnachbarinnen, eine gesprächige Dame mit silbergrauem Haar, stellte sich als Knut Hamsuns Tochter vor und versicherte mir auf Norwegisch, dass ich das alles großartig meisterte.

Aber das stimmte nicht. Ich war eine Teenagerin und hatte keine Kontrolle über meinen unbeherrschten Geist, meine Wut und meinen Unmut. Ich richtete alles gegen meine Mutter. Ich stritt die ganze Zeit mit ihr, warf ihr lauter unmögliche Dinge vor und gab ihr die Schuld an meinem schrecklichen Leben. Wenn ich nicht schmollte, benahm ich mich daneben und litt unter dem immer größer werdenden schlechten Gewissen.

Nach drei Jahren war es vorbei. Meine Mutter war erneut wegen einer Untersuchung im Krankenhaus, eigentlich keine große Sache. Sie wollten ein paar Proben nehmen und sie ein bisschen aufpäppeln. Aber dann, eines Nachmittags, rief mich die Krankenschwester an und bat mich, sofort ins Krankenhaus zu kommen. Meine Mutter hätte das Bewusstsein verloren, und man könne nicht ausschließen, dass sie im Sterben lag. Die Zeit war gekommen.

Jahrelang sah ich mich als »die, die ihre Mutter verloren hat«. Mein Verlust war zu meiner Identität geworden, die Essenz meiner Existenz. Dieses Unglück war mein psychisches Brandzeichen und legte einen Schatten über mein Leben, der niemals verschwinden würde. Davon war ich überzeugt.

Der Tod meiner Mutter war allerdings nicht die einzige Variable in der Rechnung meiner »schlimmen« Kindheit. Er ließ sich auf einer Kette von Unglücken auffädeln. Dazu gehörte auch die Scheidung meiner Eltern, als ich 12 Jahre alt war. Meine Mutter war unversöhnlich und voller Hass (sie war für eine andere verlassen worden), was einen lebenslangen Loyalitätskonflikt in mir erzeugte.

Drei Jahre vor der Scheidung aber fand das statt, was in meinen Augen die Wurzel allen Übels war: die schicksalsschwere Entscheidung meiner Eltern, mit der Familie – meine Eltern, ich und mein sieben Jahre jüngerer Bruder – aufs Land zu ziehen. Sehr weit raus aufs Land. Genau genommen vom Einfamilienhaus in Risskov, einer Vorstadt von Århus, meiner Welt, in der ich aufgewachsen bin, auf einen stillgelegten Bauernhof in der Nähe der Stadt Ans mitten in Jütland. Ein vom Wind gepeitschtes Loch namens Illerhuse. Es war zu klein, um Dorf genannt zu werden, denn es bestand nur aus einer Handvoll Höfe und fünf bis sieben Häusern, die sich aneinanderkauerten. Am Ende der Welt.

Außer diesen konkreten Ereignissen und Meilensteinen könnte ich noch Weiteres zu meinem Elend hinzufügen. Zum Beispiel das Detail, dass mein Vater Alkoholiker war, wovon ich bis zur Scheidung nichts wusste. Meine Mutter hat es mir erst danach erzählt. Auch die Tatsache, dass ich nie wirklich mit der neuen Frau meines Vaters warm wurde. Ganz zu schweigen von dem schlechten Verhältnis zwischen meinem kleinen Bruder und mir. Er war fast acht

Jahre jünger als ich und hatte sich in mein komfortables Leben als Einzelkind gedrängt. Ich erlebte andere Geschwister, die zusammenhielten und viel Spaß miteinander hatten, wir beide aber befanden uns unablässig in einem von Eifersucht getriebenen Wettkampf.

Das alles ist ziemlich schrecklich. Einiges davon würde man in der psychologischen Forschung unter »traumatischen Erlebnissen« zusammenfassen und sie als Risikofaktoren abspeichern, dass die Betroffenen später in ernsthafte Probleme geraten könnten.

Natürlich ist diese einseitige und ausschließlich negative Aufzählung von Ereignissen eine unangemessene Methode, meine Kindheit zu betrachten. Mein Vater führte mehrmals ins Feld, wenn ich wie immer darüber schimpfte, was ich für ein schweres Gepäck mit mir herumschleppen muss, dass nicht alles schlimm und unglücklich gewesen sei. »Du musst doch deine ganze Kindheit betrachten!«, sagte er, worauf ich ihm wütend antwortete, dass das zu lange her sei und nicht ins Gewicht fiele.

Aber natürlich hat er recht, alles zählt. Aber das wurde mir erst etwa ein Jahr nach dem Tod meines Vaters bewusst, als ich darüber schreiben wollte, wie die Genetik unsere Persönlichkeit und psychische Konstitution beeinflusst.

Ich bat die Professorin Gitte Moos Knudsen von der Kopenhagener Universität darum, eine Handvoll meiner Gene zu testen. Und zwar die Gene, die eine große Rolle in unserem Gehirn spielen und die es in einer robusten und in einer weniger robusten Ausgabe gibt. Die weniger robusten erhöhen unter bestimmten Umständen angeblich das Risiko, psychische Leiden wie Depression und Angststörungen zu entwickeln. Sie sind auch empfänglicher für Stress.

Als die Testergebnisse vorlagen, trafen wir uns in ihrem Büro im Rigshospitalet. Ich hatte mein Aufnahmegerät eingeschaltet, und Gitte Moos Knudsen las mir die Laborergebnisse vor. Mit vollkommen ruhiger Stimme ging sie jedes einzelne Gen durch und teilte mir mit, dass ich ausschließlich die weniger robusten Gene besaß. Nicht nur ein einziges, sondern alle fünf bis sechs, die sie untersucht hatte. Auch im Test, der den Persönlichkeitsaspekt »besonders sensibel« abklärte, hatte ich eine sehr hohe Punktzahl erreicht.

Ich fühlte mich wie eine Verliererin. Ein genetisches Weichei. Unkontrolliert ließ ich meiner Enttäuschung freie Bahn, sowohl von den Genen als auch von meiner Kindheit zum Scheitern verurteilt worden zu sein. Ich erzählte von meinen Depressionen, wie schlecht ich Stress aushalte und wie schnell mein seelisches Gleichgewicht durch die kleinste Unwucht durcheinandergebracht werden kann. Mit einem Wort: lebensuntüchtig.

Gitte Moos Knudsen hörte mir schweigend zu, bis mein Klagegesang endlich verstummte. Dann sagte sie mit nüchternem Ton, dass ich mich doch ganz gut geschlagen hätte. Vielleicht sollte ich mir mal das Verhältnis zu meinen Eltern genauer ansehen.

»Eine gute Bindung, das weiß man heute, kann die mangelnde genetische Robustheit auffangen und einen beschützen.«

Eine gute Bindung. Damals sagte mir das nichts, und ich beschäftigte mich nicht weiter damit. Aber das tue ich jetzt.

Es wird gerne gesagt, dass Liebe für Kinder das Wichtigste ist. Sie ist die Grundsubstanz, die auf keinen Fall fehlen darf und dafür sorgt, dass am Ende alles gut ausgeht. Wenn es eine Elternpflicht gibt, dann jene, die Kinder zu lieben und ihnen diese Liebe zu zeigen. Was heute als eine Selbstverständlichkeit gilt, ist aber historisch betrachtet eine ziemlich neue Idee. Wir alle wissen, dass Kinder in vergangenen Jahrhunderten in armen Familien als billige Arbeitskräfte betrachtet und die Kindererziehung in reichen Familien an Kindermädchen und Hauslehrer abgetreten wurde. Trotzdem ist die Erkenntnis verblüffend, dass der Begriff und die Bedeutung der Elternliebe erst Anfang der Sechzigerjahre aufkamen, begleitet von lautem Geschrei und Widerstand der tonangebenden Akademiker und Experten für Kindererziehung.

Bis weit ins 20. Jahrhundert war man der Überzeugung, dass so eine flüchtige Größe wie die Liebe in seriösen Studien über Kinder und deren Verhalten nichts zu suchen hatte. Liebe ließ sich weder zufriedenstellend definieren noch quantifizieren. Außerdem sei ein Säugling von Natur aus gar nicht mit der Fähigkeit ausgestattet, Liebe zu empfinden. Zudem sollte die frühkindliche Fürsorge, Pflege und Erziehung vor allem bewirken, das Kind gehorsam und folgsam zu machen. Das einfache Kind war das gute Kind, aus dem später ein guter Mensch und damit ein gutes Mitglied der Gesellschaft wurde. Ein Kind sollte mittels Belohnung und Strafe trainiert und geformt werden – so, wie man das mit Haustieren machte.

Man konnte ein Kind anlächeln und ihm über den Kopf streicheln, wenn es etwas richtig gemacht hatte. Wenn es einen Fehler begangen hatte, war es sinnvoll, sich abzuwenden – Nichtachtung galt als eine angemessene Strafe. Es war von größter Wichtigkeit, dass man sich von Geheul und Geschrei nicht beeinflussen ließ – eine im Grunde sehr typische kindliche Reaktion. Eine gute Erziehung bedeutete, niemals nachzugeben und die kindlichen Bedürfnisse zu befriedigen. Damit baute man auf die viktorianischen Ideale auf, dass jede Form von Nachgiebigkeit und Milde unmittelbar zu einem verweichlichten Charakter führten.

Einen großen Einfluss in dieser Zeit hatte der amerikanische Psychologe John Broadus Watson. Als jüngstes Mitglied aller Zeiten war er an die Spitze der American Psychological Association geklettert und sollte sich als einer der meistzitierten Psychologen des 20. Jahrhunderts erweisen. Watson war ein Vertreter des Behaviorismus mit einer ziemlich eingeschränkten Sichtweise. Er wollte die Kinderpsychologie auf ein wissenschaftliches Fundament stellen, in dem nur Faktoren berücksichtigt werden, die man beobachten, messen und wiegen kann. Die Beschäftigung mit kindlichen Gefühlen und Emotionen sah er als nutzlos an, da das Innere eines Kindes als schwarze Box angesehen wurde, über die man nichts wusste. Watson wollte stattdessen herausfinden, welche Reize eine bestimmte Verhaltensreaktion hervorriefen.

Der Mutterliebe stand Watson äußerst misstrauisch gegenüber. Väter kamen bei ihm gar nicht vor. Die Vorstellung, dass ein erwachsener Mann sich mit Babys beschäftigte, war abwegig. Aber von der mütterlichen Liebe ging eine Gefahr aus, die das Kind zerbrechen konnte, wenn es mit den falschen Eindrücken in Kontakt kam. Deshalb musste man von professioneller Seite entgegensteuern.

Watson veröffentlichte 1928 eine psychologische Anleitung *Psychological Care of Infant and Child*, die auf internationales Interesse und Begeisterung stieß. Heute würde man sagen, dass seine Botschaften wirklich nicht für Kinder geeignet waren. Der große Psychologe warnte unter anderem davor, seine Kinder nicht mit »Küssen zu überhäufen«. Seiner Ansicht nach sei das Beste, die Säuglinge ihren sentimentalen Eltern wegzunehmen und sie, strikten wissenschaftlichen Prinzipien folgend, auf »Babyfarms« großzuziehen.

In der Welt der Psychoanalytiker, von denen es Anfang des 20. Jahrhunderts einige gab, hatte man zwar eine andere Sicht auf das Innenleben von Kindern, aber auch Sigmund Freud und seine Anhänger maßen der Liebe keinen großen Wert zu. Sie pflichteten den Behavioristen insofern bei, dass es sich in der Verbindung von Mutter und Kind vorrangig um Nahrung drehte. Das Kleinkind hatte ein großes Bedürfnis nach oraler Befriedigung, deshalb war sein Hauptinteresse auf die Brust gerichtet. In der späteren Entwicklung ging es laut Freud in der Beziehung des Kindes zu seinen Eltern hauptsächlich um unterdrückte sexuelle Gefühle und Wünsche. Genau genommen war die Psyche eines Kindes ausschließlich von Fantasien bestimmt und hatte nicht wirklich etwas mit der realen Welt zu tun und schon gar nicht damit, wie die Mutter (immer nur die Mutter) das Kind behandelte.

Aber es war dann doch ein Psychoanalytiker, der alles änderte und die Grundlage dafür schuf, dass die Liebe nicht nur in die moderne Kleinkindpsychologie Einzug hielt, sondern auch in die Wissenschaft.

Der britische Psychiater John Bowlby formulierte 1951 seine Bindungstheorie: *Attachment theory*. Deren zentrale Aussage lautet, dass Säuglinge eine emotionale Bindung zu einem anderen Menschen benötigen, der sie beschützt und sich um sie kümmert. Das ermögliche eine positive soziale und emotionale Entwicklung. Für die Selbstregulierung der kindlichen Gefühle sei diese Bindung ausschlaggebend.

Bowlby konnte selbst auf eine Kindheit zurückblicken

mit einer abwesenden Mutter und einem geliebten Kindermädchen, das von einem Tag zum anderen ausgetauscht wurde, als er vier Jahre alt war. Aber ihn hatten vor allem Beobachtungen in Kinderheimen sowie das Verhalten von Kleinkindern, die während langer Krankenhausaufenthalte nicht von ihren Eltern besucht wurden, alarmiert. Diese Kinder bekamen alles, was John Watson und seine Anhänger als essenziell ansahen – Nahrung und Körperhygiene –, aber sie zeigten dennoch Anzeichen von ernsthaften psychischen Problemen.

Auf der Suche nach einer Erklärung dafür orientierte sich Bowlby an der Verhaltensbiologie und ihrer evolutionären Verankerung. Er behauptete, dass die Evolution den Säugling so programmiert habe, dass er unmittelbar eine enge Bindung zu einem anderen Lebewesen sucht. Seine sozialen Entladungen – Geschrei und Gebrüll, Lächeln und Augenkontakt – seien Verhaltensweisen, die unsere Natur eingerichtet habe, um bei Erwachsenen Bindungs- und Fürsorgebereitschaft auszulösen. Diese Erwachsenen waren allerdings auch bei Bowlby ausschließlich Mütter. Wenn ein Kind in den ersten beiden Lebensjahren keine enge Bindung zu seiner Mutter in einem Wechselspiel aus Signalen, Antworten und Berührungen aufbauen konnte, lief es Gefahr, den Rest seines Lebens sowohl mit kognitiven als auch mit emotionalen Schwierigkeiten kämpfen zu müssen. Bowlby bezeichnete das nicht direkt als Liebe, aber er spricht von einem intuitiven Bedürfnis des Kindes, in der Nähe des Erwachsenen, seiner primären Bezugsperson zu sein. Und beschreibt ein emotionales Band, das in beide Richtungen wirkt.

Seine Theorie über die Bedeutung von Bindungen wurde verhöhnt und verworfen, vor allem von seinen psychoanalytischen Kollegen. Sie wäre aus Mangel an Aufmerksamkeit in der Fachliteratur fast in Vergessenheit geraten, wenn ihm nicht ein sehr unkonventioneller Amerikaner und ein kleines Heer von mehr oder weniger misshandelten Äffchen zu Hilfe gekommen wären und die Theorie von der Bedeutsamkeit der Liebe gewürdigt hätten.

Der Psychologe Harry Harlow züchtete 1950 in seinem Labor in der University of Wisconsin-Madison Versuchsaffen. Weil es große Probleme damit gab, die Jungaffen vor ansteckenden Krankheiten zu bewahren, entfernte man die Jungen sehr früh von ihren Müttern, brachte sie in isolierten Käfigen unter und fütterte sie dort. Aber das ging nicht gut. Viele der Affenbabys starben, sie siechten gewissermaßen dahin, ohne an einer sichtbaren Krankheit zu leiden.

Das brachte Harlow auf die Idee, dass die Bindung an das Muttertier von Bedeutung sein muss, und als er von Bowlbys Theorie las, warf er seine gesamte Forschung über den Haufen und beschloss, die Bindungsmechanik in der Praxis zu untersuchen.

Von 1953 bis 1957 führte Harlow zusammen mit seiner Frau Margaret eine ganze Reihe von Experimenten mit Affenjungen durch, die von ihren leiblichen Müttern nach der Geburt getrennt wurden und von verschiedenen, nicht-lebenden Surrogatmüttern aufgezogen wurden. Jedes der Neugeborenen hatte in seinem Käfig zwei »Mütter« – eine Figur aus Stahl, an der eine Trinkflasche befestigt war, sowie eine ähnliche Konstruktion ohne Trinkflasche. Letztere aber war mit einem weichen Stoff umhüllt. Die Babys klammerten sich ohne Ausnahme an die weichere Version ihrer Ersatzmutter und gingen nur zur Stahlkonstruktion, wenn sie Nahrung zu sich nehmen mussten. Die beiden Forscher variierten ihre Versuchsanordnung. So konnte sich die weiche Ersatzmutter bewegen oder Geräusche von sich geben. Außerdem untersuchten sie, wie die Affenjungen auf Herausforderungen reagierten, und verglichen das mit den Artgenossen, die bei ihrer leiblichen Mutter aufgewachsen waren.

Die Folgen für die Affenjungen, die nicht mit ihrer Mutter aufwuchsen, waren tiefgreifend, sie trugen einen irreparablen psychischen Schaden davon. Obwohl sie später wieder mit anderen Artgenossen in einem Käfig lebten, entwickelten sie kein normales Sozialverhalten, sondern waren noch als Erwachsene schreckhaft und außerstande, mit anderen Tieren zu interagieren. Auch das Paarungsverhalten war gestört, und wenn sie dennoch Eltern wurden, konnten sie sich nicht um ihren Nachwuchs kümmern. Sie ignorierten oder misshandelten ihn.

Harlows Experimente machten deutlich, dass die primäre Bindung zwischen Mutter und Jungem nicht allein darauf aufbaut, dass das Baby gefüttert wird, sondern auf einen körperlichen Kontakt, der Geborgenheit und Sicherheit vermittelt. Außerdem stellte sich heraus, dass Lebewesen zur Ausbildung eines gesunden Sozialverhaltens einen nährenden emotionalen Austausch benötigen. Harlow stellte seine Ergebnisse und Schlussfolgerungen 1958 auf dem großen Jahreskongress der Psychologen in Washington vor. Sein bahnbrechender Vortrag hatte den Titel *The Nature of Love.*

Im selben Jahr veröffentlichte John Bowlby sein Buch *Can I Leave My Baby?*, in dem er unter anderem feststellte, dass »man die Liebe und Aufmerksamkeit, die ein Säugling braucht, aber nicht bekommt, niemals ersetzen kann«.

Obwohl das Wort *Liebe* weder in Versuchsprotokollen noch in wissenschaftlichen Zeitschriften auftaucht, hat die Forschung der vergangenen fünfzig Jahre Bowlby recht gegeben. Die frühkindliche Bindung ist von großer Bedeutung, sie zieht sich wie ein roter Faden durch unser Leben und bestimmt unser Verhältnis zu uns selbst und zu anderen Menschen.

Die Bindungstheorie ist ein Eckpfeiler in der Kinderpsychologie. In der Forschung findet man immer wieder den Vergleich der frühkindlichen Bindung mit dem Fundament eines Hauses. Die Muster, die wir in der frühen Bindung mit unseren Eltern entwickeln, bilden unbewusst und bewusst Schemata dafür, wie wir uns später in Beziehungen, auch in Liebesbeziehungen, verhalten. Aber keine Sorge, unser Leben wird nicht nur dadurch bestimmt, wie unsere Beziehung zur Mutter oder zum Vater war. Allerdings deutet die Forschung darauf hin – und es gibt sehr viel Material dazu –, dass sie einen großen Einfluss auf uns hat. Im positiven und im negativen Sinne.

Die durchschlagende Bedeutung seiner Theorie hat Bowlby zu großen Teilen seiner Studentin und späteren Kollegin Mary Ainsworth zu verdanken. Die kanadische Psychologin war es, die der Theorie und den Ideen dahinter den Weg ins richtige Leben ebnete, indem sie einen Test entwickelte, mit dem man die Bindungsqualität eines Kindes feststellen kann. Ainsworth hatte sich von ihren Beobachtungen von Kleinkindern und ihren Müttern in Uganda inspirieren lassen und daraus den sogenannten *Fremde-Situations-Test* entwickelt, der auch heute noch zum Standard gehört. Man könnte ihn auch als einen Stresstest für Babys bezeichnen. Der Test gibt Auskunft über die Bindungsqualität der Kinder, indem er untersucht, wie sie mit einem negativen emotionalen Erlebnis bei Abwesenheit ihrer Bezugsperson umgehen – so der Fachjargon.

Der Test ist genau genommen ganz einfach. Man nimmt ein Kleinkind und seine »primäre Bezugsperson«, in der Regel ein Elternteil. Die beiden befinden sich in einem Raum, dem Kind wird Spielzeug gezeigt, der Erwachsene ist nicht aktiv, nur anwesend. Dann kommt eine fremde Person ins Zimmer, kurz darauf verabschiedet sich die Bezugsperson des Kindes und geht raus. Zurück bleiben das Kind und die fremde Person. Kurz darauf kehrt die Bezugsperson zurück, und die fremde Person verlässt den Raum wieder. In der nächsten Runde wird der Druck auf das Kind erhöht. Erneut verlässt die Bezugsperson den Raum, aber dieses Mal bleibt das Kind allein zurück, bis die Bezugsperson wieder zurückkommt. Es gehört zur guten Forschungspraxis, dass die Trennungsdauer nicht länger als drei Minuten ist. Und wenn das Kind untröstlich weint, wird der Versuch früher abgebrochen.

Anhand der Reaktionen der Kinder auf die wechselnden Versuchsanordnungen konnte man verschiedene Bindungsqualitäten feststellen. Mary Ainsworth hatte nach einem Durchlauf mit 106 Kindern und ihren Müttern in Baltimore drei Kategorien beschrieben. Zunächst unterteilte man die Kinder in sicher gebundene und unsicher gebundene, wobei man letztere noch in unsicher-vermeidend gebundene und unsicher-ambivalent gebundene unterschied.

Später kam noch eine vierte Kategorie dazu, die Kinder mit einem desorganisierten Verhaltensmuster beschreibt.

Diese wurde 1986 hinzugefügt, als Forscher Ainsworths Videoaufnahmen der Kinder aus Baltimore studierten und eine neue Kategorie für die Kinder wählten, die sie damals nicht einer ihrer drei Kategorien zuordnen konnte. Diese vierte Kategorie kennzeichnet kein eindeutiges Verhaltensmuster, sondern gerade die *Abwesenheit* eines solchen Musters. Die anderen Bindungsqualitäten, die sich alle in einem normalen Spektrum befinden, weisen auf konsistente Verhaltensstrategien hin, aber bei den desorganisierten Kindern sind keine Strategien erkennbar. Die Reaktionen des Kindes werden unberechenbar. Und diese Unberechenbarkeit deutet darauf hin, dass das Kind nicht weiß, was es von seinen Bezugspersonen erwarten kann. Diese grundlegende Verwirrung wird allgemeinhin als möglicher Indikator für Probleme gesehen, die später im Leben auftauchen.

Persönlich habe ich keinerlei Erfahrung im Umgang mit Kleinkindern, schon gar nicht mit Säuglingen. Ich habe selbst keine Kinder, und meine engen Freunde sind ebenfalls kinderlos. In meinem Umfeld gibt es schlicht und einfach keine Kinder – der Lärm der Nachbarskinder – näher an Kinder komme ich nicht heran. Aber sogar ich kann ohne Schwierigkeiten die Unterschiede der charakteristischen Bindungsmuster erkennen.

Wie an jenem Nachmittag im Büro der Psychologin Mette Skovgaard Væver im Babylab der Kopenhagener Universität. Sie zeigt mir Videoclips von Kleinkindern beim *Fremde-Situations-Test*. Es ist warm draußen, und sie hat ein dickes Lehrbuch der Kinder- und Jugendpsychiatrie ins Fenster geklemmt, damit es offen bleibt. Mette Skovgaard Væver hat drei Clips ausgewählt und erklärt sie mir so souverän wie ein guter Fußballkommentator.

»Wir wissen, dass die Bindungsmuster bereits sehr früh festgelegt werden. Deshalb testen wir sie bevorzugt im Alter von einem und anderthalb Jahren«, sagt sie und spielt den ersten Clip von einem 14 Monate alten blonden Jungen ab.

Er sitzt mit seiner Windel auf dem Boden, als hätte er ein Kissen unterm Po, und spielt mit einem Haufen Holzklötze, während seine Mutter hinter ihm auf einem Stuhl sitzt und Zeitung liest. Ab und zu dreht er sich zu ihr um, reicht ihr etwas, bittet mit unverständlichen Worten um Hilfe und bekommt sie auch. Dann kommt die fremde

Person in den Raum, eine weibliche Psychologiestudentin, und darf mitspielen. Die Mutter wendet sich zu dem Jungen und sagt ihm, dass sie kurz eine Runde spazieren geht. Als sie die Tür hinter sich schließt, hebt der Junge den Kopf, setzt dann aber sein Spiel mit der Fremden fort, wobei er etwas unkonzentrierter wirkt.

Kurz darauf kommt die Mutter zurück. Der Junge lächelt übers ganze Gesicht, krabbelt zu ihr, macht fröhliche Geräusche und wendet sich wieder dem Spiel zu, während die Fremde das Zimmer verlässt. Wenig später verabschiedet sich die Mutter erneut, der Junge bleibt allein zurück. Und der Ärger beginnt. Er wirkt verloren, weint und krabbelt zur Tür. Da kommt die Fremde zurück, und sein Weinen verstummt augenblicklich. Er sieht zwar nicht fröhlich aus, lässt sich aber trösten und kuschelt sich an sie, als er auf den Arm genommen wird.

»Wir nennen das *proximity seeking*, er sucht die körperliche Nähe, wie ein Affenjunges. Das gibt ihm Sicherheit und Geborgenheit, und die braucht er, um weiterspielen zu können«, erklärt Mette.

Dann kommt die Mutter zurück, und wir erleben die große Wiedervereinigungsszene. Der Junge krabbelt, so schnell er kann, zu ihr, streckt die Arme in die Luft und wird von ihr in den Arm genommen und geknuddelt. Er beruhigt sich sofort wieder, kehrt zum Spiel zurück. Alles ist gut.

»Können Sie sehen, wie effektiv er handelt? Er kann sich sofort wieder mit dem Spiel beschäftigen und weitermachen wie bisher. Was wir an diesem Beispiel einer sicheren Bindung ablesen können, ist, dass diese Kinder ihre Bedürfnisse deutlich äußern und die negativen Gefühle auf der Stelle reparieren können, wenn man ihnen dabei hilft. Eine sichere Bindung gibt einem ein mentales Fundament, um die Welt zu erforschen.«

Man versteht den Kontrast sofort, sobald man ein Beispiel für ein unsicher-vermeidend gebundenes Kind sieht. Ein kleines Mädchen in einem lila Kleidchen, das praktisch keine Regung zeigt, als ihre Mutter den Raum verlässt. Weder in der ersten Runde mit der fremden Person noch, als sie ganz allein gelassen wird. Auch als die Mutter zurückkommt, zeigt sie keinerlei Erleichterung oder Freude. Es ist eher eine Feststellung. Das Mädchen ist – so Mette – der Traum eines jeden Pädagogen. Ein Kind, das nicht die ganze Zeit angerannt kommt und Hilfe braucht, sondern sich selbst um die Dinge kümmert.

»Aber unter der scheinbar ruhigen Oberfläche dieser unsicher-vermeidend gebundenen Kinder herrscht dasselbe Ausmaß an Frust und Unsicherheit wie bei den sicher gebundenen, nur dass diese ihre Tränen zulassen und Trost einfordern. Wenn wir den Spiegel des Stresshormons Cortisol messen, stellen wir fest, dass beide identisch hoch sind. Nur bei dem einen Kind kann es ungehemmt wirken.«

Bei den unsicher-ambivalent gebundenen Kindern hingegen ist der Cortisolspiegel extrem erhöht, was man ihnen auch ansehen kann. Im letzten Videoclip haben wir es mit einem Kind zu tun, das sehr schnell in Tränen ausbricht, sich aber nicht trösten lässt. Dieses Mädchen klammert sich die ganze Zeit an seine Mutter, versinkt nicht im Spiel und kann nichts mit der fremden Person anfangen. Sie schreit sofort los, als die Mutter den Raum verlässt, reagiert aber mit anhaltendem, untröstlichem Gebrüll und Widerstand, als sie zurückkommt und sie in den Arm nimmt. Nachdem sich das Mädchen nach langem Trösten wieder beruhigt hat und auf den Boden gesetzt wird, ändert sich sofort wieder seine Stimmung, und es steigert sich erneut in verzweifeltes Geschrei.

Dieses Verhaltensmuster erzählt etwas über die Bedürfnisbefriedigung, die das Kind erfahren hat. Das sichere Kind hat gelernt, dass es seinen Unwillen äußern kann und ihm geholfen wird. Es hat die Erfahrung gemacht, dass man solche Gefühle haben darf und getröstet wird. Das unsicher-vermeidend gebundene Kind hat jedoch die Erfahrung gemacht, dass es seine negativen Gefühle besser für sich behält, um nicht weggestoßen oder missverstanden zu werden. Das unsicher-ambivalente Kind wiederum hat gelernt, dass man die größte Aufmerksamkeit bekommt, wenn man klammert oder schwierig ist.

Sowohl die sicher als auch die unsicher gebundenen Bindungsmuster sind normal, und nicht pathologisch. Das desorganisierte Bindungsmuster hingegen, das kein konsistentes Bindungsverhalten aufweist, betrachtet man als abnorm und problematisch. Es hat sich gezeigt, dass dieses auffällige und abweichende Verhalten ab dem Kindergartenalter ein Anhaltspunkt für zukünftige psychische Leiden ist. Häufig sind Kinder betroffen, die erlebt haben, dass ihre Bezugspersonen, die ihnen Sicherheit und Geborgenheit bieten sollen, eine Gefahr ebendieser Sicherheit und Geborgenheit darstellen. Hier sprechen wir von Formen der Vernachlässigung, wie Missbrauch, Gewalt oder unberechenbare Eltern, die beispielsweise unter einer schweren psychischen Störung leiden.

Während das desorganisierte Bindungsmuster relativ selten ist, hat man festgestellt, dass die Verteilung der drei normalen Bindungsmuster folgendermaßen aussieht: 60 bis 70 Prozent der Kleinkinder sind sicher gebunden, 20 bis 25 Prozent sind unsicher-vermeidend und 5 bis 10 Prozent unsicher-ambivalent gebunden.

Man darf nicht vergessen, dass diese Erhebungen in modernen Industriegesellschaften gemacht wurden. Einige Forscher kritisieren darum, dass die transkulturelle Perspektive nicht berücksichtigt wird. Heidi Keller von der Universität Osnabrück schlägt vor, dass man überprüfen sollte, inwieweit das Phänomen der Bindungsmuster, die aus Sicht einer westlichen Gesellschaft entworfen wurden, überhaupt in anderen Kulturen Gültigkeit haben.

Sehr weit ist man damit bisher noch nicht gekommen. Wird von kulturellen Unterschieden gesprochen, beziehen die sich meist auf klassische Untersuchungen aus Deutschland, Japan und Israel. Es zeigt sich aber, dass auch innerhalb eines westlichen Kulturkreises unterschiedliche Bräuche und Umstände Einfluss auf die Bindungen haben können.

Die erste und bekannteste Studie dazu stammt aus Bielefeld. Die beiden Psychologen Klaus und Karin Grossmann begannen 1976 mit einer groß angelegten Langzeitstudie, in der sie die Entwicklung von 49 Neugeborenen verfolgten. Als das Forscherpaar ein Jahr nach der Geburt die Kinder und ihre Mütter à la Ainsworth testeten, erwarteten sie dieselbe Standardverteilung der Muster wie bei Ainsworth und anderen amerikanischen Studien. Aber die Ergebnisse der deutschen Forscher zeigten das genaue Gegenteil.

In Bielefeld war nur ein Drittel der Kinder sicher gebunden, während 13 Prozent unsicher-ambivalent gebunden und ganze 52 Prozent unsicher-vermeidend gebunden waren. Diese Kinder weinten nicht bei der Trennung, zeigten aber auch keine große Wiedersehensfreude und wirkten insgesamt sehr robust und selbstständig.

Die Grossmanns schrieben das kontroverse Ergebnis zum Teil einer traditionellen preußischen Kultur zu, in der große Bewunderung für Selbstständigkeit und Widerstandsfähigkeit vorherrsche. Allerdings beobachteten die Forscher auch die Lebensumstände der Kinder und stellten fest, dass die Mütter der unsicher-vermeidend gebundenen Kinder oft weniger sensibel mit ihren Kleinen umgingen und weniger Zärtlichkeit und Geduld aufbrachten als die Mütter der sicher gebundenen Kinder. Später erweiterte sich die Diskussion, ob die große Zahl an unsicher gebundenen Kindern das Produkt einer Muttergeneration war, die selbst in einem Umfeld großer Unsicherheit im Schatten des Zweiten Weltkrieges aufgewachsen sind.

In neueren Studien aus Japan und Israel werden keine großen nationalen Traumata, sondern eher die Alltagskultur als grundlegend für die Bindungsmuster veranschlagt. Eine Untersuchung von 1986 ergab, dass man in Japan, der Standardverteilung in Amerika entsprechend, etwa 70 Prozent sicher gebundene Kinder vorfand. Allerdings gehören die verbleibenden 30 Prozent in die Gruppe der unsicher-ambivalent gebundenen Kinder; während es kein Kind mit einem unsicher-vermeidenden Bindungsmuster gab. Im Jahr davor hatten Forscher fast die identische Verteilung bei einer Gruppe israelischer Kinder festgestellt, die in einem Kibbuz lebten. In beiden Fällen interpretierte man die Abweichungen von der amerikanischen Norm gleich. Die Kinder im Kibbuz und in den japanischen Familien hätten in der Regel keinen Kontakt zu Fremden, hieß es in der Analyse, und seien beim Test deshalb zusätzlich gestresst gewesen.

Und wie sieht es in Skandinavien aus? Welche Wirkung hat unsere Kultur auf diese Muster? Während wir uns die Videoclips ansahen, erklärte mir Mette Skovgaard Væver, dass in Skandinavien die Gruppe der unsicher-vermeidend gebundenen Kinder größer ist als in den USA. Forscher führen das darauf zurück, dass die Kinder in diesen Ländern früh in Institutionen betreut werden und weder Mutter noch Vater als Bezugsperson zur Verfügung stehen. In jener Welt ist es von Vorteil, wenn man in Krisensituationen trotz Stress und Herausforderungen zurechtkommt.

Solche kulturellen Verschiebungen erzählen uns etwas, das wir nicht vergessen sollten: Die Gefühle unserer Eltern, ihre Liebe, sind wichtige Grundpfeiler unseres Lebens und haben eine immense Bedeutung. Wie sie sich zeigen und welchen Einfluss sie haben, hängt auch von den Umständen ab. Und da kann man Glück oder Pech haben.

Als sprachlose Säuglinge sind wir ausgeliefert. Die Menschen, die sich unser annehmen, bestimmen die Bedingungen, und wir akzeptieren alles ohne Vorurteile so, wie es uns angeboten wird. Die große Frage aber ist, was diese frühkindliche Bindung später im Leben für eine Bedeutung hat. Viele Menschen glauben, wenn wir sprechen und analytisch denken und nicht mehr von unserer »primären Bezugsperson« abhängig sind, sollte das Verhältnis zur eigenen Mutter keinen großen Einfluss mehr ausüben. Zum einen haben wir an die ersten anderthalb Lebensjahre keine Erinnerung, zum anderen können wir als bewusste Wesen frei entscheiden, was wir denken und wie wir handeln.

Ja und nein. So einfach ist es leider nicht.

Eine grundlegende Hypothese der Bindungsforschung besagt, dass die vorsprachlichen Erfahrungen innere Schemata und unbewusste Modelle erzeugen, wie wir uns später binden und mit anderen Menschen in Kontakt treten. Und man muss leider kleinlaut feststellen, dass fünf Jahrzehnte Forschungsarbeit diese Annahme stützen.

Das heißt aber nicht, dass wir mit unfehlbarer Sicherheit die frühkindlichen Bindungsmuster mit allen Menschen wiederholen, mit denen wir eine Bindung eingehen. Wenn man Forscher dazu befragt, sind sie schnell bemüht zu betonen, dass ein unsicher gebundenes Kind sehr wohl sichere Bindungen zu anderen Menschen aufbauen kann. Und auch ein sicher gebundenes Kind kann später in eine Beziehung geraten, deren Bindung unsicher wird. Diese frühe Bindung soll auf keinen Fall als lebensbestimmend angesehen werden. »Aber …«, beginnt dann der nächste Satz unweigerlich.

Statistisch betrachtet kann man die sicher Gebundenen – also die 70 Prozent – als die großen Gewinner bezeichnen. Das bedeutet aber nicht, dass jeder Säugling, der ein geborgenes Zuhause hatte und sicher gebunden war, einen leichten und glücklichen Weg vor sich hat oder dass alle unsicher Gebundenen einem unvermeidlich traurigen Schicksal entgegenblicken. Doch die vielen Studien, die unzählige Menschen vom Krabbelalter bis ins Erwachsenenleben begleitet haben, zeigen ein paar übergeordnete Tendenzen auf.

Die auffälligste ist, dass ein sicheres Bindungsmuster wie ein positiver und beschützender Faktor in fast allen Lebensbereichen wirkt, die man untersucht hat: Physische und psychische Krankheiten, Gesundheit, Lebenseinkommen, sozialer Status, gute Paarbeziehungen und so weiter. Auch wenn man nicht vorhersagen kann, welche Prüfungen das Leben für einen bereithält, ist es von Vorteil, mit einer sicheren Bindung gepolstert zu sein.

Das Bild wird noch deutlicher durch die großen Metaanalysen, die zurzeit ausgewertet werden. Dabei handelt es sich um Studien von Tausenden von Menschen, die von der Kindheit bis ins hohe Erwachsenenalter begleitet wurden. Sie belegen für Kinder aller Altersstufen einen positiven Zusammenhang zwischen einer sicheren Bindung als Säugling und guten sozialen Kompetenzen sowie einer hohen Bindungsqualität zu Gleichaltrigen. Beides fehlt den unsicher Gebundenen. Sie haben dafür ein weitaus größeres

Risiko, problematische Verhaltensweisen oder internalisierende oder externalisierende Symptome zu entwickeln. Mit internalisierend meint man ein zurückgezogenes, trauriges oder depressives, ängstliches Verhalten, das sich auch physisch durch Bauchschmerzen oder Ähnliches zu erkennen geben kann. Ein externalisierendes Verhalten äußert sich durch Aggression, Feindseligkeit und Widerstand.

»Bindung hat eine große und weitreichende Bedeutung für die sozial-emotionale Entwicklung eines Kindes.« So fasste es eine Gruppe von amerikanischen, britischen und holländischen Forschern in der bisher größten Analyse zusammen, die 2017 in der Fachzeitschrift *Child Development Perspectives* erschien. Sie stellten außerdem fest, dass man den Großteil der Verantwortung für die Bindungsmuster nicht den Eltern zuschreiben kann.

Es wäre durchaus vorstellbar – und das haben im Laufe der Zeit mehrere Forscher immer wieder betont –, dass die individuellen Charakterzüge des Kindes und das Temperament eine große Rolle dabei spielen, wie die Eltern es behandeln. Dass beispielsweise ein besonders ängstlicher, von Koliken geplagter oder verhaltensauffälliger Säugling seine Eltern abstößt und dadurch ein unsicheres Bindungsmuster entsteht.

Laut Mette Skovgaard Væver gibt es jedoch keine Studien, die belegen, dass die Verantwortung für die Bindungsqualität beim Kleinkind liegt. Als Psychologin stimme sie allerdings zu, dass die Herausforderung etwa mit einem Schreikind sehr groß ist und auf Kosten der positiven elterlichen Gefühle gehen kann. Letzteres ist eines der großen Tabus in unserer Gesellschaft: die nicht immer vorhandene, grenzenlose Liebe zum hilflosen Säugling. Besonders Frauen, die an einer Wochenbettdepression erkranken, erzählen von den Vorwürfen, die sie sich machen, weil sich die erwarteten Gefühle nicht einstellen. Hier lautet der Rat der Forscher: *Fake it till you make it.*

Durchhalten, könnte man auch sagen, bis die Gefühle (meistens) ganz von allein entstehen. Für das Kind sind die Emotionen, die sich im Inneren seiner Eltern abspielen, nicht von größter Bedeutung. Ihre Handlungen sind viel wichtiger. Geborgenheit bedeutet, dass das Kind sich sicher fühlen kann, dass es jemanden gibt, der sich um seine Bedürfnisse kümmert. Und der da ist, wenn es Angst oder Schmerzen hat oder sich von seiner anstrengenden Seite zeigt. Das Kind braucht eine sichere Basis, um die große, weite Welt erkunden zu können.

Einige bezeichnen den Bindungsmechanismus als psychologische Entsprechung zum (physischen) Immunsystem. Andere wiederum vergleichen die Bindung, die wir als Säugling bekommen, mit dem Fundament eines Hauses. Ein gutes Fundament reicht nicht aus, um ein stabiles Haus zu bauen. Dafür braucht man auch einen Zimmermann, dichte Fenster und so weiter. Aber *ohne* ein solides Fundament wird es immer Schwachstellen in der Konstruktion geben, es wird schneller Risse bekommen, auch wenn der Boden perfekt gelegt wurde. Ein Haus wird niemals stabiler sein als sein Fundament.

Die ersten Psychologen, die sich dieser Analogie bedienten, waren die Amerikaner Byron Egeland und L. Alan Sroufe, die ein unglaublich interessantes und anschauliches Projekt ins Leben gerufen haben. Sie begannen 1977 damit, fast 300 einjährige Kinder und ihre Mütter zu testen Die meisten Kinder, die Familien gegründet und heute selbst Kinder haben, wurden von Anfang an von wechselnden Forschern begleitet, die mit ihnen Interviews über ihr Leben führten sowie verschiedene Untersuchungen und Tests machten. Eine kleine Gruppe wurde in einem Kindergarten untergebracht, der von den Forschern eingerichtet und mit speziell ausgebildetem Personal ausgestattet wurde, das jede Verhaltensänderung beobachtete und notierte. Etwa zehn Jahre später wurde diese Gruppe von Kindern in ein Sommerlager eingeladen, um ihre soziale Interaktion zu studieren. Eine andere Gruppe von Forschern hat im Laufe der Zeit übernommen und eigene Studien mit den mittlerweile erwachsenen Kindern und später deren Kindern gemacht.

Im Kindergartenalter kamen die sicher gebundenen Kinder wesentlich besser zurecht, wenn die Forscher ihnen einen ihrer Tests vorlegten. Ein Beispiel. Sie bekamen ein neues, aufregendes Spielzeug hingestellt. Das befand sich in einer Kiste, die sich nicht öffnen ließ. Die unsicher Gebundenen gaben schnell auf und neigten eher dazu, hysterisch oder wütend zu werden. Die sicher Gebundenen konzentrierten sich auf ihre Aufgabe und versuchten mehrere Ansätze, bis man sich ihrer erbarmte und die Kiste öffnete.

Als die Kinder aus der kleineren Versuchsgruppe mit zehn Jahren in das Sommerlager kamen, waren die sicher Gebundenen den anderen in den sozialen Kompetenzen weit überlegen. Sie lernten schneller neue Freunde kennen und verbrachten 40 Prozent mehr Zeit mit ihnen als die unsicher Gebundenen. Wenn in der Gruppe Aufgaben gelöst werden sollten, kamen die sicher Gebundenen besser zurecht, weil sie in höherem Maße organisiert waren und seltener den Prozess durch störendes Verhalten aufhielten.

Im Teenageralter traten die Unterschiede noch deutlicher zum Vorschein. Die Forscher verglichen das mit den Säuglingen, die Schutz und Fürsorge benötigen. So sind auch die hormongebeutelten Jugendlichen maximal verletzlich, wenn sie unbeholfen versuchen, Intimität herzustellen, obwohl sie maximal unsicher sind. Auch hier hilft eine sichere Bindung. Je leichter es einem fällt, anderen zu vertrauen, umso einfacher ist es.

Dasselbe gilt für die erwachsenen Versuchspersonen. Auch dreißig Jahre später kann man den Zusammenhang der frühkindlichen Bindungsmuster und dem Verhalten in Paarbeziehungen erkennen. Den unsicher Gebundenen fällt es schwerer, mit ihren Partnern über Gefühle zu sprechen, sie litten unter fehlendem Selbstbewusstsein und machten sich viel mehr Sorgen. Sie reagierten auch rein physiologisch stärker auf Nachfragen zu Konflikten und Schwierigkeiten in der Familie.

»Ich sehe sehr deutlich, dass sich die Bindungsmuster, die man von Kindesbeinen an hat, auch in den Liebesbeziehungen widerspiegeln«, sagt Asger Neumann. Dieses Mal sitzt er hinter seinem Schreibtisch unter dem Gemälde mit den sonderbar verdrehten Männerbeinen auf dem Eis.

»Die unsicher-ambivalent Gebundenen leiden unter chronischer Ängstlichkeit. Sie sind ständig mit der Frage beschäftigt, ob sie verlassen werden, ob sie allein zurechtkommen, ob sie sich darauf verlassen können, dass andere für sie da sind. Wenn der Partner zum vereinbarten Termin nicht zu Hause ist, wird daraus ein todsicheres Anzeichen dafür, dass er einen verlassen hat.«

Das klingt sehr anstrengend und ermüdend, finde ich.

»Ja, und zwar für beide Seiten. Jemand, der sicher gebunden ist, kann Schwierigkeiten damit haben, ständig Teil dieses Konfliktes zu sein. Daraus kann eine selbsterfüllende Prophezeiung werden. Stell dir vor, du sollst deinem Partner ständig versichern, dass du ihn liebst. Du sagst es, immer und immer wieder, aber vielleicht schleicht sich da eines Tages ein Zweifel ein. Das kann dein Partner spüren, und schließlich ist das das Ende der Beziehung.«

»Ich kann es förmlich vor mir sehen. Und die unsicher-vermeidend Gebundenen sind eher die Verschwiegenen, die ihre Gefühle verbergen?«, frage ich.

»Ich würde eher sagen, dass die Vermeidenden autonomer sind«, antwortet Neumann mit einem Grinsen.

Er zeigt auf das Bücherregal und erzählt mir von Studien, die belegen, dass Beziehungen zwischen zwei unsicher Gebundenen – der eine ambivalent, der andere vermeidend – sehr stabil und langlebig sein können.

»Das liegt daran, dass der Vermeidende zuhört. Er wird zwar nicht von Empathie überwältigt, aber er hört zu und hat nicht das Bedürfnis, sich auf gleiche Weise mitzuteilen. Der Ambivalente ist sehr bedürftig, und ihm geht es am besten, wenn er sich an jemanden bindet, der nicht dieselben emotionalen Bedürfnisse hat.«

Wir schweigen eine Weile.

»Dann muss ich meinen Eltern doch noch mit 40 Jahren Verspätung danken«, sage ich und meine die sichere Bindung, die sie mir mitgegeben haben. Und die Asger Neumann mir angesehen hat.

Ich kann hinter einige Punkte Haken setzen.

Die Überzeugung, dass die, die mich lieben, es auch wirklich tun. Die Erwartung, dass sie für mich da sind und auch meine weniger charmanten Seiten ertragen, dass sie mein sicherer Hafen sind, meine Basis, von der aus ich die Welt erkunden kann. Und damit meine ich meine Eltern und meine Partner, was großartig ist. Die Liebe eines Nahestehenden anzuzweifeln und abhängig von Beweisen zu sein, ist bestimmt schmerzhaft. Ich stelle es mir auch schrecklich vor, nicht offen reden zu können.

»Aber …«, sage ich, weil mir gerade der Verdacht kommt, dass die Rechnung über meine vermeintliche Sicherheit nicht aufgeht. Der Grund für die Suche nach dem Wesen der Liebe, die mich nach dem Tod meines Mannes antrieb, war ja gerade die Erfahrung, dass ich die Liebe für etwas Selbstverständliches gehalten und deshalb verloren habe.

»Ich will mal ein Beispiel geben«, fahre ich fort und möchte eine Geschichte erzählen, die schon einige Jahre zurückliegt, die aber sehr viel über mich aussagt.

Ich hatte einen Mann kennengelernt. Er war wie ich Journalist und arbeitete für eine amerikanische Zeitschrift. Er stammte aus Kalkutta, hatte in den USA studiert, er war anders und irgendwie exotisch. Wir hatten nebeneinander bei einer Presseveranstaltung eines großen wissenschaftlichen Symposions gesessen und verbrachten die zwei Konferenztage in Edinburgh zusammen, das ganze Programm, Restaurants, Bars und Hotelzimmer; alles schien sehr vielversprechend.

Ein paar Wochen später trafen wir uns bei ihm in London für ein verlängertes Wochenende wieder. Auch dieses Mal gab es viel zu tun, Stadtrundfahrt, Freiluftkonzert im Hampstead Heath, die Entdeckung kleiner Buchläden und einen Spaziergang über einen schlichten gotischen Friedhof. Ein Fisch im Wasser – so empfand ich mich. Ich war voller Energie und Charme, und ich genoss es, ein adäquates, ironisches Gegenüber zu haben. Diese spielerischen Pingpong-Gespräche zu führen, die so stimulierend sein können.

Am letzten Abend ging er in die Küche, um uns Caipirinhas zu mixen. Ich fragte ihn ein bisschen aufgedreht, wann wir uns denn wiedersehen würden. Er wurde sehr still.

»Findest du denn, dass es so gut gelaufen ist?«, fragte er in einem Tonfall, der mir sofort den Stecker zog. Denn das hatte ich in der Tat. Aber während ich mich wie eine Königin voller Charme und Witz empfunden hatte, hatte er eine Frau erlebt, die alles aggressiv in Grund und Boden diskutiert hatte.

»Ich hatte die meiste Zeit das Gefühl, unter Beschuss zu sein. Und das war ziemlich ermüdend«, sagte er und hatte kein Interesse an einem Wiedersehen.

»Ha!«, ruft Asger laut auf. Wir lachen beide. Die Peinlichkeit ist mit dem Abstand von so vielen Jahren amüsant geworden. Dann lehnt er sich über den Tisch.

»Also, ich habe nicht den Eindruck, dass du eine gefühllose Persönlichkeit bist. Oder dass es dir egal ist, wie es den Menschen in deiner Umgebung geht. Aber ich glaube, du empfindest eine große Sicherheit in deinem Tun und in der Verbindung zu den Menschen, die dir etwas bedeuten. Ich glaube auch, dass diese Sicherheit eine große Rolle spielt.«

Er legt die Unterarme auf den Tisch und lässt sich in seinen Stuhl sinken.

»Und ich würde gerne mehr darüber erfahren, wo die herkommt.«

»Dein Vater hat dich annektiert, als du noch ganz klein warst. Er hat dich einfach weggenommen«, sagte meine Mutter. Das muss ein paar Jahre nach der Scheidung gewesen sein, als wir eine dieser frustrierenden Unterhaltungen über die Vergangenheit führten. Sie hatte das Gefühl, dass er ihr das Kind, die Erstgeborene, entwendet hatte. Und ich wusste, was sie meinte.

Es war unzweifelhaft mein Vater, der meine Kindheit und später mein Leben geprägt hat.

»Wenn du von deinem Vater sprichst, hast du so ein

Leuchten in den Augen«, sagte einer meiner Freunde einmal zu mir. »Das hört sich manchmal an, als würde eine Gläubige über ihren Gott sprechen.«

Mein Vater passte in den ersten Lebensjahren auf mich auf, weil er noch studierte, während meine Mutter als Krankenschwester arbeitete. Als ich mit drei Jahren einen Platz im Kindergarten bekam, fuhr mein Vater mich morgens in dem karierten Kindersitz auf dem Rad dorthin und holte mich auch oft nachmittags ab, weil meine Mutter länger arbeiten musste.

Für ihn war es ein Fest, ein Kind zu haben. Vor allem, weil man diesem Kind so viel beibringen konnte. Mein Vater war nicht nur auf dem Papier Lehrer, er war es mit Herz und Seele. Man konnte immer noch etwas dazulernen. Zum Beispiel Handstand gegen die Mauer zu machen, Purzelbäume zu schlagen oder ein Stück Holz ganz glatt zu hobeln. Als mein Vater mit einem befreundeten Maurer unser Einfamilienhaus umbaute, bekam ich als Siebenjährige eine Einweisung darin, wie man Mörtelreste von gebrauchten Backsteinen klopfte, damit ich mithelfen konnte. Dann saß ich neben ihnen, umringt von Brocken, und hämmerte auf die Steine ein.

Oder Lesen. Mein Vater war der Ansicht, dass man getrost lesen lernen konnte, bevor man in den Kindergarten kam. Während ich also mit zwei auf dem Topf saß, lernte ich die Buchstaben auswendig. Es gibt ein Foto von mir in der Küche von unserem Haus in Risskov. Im Hintergrund die blassgelbe Tapete mit den roten und grünen Früchten, davor das Kind mit den dicken Backen, das direkt in die Kamera sieht. Ich sitze auf dem Topf und wirke sehr zufrieden. Die Hosen hängen an meinen Knöcheln, ich trage einen Nerzhut mit passender Stola, Verkleidungssachen, die wir in Omas Kleiderschrank gefunden haben. In der einen Hand halte ich meinen zerkauten Schnuller, auf dem Boden vor mir ausgebreitet liegen die Buchstaben.

Das Spiel ging so, dass ich den grünen Buchstaben mit den zwei Strichen als »L« und den blauen Buchstaben mit den zwei geraden und zwei schrägen Strichen als »M« erkennen sollte. Das »O« und das »I« waren leicht, schwieriger waren das »B« und das »P«.

Es war ein Spiel, aber es gab trotzdem eine Belohnung. Bei jeder richtigen Antwort bekam ich Rosinen. Auch als wir später die Buchstaben zusammengesetzt und dann kleine Bücher gelesen haben. Ein ganzer Satz gab eine Rosine, ein paar Seiten waren eine kleine Packung Rosinen. Ich kann mich genau an das Gefühl erinnern, wie ich den kleinen Karton öffnete, indem ich den Daumen in den Schlitz vom Deckel steckte und ihn hochhebelte, um dann endlich die Finger in den Karton zu stecken und die weichen, braunen Rosinen essen zu können.

Am Ende konnte ich ein ganzes Bilderbuch lesen, in dem kein Wort mehr als fünf Buchstaben hatte. Ich war drei Jahre alt und hatte den Platz im Kindergarten sicher.

Aber dann geschah etwas Interessantes. Ich hatte mich wahnsinnig auf den Kindergarten gefreut, vor allem wegen meines roten Tornisters, der eine magische Anziehungskraft auf mich hatte. Allein das Geräusch, wenn ich das Schloss des kleinen flachen Ranzens zudrückte, dieses harte Klicken, hatte etwas so Ernstes und Erwachsenes.

Aber ich war enttäuscht, als ich feststellte, dass keines der anderen Kinder lesen konnte. Und auch die Fräuleins im Kindergarten, so nannte man damals die Erzieherinnen, hielten das Lesen für eine unangemessene Beschäftigung. Konfrontiert mit der Normalität, weigerte ich mich, zu Hause zu lesen, und verlernte bald darauf all mein Wissen wieder.

Hatte mein Vater übertriebene Ambitionen gehabt? Er war seinen Idealen gefolgt, wie man in die Welt hinausgehen sollte. Ihm war auch eingeimpft worden, dass Talent ein hohes Gut und Lernen ein Grundwert ist. Das hatte er seiner Mutter zu verdanken, die hochbegabt gewesen ist. Aber weil sie aus armen Verhältnissen stammte, hatte sie wie damals üblich keine Chance auf eine höhere Schulbildung. Sie unterrichtete ihren ältesten Sohn zu Hause.

Mein Vater, ein Kind der Nachkriegszeit, war von schwacher Konstitution und lag manchmal wochenlang im Bett. Dann musste er nicht zur Schule gehen, wo ihn die Jungs vom Land verprügelten, weil er ihnen zu klug war, und konnte den ganzen Tag lang lesen und sich mit seiner Mutter unterhalten. Sie gab gerne mit ihrem schlauen Erstgeborenen an. War eine ihrer vielen Schwestern zu Besuch, durfte er auf dem Küchentisch sitzen und sich in ihrer Bewunderung sonnen, wenn er ihnen als Vierjähriger mit blonden Korkenzieherlocken Psalme aufsagen konnte.

Für meinen Vater war Liebe untrennbar mit Lehren und Lernen verbunden. Meine Mutter aber hat diese Auffassung immer gestört. »Er hat dich verdorben!«, brüllte sie einmal. Ich war gerade 15 geworden und am Boden zerstört, weil ich nicht wie Michelangelo zeichnen konnte. Ich wollte die Hände so zeichnen wie er und übte und übte, holte mir Kunstbücher aus der Bibliothek, um daraus abzuzeichnen. Aber die prallen Schatten des Meisters der Renaissance sahen aus wie Schmierereien, und lösten in mir das akute und erniedrigende Gefühl aus, vollkommen wertlos zu sein. Da saß ich nun, in dem öden Kaff vor den Toren von Århus und hatte keine Zukunft.

Hochtrabende Ansprüche an mich zu haben und die bodenlose Enttäuschung, wenn ich sie nicht einlösen kann, ziehen sich wie ein roter Faden durch mein Leben. Ich habe mich im Laufe der Zeit immer wieder gefragt, ob ich meinem Vater und seinem Einfluss die Schuld dafür geben konnte. Das wäre die küchenpsychologische Erklärung dafür, die ich von anderen schon häufig gehört habe.

Aber ich bin mir nicht sicher, ob das so richtig ist. Denn eigentlich war mein Vater immer voller Stolz, wenn ich etwas abgelehnt habe und meinen eigenen Weg gegangen bin. Dem Druck anderer zu widerstehen – besonders von ihm –, war das Allerbeste und ein Zeichen großer innerer Stärke. Du sollst tun und lassen, was du willst, nicht, was die anderen wollen, lautete sein Mantra. Wichtig war, die eigenen Wünsche und Sehnsüchte von dem zu unterscheiden, was die Gesellschaft, die Lehrer und die Eltern einem einreden wollten. Sich selbst treu zu bleiben, war essenziell für ihn.

Mein Vater hätte ohne Zweifel die Lektüre mit seiner Dreijährigen fortgesetzt – »wir hätten im Nullkommanix die lateinischen Verben konjugiert«, hatte er mir einmal gesagt. Aber er nahm meine hartnäckige Weigerung anstandslos hin. Genau genommen wurde sie schnell Teil seiner Lobeshymne über das starke selbstständige Kind, das sich nichts gefallen ließ.

Wenn man die wissenschaftliche Literatur liest, könnte man meinen, dass Bindung ausschließlich zwischen Kindern und Müttern stattfindet. Die Forschung untersucht immer Mutter und Kind, vor allem in den sogenannten Längsschnittstudien, die den Teilnehmern vom Säuglingsalter bis ins Erwachsenenalter folgt. Die Väter sind nie Gegenstand. Das hat historische Gründe. Dieser Forschungszweig entstand zu einer Zeit, in der Väter nicht Teil der Gleichung waren. Männer passten nicht auf ihre Kinder auf, sie gingen zur Arbeit und sorgten für den Lebensunterhalt. Mütter galten als die natürlichen »primären Bezugspersonen«; man konzentrierte sich in den Studien und Untersuchungen auf sie. Und obwohl man im Zuge der Gleichberechtigung von den Männern erwartete, dass sie die Hälfte der Kinderbetreuung übernehmen, geht die Forschung nach wie vor davon aus, dass die Bindungsarbeit und die elterliche Fürsorge bei Frauen instinktiv erfolgten, Männer sie hingegen erlernen müssen. Es sind also Fertigkeiten, die man einem Mann beibringen kann und muss. Erst mit dem Jahrtausendwechsel ist etwas passiert, das die alten Vorstellungen über den Haufen geworfen hat. Man hat nämlich festgestellt, dass sich nicht nur das Gehirn der Frau und Mutter mit Geburt ihres Kindes verändert, sondern auch das des Vaters. Es wurde bekannt, dass nicht nur die Mütter an einer postpartalen Depression erkranken können, sondern auch die Väter. Neuere Untersuchungen deuten sogar darauf hin, dass sich die Physiologie der Eltern angleicht. In der Phase kurz vor der Geburt steigt der Spiegel der beiden Hormone Prolaktin und Cortisol an, bei beiden Elternteilen. Diese Hormone, so weiß man heute, steuern bei Säugetieren das Fürsorgeverhalten. Bei Menschen kann man messen, dass sie nach der Geburt in die Höhe schießen, wenn das Kind beispielsweise schreit oder auf anderem Weg signalisiert, dass es ein akutes Bedürfnis hat, das umgehend befriedigt werden muss. Je mehr Männer und Frauen mit den Säuglingen zusammen sind, desto mehr Prolaktin produzieren sie beide und kümmern sich um die Kinder.

Sobald das Kind in der Familie angekommen ist, geschieht noch etwas. Die Sexualhormone sinken, Östradiol bei den Müttern und Testosteron bei den Vätern. Das hemmt nicht nur den sexuellen Trieb, sondern auch die Aggression und hilft, die eigenen Bedürfnisse denen des

Kindes unterzuordnen. Je deutlicher die Absenkung ist, desto besser schneiden Mutter oder Vater später in den Tests bei Bindungsverhalten und Fürsorgereaktion ab.

Das Gehirn wird für diese neue Aufgabe umstrukturiert. CT-Scan-Studien haben ergeben, dass besonders Areale im limbischen System wachsen und die Kommunikation verbessert wird. Diese Areale empfangen zum einen Gefahrensignale und nehmen eine Risikobewertung vor, zum anderen sind sie für emotionale Reaktionen, für Fürsorge und Bindung verantwortlich – mit anderen Worten für die liebevollen und beschützenden Gefühle.

Das bedeutet allerdings nicht im Umkehrschluss, dass Väter und Mütter auch gleich agieren. Vieles deutet nämlich interessanterweise darauf hin, dass Väter gar nicht als »Zusatzmutter« betrachtet werden sollten, weil sie evolutionär gesehen eine ganz besondere Rolle für ihre Kinder hatten.

»Väter können auf emotionaler und fürsorglicher Basis dasselbe leisten wie Mütter, aber sie können noch etwas Zusätzliches«, erklärt mir die israelische Forscherin Ruth Feldman, als ich sie im The Interdisciplinary Center Herzliya anrufe. Sie ist nicht nur Psychologin und Neurobiologin, sondern auch die *grand old lady* der biologischen Erforschung der Eltern-Kind-Bindung, dem Band der Liebe. Sie hat dabei einen besonderen Fokus auf die Bindung zwischen Vätern und ihren Kindern gelegt.

Feldman betont, dass die Bindung zwischen Vätern und ihren Kindern nach denselben Mustern funktioniert wie bei den Müttern. Forscher können keinen Unterschied erkennen, wie die Aufgaben bewältigt werden, aber es gibt dieses gewisse »Extra«. Und dabei geht es, grob gesagt, um das körperbetonte Spiel, das Lehren und die Herausforderung.

Das passt gut zu anderen Studienergebnissen, die in den

vergangenen Jahrzehnten evaluiert haben, wie Eltern in unterschiedlichen (vorwiegend westlichen) Ländern die Zeit mit ihren Kindern verbringen. Generell kann man festhalten, dass Mütter die meiste Zeit mit den Kindern verbringen – fast doppelt so viel wie die Väter. Aber Väter nutzen die Zeit konsequenter als Mütter für Spiele, bei denen sich ihre Kinder physisch entfalten können. Am deutlichsten ist das abzulesen, wenn die Kinder bereits ein paar Jahre alt sind, aber es beginnt schon im Säuglingsalter. Meistens sind es die Väter, die ihre Babys in die Luft werfen, sie im Kreis drehen oder kopfüber an den Füßen halten. Im Forscherjargon spricht man vom *rough and tumble play*. Im *Journal of Experimental Psychopathology* von 2013 wird zusammengefasst, dass »die Untersuchungen Unterschiede zwischen Müttern und Vätern feststellen. Mütter gehen fürsorglicher und sensitiver mit den Bedürfnissen anderer um, Väter sind spielerischer und risikofreudiger.«

Die Forscher betonen, dass es sich um minimale Unterschiede handelt, die sich jedoch mit der Bindung zu dem Kind in Zusammenhang bringen lassen. In neueren Studien wird beobachtet, dass Mütter ein sicherer Hafen für ihre Kinder sein wollen, während Väter sie eher dazu stimulieren wollen, nach draußen zu gehen und die Welt zu entdecken.

Der Unterschied lässt sich biochemisch und physiologisch nachweisen. Ruth Feldman und ihre Kollegen haben unter anderem die hormonelle und chemische Belohnung im Gehirn gemessen, die ausgeschüttet wird, wenn die Eltern mit ihren Kindern zusammen sind. Dabei zeigte sich, dass Kinder und ihre Mütter die höchste Konzentration aufweisen, wenn sie schmusen, kuscheln und sich körperlich nah sind. Väter und ihre Kinder hingegen haben den höchsten Level bei körperlichen Spielen.

2012 untersuchten Feldman und ihre Kolleginnen Eltern von Säuglingen und maßen die Hirnaktivität, während ihnen Filmaufnahmen ihrer Kinder gezeigt wurden. Dabei wurde sehr deutlich, dass sich vollkommen unterschiedliche Dinge in den Köpfen der Eltern abspielten. Bei den Müttern war die größte Aktivität im limbischen System zu messen, dem für Emotionen zuständigen Teil des Gehirns, mit dem auch Risiken bewertet und Gefahrensignale empfangen werden. Diese Areale waren zwar auch bei den Vätern aktiviert, aber ihre stärkste Aktivität fand in der Großhirnrinde statt. Dieser Teil wird der Lösung von Problemen, der Planung und der sozialen Kognition zugewiesen.

Das ist ein springender Punkt, wenn man den Evolutionstheoretikern glauben will. Anna Machin ist eine von ihnen. Sie ist Anthropologin an der University of Oxford und hat in ihrem Buch *Papa werden: Die Entstehung des modernen Vaters*, geschrieben: »Väter waren schon immer Lehrer.«

Das evolutionäre Denken hinter dieser Aussage ist, dass die Kindheit beim Homo sapiens im Vergleich zu verwandten Arten ungewöhnlich lang dauert. Unsere Vormütter waren die meiste Zeit damit beschäftigt, die Kinder zu versorgen und zu beschützen – eines nach dem anderen. Unsere Vorväter jedoch hatten die Aufgabe, sich um die älteren Kinder zu kümmern, und das erforderte andere Fertigkeiten. Um das Überleben der Nachkommen zu sichern, mussten sie früh Kompetenzen entwickeln und konkretes und praktisches Wissen sowie soziale Interaktion vermittelt bekommen. Auch, um die soziale Konkurrenz zu meistern, die diese Kleingruppen auszeichnete. Es ging also um das Lernen auf vielen Ebenen.

Wenn man sich die wenigen Jäger- und Sammlerkulturen ansieht, die heute noch existieren und als Vertreter unserer evolutionären Vorzeit betrachtet werden, kann man diese Muster finden. Die Männer dieser Gesellschaften sind den Anthropologen zufolge die engagiertesten Väter der Welt. Sie verbringen viel mehr Zeit mit ihren Kindern als die modernsten Väter der westlichen Welt. Ein Beispiel, das gerne zitiert wird, ist das Volk der Aka aus dem Kongo, die im Regenwald leben und täglich mit Netzen jagen gehen. Diese Väter verbringen mehr als die Hälfte des Tages im physischen Kontakt mit ihren Kindern – beiderlei Geschlechts. Denn die müssen eine ganze Reihe von Spezialaufgaben erlernen und trainieren, um die Lebensweise des Stammes und deren Anforderungen erfüllen zu können.

Alltagsführung und Kultur formen die Rollen, die wir einnehmen, und das Verhalten, das wir an den Tag legen. In ihrem Buch *Fatherhood, Evolution and Human Paternal Behavior* beschreiben die Anthropologen Peter Gray und Kermyt Anderson ihre transkulturellen Analysen und die Muster, die sie ermitteln konnten.

Überall in der Welt führte der Übergang der Menschheit von Jägern und Sammlern zu Ackerbau und Viehzucht zur Entfremdung des Vaters. Jener wird zu einem dominanten Patriarchen, dessen »Lehrberuf« modifiziert wird und nur noch das Ziel verfolgt, die Disziplin in der Familie sicherzustellen und ansonsten die Söhne in das Familienunternehmen einzuführen. Genau betrachtet entspricht das der Vaterrolle, die der Großteil der Menschheit etabliert hat, seit wir vor circa 10000 Jahren die Landwirtschaft erfunden haben und sesshaft wurden. In die späteren, städtischen Gesellschaften wurden die hierarchischen und patriarchalischen Strukturen übertragen, und somit blieb der Vater die dominierende, entfremdete Figur.

In der modernen und post-industriellen Informationsgesellschaft, mit einem größeren, ökonomischen Überschuss als jemals zuvor, in der die Gleichstellung der Geschlechter ein zentraler Aspekt ist, gewinnt die ursprüngliche Vaterrolle wieder an Bedeutung. Ein Vater, der sich natürlich und selbstverständlich von Anfang an am Leben seiner Kinder beteiligt.

»Für mich klingt das alles so, als hättest du ein großes Geschenk bekommen.«

Die Mittagssonne brennt, und Asger Neumann steht auf, um eines der Sprossenfenster zu öffnen, die in den Innenhof des Gebäudes gehen. Ein Vogel zwitschert. Sein Gesang wirkt angesichts der Stille sehr laut.

»Ich habe mir nach unserer letzten Sitzung Gedanken gemacht und versucht, deine Sicht auf die Welt zu begreifen«, sagt er und setzt sich wieder hin. Ich verziehe das Gesicht, aber Neumann geht nicht darauf ein.

»Letztes Mal haben wir kurz über Natur und Kultur gesprochen. Welche genetischen Dispositionen wir mitbringen und welche äußeren Faktoren uns beeinflussen. Mein Eindruck ist, dass du mit einer großen Offenheit dem Leben gegenüber auf die Welt gekommen bist. Und du bringst etwas mit, ich möchte das eine Gabe nennen: dein Interesse an der Welt. Eine angeborene Neugierde, Dinge verstehen zu wollen. Damit meine ich nicht nur alltägliche Dinge, sondern …«, er wirft die Arme in die Luft, »… das menschliche Los, das Leben, die Welt.«

Mein Interesse an der Welt habe ich selbst nie als eine Gabe gesehen, sondern als Selbstverständlichkeit. Aber mit etwas Abstand betrachtet, zieht es sich wie ein roter Faden durch mein ganzes Leben. Es begann mit dem Vorlesen. Als Kind liebte ich die Gutenachtgeschichten, die mein

Vater mir vorgelesen hat, wann immer es eine Gelegenheit gab. Diese Geschichten öffneten die Türen zu den verschiedensten Welten. So geht es mir heute noch, wenn ich ein Buch aufschlage, einen Artikel lese oder einen Podcast höre – ich verlasse Zeit und Raum und gehe auf Entdeckungsreise.

An ein Buch erinnere ich mich besonders. Die Bibel in der Nacherzählung für Kinder von Anna Sophie Seidelin. Auch dieses Buch ist auf einem der Fotos im Familienalbum zu sehen. Die kleine Lone sitzt in ihrem verwaschenen Schlafanzug auf dem Sofa im Schoß ihres Papas, der ihr etwas vorliest. Es war ein dickes, schweres Buch, das ich mit beiden Händen tragen musste und das mit großen, ausladenden Aquarellen illustriert war.

Da war der kleine Moses in seinem Bastkorb, aus dem später ein erwachsener Mann mit wildem Haar und vollem Bart wurde, der mit seinem Stab das Meer teilte, um das auserwählte Volk aus der Sklaverei ins Land der Pharaonen zu führen. Oder die Geschichte vom Goldenen Kalb, um das die irregeführten Israeliten ekstatisch in der Wüste tanzen. Und die Bundeslade, der mystische Tabernakel, den sie mit sich herumschleppten und der ihren Bund mit Gott symbolisierte.

Aus dem Vorlesen wurden Gespräche. Warum um Himmels willen hat Gott Abraham befohlen, seinen kleinen Sohn Isaak zu opfern, der niemandem etwas getan hatte? Und woher kam der Schriftzug *Mene, mene tekel* an der Wand, der einem Gänsehaut machte, weil Gott damit ankündigte, das Reich der Babylonier auszulöschen? Was war los mit diesem Gott?

Mein Vater kam aus einer religiösen Familie, und meine Mutter brachte mir das Vaterunser bei, das wir dann im Chor aufsagten. Aber ich habe ihnen nie die Geschichte von diesem Gott abgenommen, den man weder sehen noch spüren konnte. Das klang für mich wie eine Abenteuergeschichte – wie die vom Wichtelmännchen, das sich nachts ins Haus schlich und meinen Adventskalender aufhängte. Ich wusste ganz genau, dass mein Vater das Wichtelmännchen war.

Eine ganz andere Qualität hatten die Geschichten meiner Mutter von den psychisch Kranken, die sie als Nachtschwester im Staatskrankenhaus pflegte. Sie arbeitete in der gerontopsychiatrischen Abteilung, wo die älteren Patienten mit all ihren Lebensgeschichten untergebracht waren. Sie erzählten von Zeiten, bevor es Medizin gab, von Grausamkeiten wie auf dem Dachboden eingesperrt zu werden, und von Außerirdischen, die einen verfolgten. Obwohl sie mittlerweile medikamentös eingestellt waren, stellten sie die sonderbarsten, aber auch faszinierendsten Dinge an. Immer wieder wurden die Krankenträger gerufen, wenn einer der Patienten durchdrehte und sediert werden musste.

»Woran denken die?«, fragte ich meine Mutter und machte mir viele Gedanken darüber, wie es war, Stimmen zu hören, die es nicht gab. Ich versuchte auch, mir vorzustellen, was passieren müsste, damit ich den Verstand verlöre und davon überzeugt wäre, Napoleon oder jemand anderes zu sein.

»Genau das meine ich«, sagte Asger Neumann mit Nachdruck. »Für die meisten Kinder ist es nebensächlich, was ihnen ihre Eltern vorlesen, für sie ist die Nähe zu Vater oder Mutter vorrangig. Aber du wolltest lernen, weil die Welt dir spannend erschien. Dein Glück war, dass deine Natur Unterstützung von deiner unmittelbaren Umgebung bekam und dir dein Vater mit Anerkennung begegnete. Du hast mal von einer bestimmten Resonanz gesprochen, die zwischen euch …«

»Wir haben eine bestimmte Sprache miteinander gesprochen, die auf eine bestimmte Form von Humor aufbaute. Viel Ironie und Sarkasmus und … eine Art Einverständnis.«

Asger Neumann streicht sich über den Bart und brummt.

»Ihr hattet also das Gefühl, eine geistige Elite zu sein«, sagt er.

So formuliert, klingt es total eingebildet und peinlich, aber es ist was dran. Dieses Einverständnis bezog sich häufig auf einen Gegenstand, den nur wir, aber die doofen anderen nicht verstanden hatten.

»Mir fällt auf, dass ihr beide, dein Vater und du, euch selbst genügt habt. Gleichzeitig hast du Erfahrungen gemacht, die dazu geführt haben, dass der soziale Austausch dir nicht so viel gibt und du es vorziehst, dich der Welt zuzuwenden. Das beides hat deinem Leben eine Richtung vorgegeben.« Neumann schlägt die Beine übereinander und neigt seinen Kopf auf die Seite. »Siehst du das auch so?«

»Ja, das sehe ich auch so.«

Wahrscheinlich ist die Kehrseite von meinem Interesse an der Welt, wie Neumann es formuliert hat, meine verschlossene Wesensart. »Steinfrau« nannte mich ein Bekannter, und nicht selten höre ich den Satz »Jetzt lächele doch endlich, verdammt noch mal.«

Oder mich sprechen Wildfremde auf der Straße an und fragen: »Worüber ärgern Sie sich so?« Jedes Mal bin ich überrascht.

Das »Sozialsein« ist tatsächlich schon immer eine große Herausforderung für mich gewesen. Vor allem, wenn es um Begegnungen mit Fremden geht. Als ich zum Beispiel in meinem Kindergarten die Gruppe wechseln musste, bestand die erste Woche aus vielen Tränen. Die anderen, die ich noch nicht kannte, erschienen mir wie eine Mauer, und ich hatte keine Ahnung, wie man die überwinden konnte.

Ich habe mich immer an wenige, sorgfältig ausgewählte Menschen gebunden. Bei uns in der Straße zwei Häuser weiter wohnte ein Mädchen, die ein Jahr älter war als ich. Sie wollte ich am liebsten nur für mich allein haben. Wenn sie manchmal keine Zeit für mich hatte, wenn ich an ihrer Tür klingelte, sondern mit anderen spielen wollte, rannte ich heulend nach Hause. Dort bekam ich dann zu hören, dass es wichtig sei, sich von anderen unabhängig zu machen. Abhängigkeit von anderen Menschen war keine gute Sache, genauso wie die Sorge, was andere Leute über einen dachten.

»Ich kann Small Talk oder das Geschwätz über das Wetter oder die Kinder anderer Leute nicht leiden«, sage ich Neumann. »Gespräche müssen eine Bedeutung haben, es muss um etwas Wichtiges gehen.«

»Du willst dich also erst mit Menschen auseinandersetzen, wenn du einen Gleichklang spürst.«

»Ehrlich gesagt, ja.« Wir sehen uns an. Schweigen.

»Es gibt aber Dinge in deiner Kindheit, die in ganz andere Richtungen deuten«, sagt Asger Neumann. »Du hattest eine sichere Bindung und hast die Liebe deiner Eltern nie hinterfragen müssen. Aber da ist auch noch etwas Schweres.«

Es ist so weit, jetzt sind die traurigen Sachen dran. Nicht umsonst bin ich beim Psychotherapeuten.

»Das Schwere begann mit unserem Umzug aufs Land, als ich neun Jahre alt war. Da ist alles zerbrochen. Es gibt ein Davor und ein Danach. Und das Danach wurde bis zum Tod meiner Mutter neun Jahre später immer nur schlimmer und schlimmer.«

»Wenn du von den Jahren davor in Risskov erzählst,

habe ich ein Bullerbü vor Augen. Ein guter Ort für ein Kind, ein Ort, von dem aus man die Welt entdecken kann. Sehnst du dich dahin zurück?«

»Das habe ich lange getan.«

»Der Ort ist dabei sekundär, der Zustand ist das Wichtige.«

»Genau, meine Eltern haben alles kaputtgemacht.«

»Hast du das Gefühl, dass diese Jahre und der Bruch etwas mit der Liebe zu tun haben?«

Das frage ich mich auch die ganze Zeit. Da ist kein akuter Schmerz wegen etwas, das Jahrzehnte zurückliegt. Ich werde eher traurig, wenn ich daran zurückdenke. Aber damals hat es furchtbar wehgetan, und ich denke heute noch daran, wie sehr mich das geprägt hat.

War Risskov mein Bullerbü? Vielleicht. Das Haus war ein neues Backsteingebäude mit Flachdach und einer überdachten Terrasse, die jedes Jahr unter einem mächtigen Blauregen verschwand. Im Garten wuchsen zwei alte Obstbäume, und hinten an der Hecke stand eine Schaukel, die mein Vater gebaut hatte. Daneben der Sandkasten, in dem ich mit dem Wasserschlauch gigantische Mengen an Schlamm produzierte.

Wir wohnten im Blåmunkevej, der Straße, die der Autor Jens Blendstrup in seinen Memoiren *Gott spricht* beschreibt, in denen es um seinen Vater geht, der Psychologe, Fantast und Trunkenbold war. Ich wohnte in der Nummer 25; das Haus, in dem Jens und seine vielen Brüder lebten, stand ein ganzes Stück die Straße hinunter. Ab und zu trafen wir aufeinander. Jens gehörte zu den Kleinen in der Straße, er war jünger als ich, und deshalb hatte ich ihn nicht auf dem

Schirm. Aber sein Bruder Nils war etwas älter, ziemlich wild und deshalb spannend und auch ein bisschen gefährlich.

Bei mir, am anderen Ende der Straße, wohnten ein paar friedlichere Kinder, und dort hielt ich mich meistens auf. Zum Beispiel habe ich dort gelernt, mein rotes Fahrrad ohne Stützräder zu fahren, weil Bjørn mit den Locken sich dieser Aufgabe angenommen hatte. »Setz dich drauf, ich gebe dir Anschwung, so doll ich kann, dann fährst du den Hügel runter«, sagte er, ließ meinen Gepäckträger los und schrie mir hinterher, dass ich in die Pedale treten muss. Nach ein paar Runden mit dieser Methode hatte ich zwar Schrammen an beiden Knien, aber die Zeit der Stützräder war vorbei.

Der dicke Nachbarsjunge hatte leider nicht das Potenzial zum Spielkameraden, er war langsam und langweilig. Aber er konnte uns Zigaretten besorgen. Sein Vater, der kolossal fett war, saß schwitzend und mit gegelten Haaren bei offenem Fenster im Wohnzimmer und rauchte Kette. Im Schutz der Dornenbüsche kauerten wir zu dritt nebeneinander und teilten uns zwei der weißen Stängel.

Drüben bei den »Jungs«, zwei Brüdern, die in einem großen Haus mit Spitzdach wohnten, fanden die ersten Doktorspiele statt. Das war spannend und der Auftakt für meine Faszination für die menschliche Anatomie. Nachdem ich mir die fremden Geschlechtsorgane angesehen hatte – der Jüngere der beiden hatte seine Hose heruntergezogen, und wir haben versucht, ihm ein Jo-Jo an den Stummel zwischen seinen Beinen zu knoten –, ging ich nach Hause und hatte hundert Fragen im Kopf, die ich meiner Mutter stellen wollte.

Als Krankenschwester hatte sie nicht nur die Antworten parat, sondern konnte mir auch Abbildungen in Lehrbüchern zeigen, die ich mit in mein Zimmer nehmen durfte. Darin waren allerdings auch Abbildungen von gruseligen Krankheiten, wie dem weißen Rinderbandwurm, vor dem mich meine Mutter immer warnte, wenn es Hackfleisch bei uns gab und ich mir etwas von dem frischen Mett stibitzte. In den Büchern gab es auch Menschen, die riesige Geschwulste hatten oder fürchterlichen Ausschlag am ganzen Körper, ganz zu schweigen von den Kindern mit Wasserköpfen oder zu vielen Chromosomen.

Bullerbü. Hier waren die Sommer heiß, und man lief den ganzen Tag barfuß herum, die Winter waren so weiß, dass man sich Schneehöhlen bauen konnte.

Ich war gerade neun geworden, als dieses Leben ein jähes Ende nahm. »Wir ziehen auf den Bauernhof«, verkündeten meine Eltern und versuchten, es vielversprechend klingen zu lassen. Der Bauernhof war ein stillgelegter Hof, den mein Vater und seine beiden Brüder vor ein paar Jahren gekauft und bisher als Sommerhaus für die ganze Familie benutzt hatten. Der befand sich am Ende der Welt, und um dorthin zu kommen, musste man eine Zeitreise unternehmen.

In der Küche stand ein Ofen, den man mit Koks befeuerte, der in einem kleinen dunklen Keller gelagert wurde, und im Stall wartete ein Traktor, ein grauer Ferguson aus den 40-ern, den man mit einer Handkurbel starten musste. Er fuhr nach wie vor unverdrossen mit Benzin, und ich konnte ihn lenken, wenn ich auf dem Schoß eines Erwachsenen saß. Der Hof hatte auch einen üppigen verwilderten Obstgarten mit drei Reihen von Apfelbäumen; das hohe Gras mähten meine Eltern mit der Sense.

Es war toll, hier den Sommer zu verbringen. Aber wohnen?

Komm schon, das wird großartig, rührten meine Eltern

die Werbetrommel. Ich würde reiten gehen können und vielleicht sogar ein eigenes Pferd haben. Ich bestand darauf, meine Privatschule in Århus zu besuchen, wollte auf keinen Fall die Schule wechseln und lieber mit den Erwachsenen jeden Morgen mit zur Arbeit in die Stadt fahren.

Das waren 42 Kilometer, die Fahrt hin und zurück fühlte sich an wie eine Ewigkeit, jeden Tag aufs Neue. Aber richtig schlimm wurde es erst, als unser alter Saab kaputtging und mein Vater meine Mutter davon überzeugen konnte, dass so ein klassischer Land Rover genau das Richtige auf dem Land ist. Das grüne Gefährt hatte einen Dieselmotor, der so laut war, dass wir drei am Ende Kopfhörer trugen, um die Fahrt zu überstehen. Das Wasser auf dem Bauernhof kam aus unserem eigenen Brunnen und war ockergelb, was bedeutete, dass wir keine Wäsche damit waschen konnten. Wir mussten nach Kjellerup in den Waschsalon. Das alles war im Vergleich zu dem geordneten und gemütlichen Leben in Risskov ein großer Abstieg. Ich strafte meine Eltern, indem ich mich weigerte, den Hof mein Zuhause zu nennen. Sie hatten mich gegen meinen Willen hierher verfrachtet, und sie sollten nicht glauben, dass ich ihre ländliche Verirrung jemals als mein Heim bezeichnen würde.

Es gab keine anderen Kinder in unserer Straße. Højmosegaard lag am Ende eines etwa einen Kilometer langen Feldweges, an dessen Anfang ein paar schiefe Häuser standen, deren Einwohner von einem anderen Planeten stammten. Die vier, fünf Kinder, die in Illerhuse lebten, waren zwar genau in meinem Alter, aber wir teilten keinerlei Interessen. Ich beschloss, dass sie das Letzte waren, hinterwäldlerisch und primitiv, und hielt mich von ihnen fern.

Also saß ich allein in meinem Zimmer unterm Dach oder strich durch die hügelige Landschaft. Auf dem Acker unseres Nachbarn befand sich ein von Kirschbäumen umsäumter Teich, über den ich in meinen Tagträumen in einer Zinkwanne fuhr. In der Nähe gab es auch ein kleines Moor, mit Moorlöchern, in denen man versinken konnte, und eine große Grube, in der der lokale Bauhof seinen Abfall entsorgte.

Die Lichtblicke der nächsten drei Jahre hatten hauptsächlich mit Tieren zu tun. Es gab eine Reitschule in Bjerringbro, in die meine Mutter und ich zum Dressurreiten gingen. Mein Vater war der Chauffeur und las Zeitung in der Cafeteria, während wir in der kalten Reithalle Schenkeldruck und leichten Galopp übten. Es gab auch noch Trine, mein Shetlandpony, die auf der Wiese hinterm Haus stand. Man konnte auf ihr nicht reiten, aber mit ihr reden. Sie kam immer angerannt, wenn ich nach ihr rief, streckte mir ihre Nüstern hin und schloss genüsslich die Augen, wenn ich sie kraulte. Wenn man ihr auf den Rücken klopfte, entstanden Staubwolken, ganz gleich, wie ausgiebig ich sie gestriegelt hatte.

Rikke, den kleinen Terrier, hatte ich mit fünf bekommen. Sie schlief bei mir im Bett und folgte mir auf Schritt und Tritt. Und dann kam noch Olga dazu. Ein junger Bluthund, dem man ständig das Maul abwischen musste, weil Bluthunde furchtbar sabbern. Und wenn sie gefüttert wurde, banden wir ihr die langen Ohren zusammen. Sie musste nur an seinem Pullover schnüffeln, dann konnte sie meinen kleinen Bruder finden, den ich ins Moor geschickt hatte, um sich zu verstecken. Sie war unwiderstehlich mit ihrem faltigen Hundegesicht, und sie war so groß, dass das Sofa besetzt war, wenn man mit ihr darauf lag.

Aber Olga blieb nicht lange bei uns. Eines Tages wurde sie vom Nachbarn überfahren, als sie auf der Jagd nach etwas Wichtigem auf den Feldweg vor das Auto sprang.

So kam es, dass mir ein schwarzbrauner Hund das Trauern beibrachte. Mein Vater beerdigte sie im Garten, und ich weinte so viel und lange, dass sich meine Mutter ernsthafte Sorgen machte. Monatelang trug ich ihr Halsband als Kette unter meinem Pullover.

Was hatte Asger Neumann noch über die Sehnsucht gesagt? Dass man sich nicht unbedingt zurück an einen bestimmten Ort, sondern eher nach einem *Zustand* sehnt?

Und mein Zustand war in der Tat ein vollkommen anderer dort auf dem Land. Meine Eltern haben sich schon immer gestritten. Ich kann mich an Situationen erinnern, als ich noch ganz klein war, da drehte meine Mutter durch und schrie und heulte und drohte damit abzuhauen. Ein einziges Mal machte sie ihre Drohung wahr und stapfte die Straße in Risskov hinunter, während ich ihr hinterherrannte und rief: »Mamaaa! Mamaaa!« Ein anderes Mal endete ein Streit damit, dass sie die feine Suppenschüssel vom Esstisch nahm und auf den Boden schleuderte.

Die verbalen Kämpfe waren unerträglich, aber sie gingen wieder vorbei. Es gab keine lautstarken Auseinandersetzungen mehr, dafür hatte eine Art Zermürbung eingesetzt. Es gab auch kein Lachen mehr, keine gelöste Stimmung, die mich an früher erinnerte. Sie war ersetzt worden durch Stillstand, durch ein Warten auf Besserung. Es gab weniger Gespräche, der Fernseher lief den ganzen Abend, und man hatte das Gefühl, als würde man auf eine Explosion warten.

Dann kamen die Sommerferien, und eines Nachmittags setzte sich mein Vater zu mir auf die Bettkante und sagte, dass meine Mutter und er sich trennen würden. Er hatte jemanden in der Schule kennengelernt, in der er unterrichtete; sie wollten zusammenziehen. Meine Mutter und er waren sich einig, die Ehe war nicht mehr zu retten. Ich war 12 Jahre alt, und ich hatte nur Tränen als Antwort.

Meine Mutter würde nach Malling ziehen, eine Pendlerstadt an der Landstraße zwischen Århus und Odder. Niemand von uns kannte dort jemanden, aber es war die einzige Gegend, in der sich meine Mutter ein Haus leisten konnte. Der Plan sah vor, dass ich mit meinem Bruder zu meiner Mutter zog und jedes zweite Wochenende meinen Vater auf dem Bauernhof besuchen sollte.

»Aber ich will am liebsten bei dir wohnen«, sagte ich, während wir einen Spaziergang über den Feldweg machten, um in Ruhe über alles zu sprechen. Der Grünstreifen zwischen den Reifenspuren war voller kleiner gelber Blumen. Mein Vater hatte Verständnis für meinen Wunsch, aber er hielt ihn für keine so gute Idee. Seine neue Frau würde bei ihm einziehen, und das würde bestimmt schwer für mich sein, oder? Malling war auch viel näher an meiner Schule, außerdem wäre es doch viel schöner, mit meinem kleinen Bruder zusammenzuleben, oder nicht?

Wir drei zogen nach Malling. Wir hatten zwar wieder ein Einfamilienhaus, aber ansonsten war nichts mehr wie vorher.

»Du klingst auf einmal so erwachsen«, sagte die Mutter einer Klassenkameradin eines Tages. Kein Wunder, zu Hause war ich nämlich nicht mehr die dreizehnjährige Lone, sondern die engste Vertraute meiner Mutter. In unendlich langen Gesprächen musste ich mir abends anhören, wie es war und sich anfühlte, betrogen und verlassen zu werden. Außerdem erfuhr ich, dass mein Vater Alkoholiker war.

Genau genommen hatte er sich seit Jahren den Alltag schön getrunken, ohne dass meine Mutter Verdacht geschöpft hatte. Aber das Geld, das sie vom Verkauf des Hauses in Risskov übrig gehabt hatte, war weg. Meine Mutter musste mich um meine Ersparnisse anbetteln, um die Kaution für das neue Haus aufzubringen.

Ihr Zorn über die Ungerechtigkeit und ihre Frustration wurden über Bande meine, obwohl ich versuchte, sie aufzumuntern und die Katastrophe kleinzureden. Aber innerlich kochte ich vor Wut auf meinen Vater. Wie hatte er sie nur so sitzen lassen können? Und was sollte das mit dem Trinken – das war vollkommen unverständlich und beschämend.

Aber es war mein Vater, über den wir schimpften. Der Vater, mit dem ich die besondere Sprache und unser Einverständnis teilte. Der Vater, mit dem meine Mutter kein Wort mehr sprechen konnte. Sie konnte es nicht ertragen, ihn zu sehen oder von ihm zu hören. Jedes zweite Wochenende trat ich deshalb die Reise zwischen diesen beiden Orten an: der Loyalität meiner Mutter gegenüber und der Sehnsucht nach meinem Vater.

In der Woche gab ich mich meiner Fantasie hin, wie mein Leben wohl verlaufen wäre, wenn meine Eltern sich zu einem anderen Zeitpunkt getrennt hätten. Bevor es so unversöhnlich und bitter werden musste. So früh, dass auch meine Mutter noch jemanden hätte kennenlernen können. Sie hätten sich vor dem unsinnigen Umzug aufs Land trennen sollen, dann hätten meine Mutter, mein Bruder und ich in Risskov wohnen bleiben können. Und ich hätte die toten Jahre auf dem Land nicht wie einen Schimmelfleck in meiner Erinnerung kleben. Vielleicht hätten sie sich sogar vor der Geburt meines Bruders scheiden lassen können.

Er kam fast acht Jahre nach mir auf die Welt, und irgendwie war das zu spät. Wie viele andere Kinder auch hatte ich mir eine kleine Schwester oder einen kleinen Bruder gewünscht – ich hatte mir eine Schwester vorgestellt –, aber als das neue Baby dann da war, entsprach das überhaupt nicht meinen Vorstellungen. Das Ding konnte gar nichts, es saugte nur die gesamte Aufmerksamkeit wie ein Schwamm auf. Mein Leben als Einzelkind war schlagartig vorbei.

Als er größer wurde und endlich ein bisschen mehr konnte, erwies er sich als viel charmanteres und einnehmenderes Kind, als ich es jemals war. Er konnte nicht nur seine Mutter, sondern auch Tanten, Tagesmütter und Fremde in seinen Bann ziehen und um den kleinen Finger wickeln. Er hatte nichts von meiner Reserviertheit, die ich wie einen Schild vor mir herschob. Dafür hatte er große braune Augen und ein umwerfendes Lächeln. Seine Art wirkte auf mich anbiedernd, ich war viel zu schüchtern dafür. Die Ablehnung beruhte auf Gegenseitigkeit, was sollte man auch mit einer bösen großen Schwester anfangen? Wir standen einander im Weg.

Ja, klar, sagen die einen und wollen es herunterspielen. Geschwister streiten sich nun einmal, das ist doch bekannt. Sie können sich auf dem Rücksitz im Auto an den Haaren reißen, sich kitzeln und laut schreien, bis die Eltern wahnsinnig werden. Aber hinter der Bosheit und den Heimtücken gibt es eine natürliche Verbundenheit, und das bedeutet, dass sie sich eigentlich lieben. Und wenn sie dann erwachsen sind, nähern sie sich wieder an. Denn es ist schließlich *Familie*.

Vollkommen richtig. Aber Blutsbande und eine gemeinsame DNA garantieren nicht, dass ein emotionales Band geknüpft wurde oder werden kann. Ich hatte kein Interesse an meinem kleinen Bruder und er nicht an der Schwester, die vor ihm da war. Schon früh entstand auf beiden Seiten eine Abneigung gegen den Charakter des anderen. Und im

Laufe der Zeit wurde dieser Abstand immer größer und am Ende unüberwindbar.

Die ältesten Geschichten der Menschheit handeln von geschwisterlicher Zwietracht. Wir müssen nur die Bibel nehmen. Die allerersten Geschwister überhaupt, die Brüder Kain und Abel, kommen überhaupt nicht miteinander zurecht. Am Ende erschlägt der Ackerbauer Kain seinen Bruder Abel, den Schafhirten, weil er ein selbstgerechter Idiot ist, den Gott aber trotzdem nicht im Stich lässt. Aber es gibt dennoch eine Strafe, Kain wird aus der menschlichen Gesellschaft ausgestoßen.

Die Botschaft lautet, dass Geschwisterstreit nicht toleriert werden kann. Und obwohl wir die biblische Sippenmentalität längst hinter uns gelassen haben, stören wir uns an Streitigkeiten innerhalb einer Familie. Es geht eben nicht nur um offenkundige Feindseligkeiten, sondern auch um das Ausbleiben erwarteter Liebe. Unmengen an mentaler Energie werden aufgewendet, um Familienbeziehungen aufrechtzuerhalten, zu reparieren und zu glätten. In dem verzweifelten Versuch, Gefühle zu erzeugen, wo keine sind. Das Liebesgebot liegt wie ein erdrückender Befehl auf der Kernfamilie.

Eine andere Bibelgeschichte, an die ich mich auch noch sehr gut erinnern kann, handelt von Josef und seinen Brüdern. Es ist die Geschichte vom Lieblingskind.

Der Patriarch Jakob hat 12 Söhne bekommen, aber sein erstgeborener Sohn Josef, den er mit seiner zweiten Frau Rahel bekam, war ihm der Liebste von allen. Der Vater unterhielt sich am liebsten mit Josef und hob ihn und seine Leistungen hervor. Die anderen Söhne waren von einer anderen Mutter, von Lea, der Frau, die Jakob hatte ehelichen müssen, bevor er seine geliebte Rahel bekommen durfte. Die Söhne waren gekränkt. Wie konnte es sein, dass ihr Vater von diesem unscheinbaren und langweiligen Josef so begeistert war, während sie für die Familie schufteten?

Eines Tages war der Punkt erreicht. Sie stießen Josef in einen Brunnen und sagten Jakob, dass er in der Wüste verloren gegangen war. Der Vater schimpfte seine Söhne aus, dass sie besser hätten aufpassen müssen. Josef wurde von Fremden gefunden, gerettet und mit nach Ägypten genommen, wo er zum Traumdeuter des Pharaos aufstieg und schließlich seine Familie nachholen konnte. Das ist der »glückliche« Teil der Geschichte. In ihrem Kern aber bleibt sie unheimlich. Die große Liebe des Vaters für einen der Söhne ist unangemessen, aber Jakob ist seinen Gefühlen gegenüber machtlos.

Heutzutage wagen Eltern es nicht, wie in den alten Tagen des Patriarchats, zuzugeben, dass man ein Lieblingskind hat. Einen Favoriten, den sie mehr lieben als die anderen. Zumindest nicht außerhalb einer Therapiesitzung. Denn das würden nur schlechte Eltern tun, Unmenschen, die ihre Kinder nicht alle gleichermaßen lieben. Für viele ist das Thema hochnotpeinlich, wenn es aufkommt.

In William Styrons Roman *Sophies Entscheidung*, den wahrscheinlich die meisten in der Verfilmung mit Meryl Streep als tragische polnisch-jüdische Holocaustüberlebende kennen, ist der entscheidende Wendepunkt der Moment der Enthüllung, dass eine Mutter sehr wohl zwischen ihren Kindern wählen kann. Die Szene spielt zwar in einem Konzentrationslager, aber auch wenn man die Naziuniformen und den schrecklichen historischen Kontext weglässt, ist die Entscheidung das eigentlich Entsetzliche. Sophie wird zu etwas gezwungen, das unvorstellbar ist. Sie wird den Rest ihres Lebens mit ihrer Entscheidung leben müssen. Das Unerträgliche ist nicht nur die Tatsache, dass sie am Ende beide Kinder verliert, sondern sich auch eingestehen muss, dass sie ihren Sohn mehr geliebt hat als ihre Tochter.

Diese Situation trifft alle von uns tief im Innersten. Entweder empfinden wir uns selbst als das am wenigsten geliebte Kind unserer Herkunftsfamilie, oder wir haben ein schlechtes Gewissen, weil wir das bevorzugte Kind waren. Hat man eigene Kinder, löst es die schmerzhafte Erkenntnis aus, dass man in Wirklichkeit trotz aller Versuche und Versicherungen seine Kinder nicht alle gleich lieben kann. Man will es, und man versucht es. Aber Gefühle lassen sich nicht erzwingen.

Ich war immer das Lieblingskind meines Vaters und blieb es auch. Wir sprechen hier nicht von subtilen Unterschieden. Es wurde natürlich niemals offen ausgesprochen und einiges dafür getan, es zu kompensieren. Aber es lag immer in der Luft.

Der Graben zwischen meinem Vater und meinem Bruder und die mangelnde gegenseitige Sympathie bereiteten ihm zeit seines Lebens Gewissensbisse.

Mein schlechtes Gewissen gilt meiner Mutter. Die Liebe der Kinder ist nämlich ebenfalls nicht zwangsläufig gerecht und gleichmäßig verteilt. Auch ich werde immer wieder mit dieser Unwucht konfrontiert.

Zum Beispiel, als mir eine Kollegin erzählte, dass ihre Freundin ihre Mutter sehr früh verloren hatte. Seit sie selbst Mutter sei, werde sie immer wieder von der Sehnsucht und der Trauer über den Verlust überwältigt und müsse weinen. Die unausgesprochene Frage meiner Kollegin lautete natürlich, wie ich ohne ein Anzeichen von Schmerz herumlaufen konnte? Was stimmte mit mir nicht?

Ich kann darauf keine gute Antwort geben und frage mich das selbst. Denn meine Mutter hätte viel Liebe verdient, auch von mir.

Aber solange ich zurückdenken kann, fühlte ich mich stärker zu meinem Vater hingezogen als zu meiner Mutter. Mit ihr konnte ich aneinandergeraten, mit ihm kam es gar nicht zu solchen Konflikten. Ich habe ihn einfach geliebt. Es fällt mir schwer, das zu schreiben. Aber es erinnert mich an einen schrecklichen Gedanken, den ich am liebsten verdrängen würde. Er meldete sich kurz nach dem Tod meiner Mutter. Nachdem der erste Schock und das lähmende Gefühl sich etwas gelegt hatten, war da eine kleine, leise Stimme, die mir zuflüsterte, dass zum Glück nicht mein Vater gestorben war.

Während es mir leichtfällt, über meinen Vater zu sprechen, und ich haufenweise Geschichten über ihn erzählen kann, geht es mir ganz anders mit meiner Mutter. Es ist schon kompliziert, sie zu beschreiben, wer und wie sie war. Sie kommt mir so unendlich weit weg vor. Aber vielleicht liegt das gar nicht an der Zeit, die mittlerweile vergangen ist, sondern daran, dass ich die Erinnerung weit von mir geschoben habe, statt sie lebendig zu halten.

Die Verdrängung hängt vielleicht damit zusammen, was nach ihrem Tod passiert ist. Für mich war das eine Art Befreiung, etwas löste sich. Ich weiß nicht, wie ich das beschreiben soll, aber das Leben lag mir zu Füßen. Endlich. Nach den bedrückenden Jahren als Teenager, die für meine Seele wie ein ödes leeres Land waren.

Die Oberstufenjahre stehen für die meisten wie ein feierlicher Leuchtturm in ihrem Lebensweg, für mich waren es drei schreckliche Jahre. Schon auf dem ersten Klassenfoto steche ich aus der Menge hervor, wie ein Fremdkörper. Fast kahl rasiert mit einem langen, geflochtenen Zopf im

Nacken, in einem viel zu großen Herrenhemd und selbst genähten Hosen. Blass und dünn, mit einem seltsamen Gesichtsausdruck stehe ich eingezwängt zwischen rotbackigen Jugendlichen vom Land.

Bauerntölpel. Das dachte ich über sie. Ich, die in Risskov aufgewachsen war und eine Privatschule mitten in Århus mit schwarz gekleideten Punkern besucht hatte, gehörte hier nicht her. Hier liefen die Jungen in karierten Hemden herum, und die Mädchen trugen ihre Haare wie die Schlagersängerin Birthe Kjær und träumten von Mann und Kindern. Bürokratische Regeln hatten mich von der Privatschule ausgeschlossen und an den Stadtrand verbannt, den ich verabscheute. Ich sah den Schulplatz am Amtsgymnasium in Odder als eine persönliche Beleidigung und als Metapher dafür, dass mein Leben niemals so werden würde, wie ich es mir erhoffe und erträume. Es fühlte sich an, als wäre ich ein zweites Mal zwangsweise aufs Land umgesiedelt worden.

Die Jahre verstrichen mit Krankheit, Angst, Langeweile und Tristesse. Ich hatte keine Freunde, wollte auch keine haben, und auch Jungen, Männer, Liebe interessierten mich nicht. Diese Themen hatten keinen Platz in meiner mentalen Isolation, die ich mit dem Lesen von Romanen, Zeichnen und Grübeln verbrachte. Ein anderes Temperament hätte sich vielleicht in eine hektische Jugend gestürzt und das Vergnügen gesucht. Ich rollte mich ein wie eine Schnecke.

Erst nach dem Tod meiner Mutter kam ich wieder hervorgekrochen und streckte meine Fühler aus.

Auf seiner Seite des Schreibtisches hat Asger Neumann eine ganze Weile auf seine Notizen gestarrt. Dann hebt er plötzlich den Kugelschreiber wie einen verlängerten Zeigefinger in die Luft.

»Können wir noch mal über dein Schuldgefühl sprechen, weil du deine Mutter weniger geliebt hast als deinen Vater?«, fragt er. »Denn ich bin nicht deiner Meinung, dass es dafür keinen Grund gab.«

Er verstummt, und ich weiß nicht, ob ich etwas erwidern soll, aber dann fährt er fort.

»In Anbetracht der Dinge, über die wir geredet haben, gab es einen Haufen Gründe. Du hast eine andere Qualität im Zusammensein mit deinem Vater erlebt, ihr hattet eine tiefere Verbindung.«

Was soll ich darauf antworten? Ich nicke langsam.

»Das, was dein Vater dir gegeben hat, war für dich attraktiver, es hat dich stärker angespornt. Deine Entfaltung und Entwicklung gefördert. Und was du von deiner Zeit als Teenager erzählst, in der es deiner Mutter nicht gut ging, waren diese Gespräche mit ihr eher psychologische Betreuung ...«

Damit stößt der Psychologe seine Lanze gekonnt mitten in die Wunde. Ich werde 40 Jahre zurückversetzt und sitze mit dem Unglück meiner Mutter und meiner eigenen Unzulänglichkeit konfrontiert am Wohnzimmertisch. Meine Mutter hat ihr Bestes gegeben, aber sie war betrogen und verlassen worden, war schwer krank und sah auf ein Leben zurück, das trist und misslungen war.

Ihre Kindheit mit einem cholerischen, ungerechten Vater, der seinen Sohn bevorzugte, ihm das Jurastudium finanzierte. Als sie Medizin studieren wollte, gab es keine finanzielle Hilfe, weil sie sich in den falschen Mann (meinen Vater) verliebt hatte, der ihrem Vater nicht gefiel. In einer Zeit ohne staatliche Förderung war sie gezwungen, Krankenschwester zu werden. Einen Beruf, den sie immer verabscheut hatte, von dem sie aber nie loskam.

»Liebesbeziehungen sind als Momentaufnahmen schwer zu begreifen«, sagt Asger Neumann und holt mich zurück in die Gegenwart. »Wir müssen sie als Prozess sehen. Eine Beziehung kann schwächer oder stärker werden, weil sie davon abhängig ist, wie wir miteinander umgehen. Dafür benötigen wir Situationen, in denen wir einander oder die Welt verstanden haben. Das ist eine wechselseitige Dynamik.«

Ich höre, was er sagt, und es leuchtet mir ein. Liebe *kann* wachsen, und es ist nicht ungewöhnlich, dass das Miteinander darauf abfärbt. Was oder wie viel wir für uns rausziehen. Nicht weil wir zynisch sind, sondern weil die Mechanik so funktioniert.

»Es ist eine Tatsache, dass die Liebe in einer Familie ungleich verteilt ist. Aber wir tun uns schwer damit. Viele Eltern lieben ihre Kinder nicht gleich stark und schon gar nicht auf dieselbe Weise. Ein Kind kann einem sogar so fremd sein, dass man sich ihm nicht zugehörig fühlt«, sagt Neumann.

Ich habe versucht, dazu etwas in der Forschung zu finden, aber das Material ist spärlich und oberflächlich. Eine Untersuchung des britischen Markt- und Meinungsforschungsinstituts YouGov ergab 2018, dass jeder Vierte mit einem oder mehreren Familienmitgliedern den Kontakt abgebrochen hat. Die häufigste Ursache war zu wenig Anerkennung und Liebe von der Person, zu der die Verbindung gekappt wurde.

Eine amerikanische Umfrage an der Oakland University fand 2015 heraus, dass ein Viertel der 18–65-jährigen angaben, ihr Verhältnis zu den eigenen Geschwistern zeichne sich durch Gleichgültigkeit aus. 16 Prozent beschrieben das Verhältnis als geradezu feindlich. Und Studien des Psychologen Karl Pillemer von der Cornell University deuten darauf hin, dass etwa ein Drittel der Mütter auf Nachfragen zugeben, ein Lieblingskind zu haben. Er hat außerdem festgestellt, dass die Bevorzugung die Konkurrenz innerhalb der Geschwisterschar erheblich steigert und dadurch die Wahrscheinlichkeit zunimmt, dass sie auch später im Leben eine schlechte Beziehung haben. »Es scheint eine Zurückweisung zu sein, von der sich die Betroffenen nie wieder erholen«, sagte Pillemer 2018 in einem Interview mit der Zeitschrift *Psychology Today*.

»Das Thema kommt häufig in Therapien auf«, fährt Asger Neumann fort und sagt, dass der Psychotherapeut oft die erste Person ist, der gegenüber man das zugeben kann. »Es kommt vor, dass mir Eltern gestehen: ›Wenn ich ehrlich bin, glaube ich, dass ich meine Tochter lieber habe als meinen Sohn.‹ Das ist schambehaftet, weil die Elternliebe in unserer Kultur als absolut definiert ist. Das eine Kind mehr als das andere zu lieben, ist verkehrt, stimmts?«

Ganz bestimmt. Und noch verkehrter und schambehafteter ist es, sein Kind gar nicht zu lieben, was trotzdem passiert. Man hat festgestellt, dass sowohl Mütter als auch Väter eine postpartale Depression erleiden können, was häufig dazu führt, dass sie ihr Neugeborenes nicht lieben und sich auch nicht um das kleine schreiende Bündel kümmern wollen. Man liest allerdings auch, dass eine Therapie diese Liebe wieder wachsen lassen kann und alles wieder gut wird. Einige Eltern, so Asger Neumann, entwickeln jedoch trotz vieler Therapieversuche niemals Liebe für ihr Kind.

»Und dann ist alles vorbei!«, sagt er und wirft die Arme in die Luft. »Aber das stimmt nicht. Therapie kann dabei helfen, das Projekt aufzugeben, lieben zu *müssen*, und stattdessen die Aufgabe anzunehmen, diesem Kind unabhängig von den eigenen Gefühlen auf seinem Weg ins Leben zu helfen. Man verlagert den Fokus weg von der Phänomenologie hin zu den eigenen Werten und Anschauungen. Auch wenn man nicht fühlt, was man meint, fühlen zu müssen, kann man trotzdem ein guter Vater und eine gute Mutter sein, die sich um ihr Kind kümmern.«

Mein Blick fällt auf das Gemälde hinter ihm mit den Hosenbeinen auf dem kalten Eis, und ich muss plötzlich an meinen Bruder denken, den ich seit Jahren nicht gesehen habe. Der kleine Junge muss gespürt haben, dass sein Vater die Schwester bevorzugt hat. Am Ende ist das wahrscheinlich für das Kind am schlimmsten, das sich zurückgewiesen fühlt.

»Ja«, stellt Asger Neumann lakonisch fest. »Weil es sehr oft Konsequenzen fürs eigene Selbstbild hat. Es erfordert sehr viel innere Reife, um diese Erfahrung *nicht* zu generalisieren. Wenn mich meine Mutter nicht liebt, werden es dann andere können? Bin ich liebenswert? Und wenn mich jemand liebt, kann sie oder er sich doch jederzeit für jemand anderen entscheiden.«

Wie die frühkindliche Bindung gibt es auch später im Leben Muster, die in unserer Psyche installiert werden und automatisch anspringen. Erwartungen, Vermutungen und Reaktionen, die ohne unser Zutun ausgelöst werden.

»Aber diese Erkenntnis kann auch zum Gegenteil führen. Habe ich schon erzählt, wie ich als erwachsener Mann zu meinem Vater gefunden habe?« Neumann sieht mich fragend an.

»Nein.«

»Mein Vater ist immer distanziert und kühl gewesen, was mich sehr frustriert hat, denn ich bekam nur sehr selten warme Worte. Dann aber vor ein paar Jahren erinnerte ich mich an den Winter, als ich 18 wurde. Mein Vater lag von November bis zu meinem Geburtstag im Februar auf dem kalten Garagenboden, um einen Fiat 600 instand zu setzen, den ich zur Volljährigkeit bekommen sollte.«

Ich kann ihm ansehen, wie sehr ihn die Geschichte auch heute noch berührt.

»Diese Erinnerung löste etwas in mir aus. Das war sein Weg, mir seine Liebe zu zeigen. Von dem Tag an habe ich mich von dem Gedanken ›Mein Vater hat mich nie geliebt‹ verabschiedet und ihn ersetzt durch: ›Mein Vater war ein unbeholfener Ochse, wenn es darum ging, Liebe zu zeigen. Aber er hat es auf seine Weise getan. Und das kann ich anerkennen.‹«

Neumann räuspert sich ein paar Male.

»Wenn ich also jemanden in Therapie habe, versuche ich, ihnen zu vermitteln, dass aus dem Gedanken ›Meine Mutter oder mein Vater lieben mich nicht‹ eine selbsterfüllende Prophezeiung werden kann. Man sieht die Welt durch diesen Filter und sucht nur nach Bestätigung dieser Auffassung. Ich kann mich an eine Sitzung mit einem Mann erinnern, der seinen Vater zu einer Sitzung mitbringen wollte, weil es ihm genauso ging. Damit war ich einverstanden, und im Laufe der Unterhaltung sagte der Vater: ›Ich fand dich als Kleinkind manchmal sehr schwierig. Ich hatte das Gefühl, dass du ein Bedürfnis hast, das ich bedienen sollte, aber alles, was ich dir anbot, war nicht richtig.‹ Der Sohn drehte sich zu mir und sagte: ›Sehen Sie, das ist der Beweis dafür, dass er mich nicht haben wollte.‹ Er hatte gar nicht richtig zugehört, sondern verharrte in seinen starren Ansichten und Vorstellungen von seinem Vater.«

Neumann zuckt mit den Schultern. Dann richtet er sich auf.

»Nur manchmal ist eine rote Nase auch einfach eine

rote Nase, und man muss erkennen, dass man in der Tat weniger Liebe bekommen hat, als man verdient hätte. Aber auch diese Erkenntnis ist wertvoll. Dann kann man sich zur Aufgabe machen, mit diesem Zustand zu leben und zu erkennen, dass man trotz unerfüllter Wünsche in der Vergangenheit etwas aus seinem Leben machen kann.«

Neumanns Worte kann man fast als eine Kulturkritik verstehen. Denn erzeugt nicht gerade die Psychologisierung der Gesellschaft und unsere Art zu denken die Überzeugung, dass alles reparabel ist? Sowohl unsere eigenen Gefühle als auch die anderer. Aber vieles lässt sich einfach nicht reparieren, auch nicht von dem genialsten Psychotherapeuten.

»Es gibt Sachen, die müssen wir einfach hinnehmen«, sagt Asger Neumann trocken. »Deshalb machen mich die Verheißungen der Glücksindustrie auch so unfassbar müde. ›Kaufen Sie mein Buch, buchen Sie mein Programm, dann werden Sie glücklich!‹ Wenn ich es dann aber trotzdem nicht werde, bedeutet das, dass ich mich nicht genug angestrengt habe. Man könnte vielleicht einfach anerkennen, dass das Leben hart sein kann. Dass es verdammt wehtun kann. Aber die Schmerzen hindern dich nicht daran, ein gutes Leben zu führen.«

»Unter welchem Stein hast du denn gehaust?«, fragte mich der freundliche Student im Studentenwohnheim, während er mich in die Geheimnisse der Küchennutzung einweihte. Mein Zuhause war über Nacht verschwunden, die kompakte Einheit aus meiner Mutter, mir und meinem Bruder war von einem Tag auf den anderen auseinandergerissen worden. Meine Mutter war tot, mein Bruder kam zu einem

Onkel am anderen Ende des Landes, und ich musste die 13. Klasse beenden. Mir war ein Platz im Studentenwohnheim in Århus zugeteilt worden, und plötzlich wohnte ich mit 15 fremden Menschen zusammen, mit denen ich mir Badezimmer, Toilette und Küche teilen musste. Ich war nicht nur die Jüngste, sondern auch die Unerfahrenste im Umgang mit anderen.

Der Student hatte mit seiner Frage ins Schwarze getroffen. Ich hatte tatsächlich jahrelang unter einem Stein gehaust, der nun zur Seite gerollt worden war. Jetzt konnte ich mich vorsichtig aufmachen, die Welt zu erkunden. Kein endloses Grübeln im Zimmer mehr, ab jetzt wurden die Gemeinschaftsküche und das Wohnzimmer mein Aufenthaltsort. Immer mit einem Buch in der Hand, damit es so aussah, als hätte ich etwas ungeheuer Wichtiges zu erledigen und würde mich nur aus Höflichkeit an den Gesprächen beteiligen.

Ich hatte auch meine alte Schulfreundin wiedergefunden. In der Schule, bis zur Neunten, waren wir unzertrennlich, aber dann hatten sich unsere Wege getrennt. Während ich endlich meinen Platz im Gymnasium fand, hatte sie sich kopfüber ins Leben gestürzt. Sie hatte einen etwas älteren, »ziemlich alternativen« Lover, mehrere Schulwechsel hinter sich und rauchte ab und zu Gras.

Ich schloss mich ihr an, und an den Wochenenden zogen wir durch die Stadt, betranken uns im Mejlgadekvarter und rauchten geschnorrte Zigaretten, bis uns schlecht wurde. Es wurde zum Ritual, sich erst in den frühen Morgenstunden nach Hause zu schleppen und beim Bäcker um die Ecke noch frische Brötchen zu kaufen.

Über diese Freundin bekam ich auch Zugang zu ihrem Freundeskreis, der aus einer gemischten Gruppe von Aktivisten bestand. Viele von ihnen waren Männer, organisierte

Jungkommunisten, die sich in Moskau und Ostberlin auf Schulungen ideologisch geschult hatten. Sie nannten ihr Kollektiv *Die Roten Sterne*, und ihre Tür stand immer offen.

Für eine so verkorkste Persönlichkeit wie mich war das die perfekte Gesellschaft, um endlich meinen Platz im Leben zu finden. Meine Schüchternheit und Unerfahrenheit im Umgang mit anderen, vor allem mit dem anderen Geschlecht, konnte ich gut hinter meiner großen Diskutierlust verstecken. Ich fühlte mich stark zu ein paar der jungen Idealisten hingezogen, aber wählte den Weg über die Opposition und stellte mich gegen ihre irren politischen Ansichten. Argumentieren war keine Schwierigkeit, das kannte ich von zu Hause. Von klein auf hatte ich diesen Schlagabtausch nicht nur genossen, sondern ihn als geistigen Kontakt und Nähe empfunden.

Etwas geschah mit mir während der erhitzten Debatten über Gott und die Welt, von der Rolle der Sowjetunion in Afghanistan bis hin zu der Kollision des Individuums mit der sozialistischen Ideologie. In dieser Zeit entstand meine starke Anziehung zu Männern. Nicht nur als Objekte der Begierde – das war nur die äußerste Schicht –, sondern eine Anziehung zum männlichen Wesen. Ich fühlte mich von der Art angezogen, wie man mit ihnen zusammen sein kann. Man kann mit ihnen einfach und unkompliziert ins Gespräch kommen. Wenn sich eine gewisse Sympathie etabliert hat, kann man die Schwerter zücken und sich streiten und vollkommen anderer Meinung sein, ohne dadurch den Kern der Freundschaft zu erschüttern. Sie muss nicht ständig bekräftigt werden, und man muss auch nicht auf Zehenspitzen laufen.

Das reizte mich. Zeitgleich eröffnete sich mir eine neue Welt, und zwar buchstäblich. Meine Eltern waren nie mit uns ins Ausland gefahren. Deshalb hatte ich Dänemark, abgesehen von einem einzigen Schulausflug in der siebten Klasse nach Osteuropa, nie verlassen. Aber jetzt hatte ich mich von meiner Vergangenheit losgesagt, war im Besitz eines gültigen Passes und wollte die Welt erobern.

Kaum hatte ich das Abitur in der Tasche, banden meine Freundin und ich uns das Interrailticket um den Hals, versteckten unsere Travellerschecks in einem Geldgürtel und fuhren ohne große Planung einen Monat lang durch die Gegend. Am Anfang taten wir uns mit zwei Kommunisten von den Roten Sternen zusammen und entdeckten Bulgariens Hauptstadt Sofia, was vor dem Fall der Mauer eine sehr traurige Veranstaltung war. Danach fuhren wir im Zickzack durch abgelegene Campingplätze und schwüle Großstädte, und in einer davon gelang es mir endlich, meine Jungfräulichkeit loszuwerden.

Ich war 19, sie war eine Bürde geworden und musste weg. Im brüllend heißen Athen bot sich mir die Gelegenheit. Dort erwachte das Leben erst nach Einbruch der Dunkelheit, und die entscheidende Frage wurde mir mit einem weichen, schottischen Akzent gestellt, der unwiderstehlich war.

Ach so – so fühlt sich das an, dachte ich hinterher. Als hätte es mich ans Ufer eines neuen Landes gespült. Jetzt musste ich dieses Land nur erkunden, um es besser kennenzulernen. Wenn ich daran zurückdenke, muss ich über meine beobachtende Haltung und Vorgehensweise schmunzeln.

Ich hatte keine oder nur eine sehr bruchstückhafte Vorstellung davon, wie romantische oder sexuelle Beziehungen aussehen sollten oder eben nicht. Ich machte mir wenig Sorgen und kaum Gedanken. Ich überließ es dem Zufall und beobachtete, was dabei herauskam.

Von dieser Herangehensweise profitierte ich sehr, als

ich beschloss, mich in meinem Sabbatjahr nach dem Abitur auszuprobieren. Weil meine wiedergefundene Freundin ihr Abitur auf dem zweiten Bildungsweg nachholte, reiste ich allein weiter und bewarb mich in einem Kibbuz. Ich tat das weder aus ideologischen noch aus politischen Gründen, sondern weil es mir die Möglichkeit gab, ein bisschen Geld zu verdienen und neue Leute kennenzulernen.

Und so kam es auch. Das kleine Bauernkollektiv lag an der nördlichen Grenze zum Libanon, und von dort regnete es ab und zu auch Raketen. Die Kolonie bestand aus international zusammengewürfelten Freiwilligen und war wie eine geschlossene Gesellschaft. In den Betonreihenhäuschen, die aus Einzimmerwohnungen mit Veranda bestanden, waren wir uns selbst überlassen, wenn der Arbeitstag nach vier bis fünf Stunden zu Ende war. Je nach Jahreszeit lebten dort 15 bis 35 Personen, und die Stimmung war wie in einer nicht enden wollenden Schulpause.

Hier konnte ich mein sexuelles Debüt ausbauen und Erfahrung sammeln. Und das war natürlich großartig, aber vor allem war interessant, was auf emotionaler Ebene geschah. Parallel zu ein paar »festen« Beziehungen, die sich ohne viel Aufhebens auflösten, hatte ich auf dem Beziehungshöhepunkt eine platonische Dreiecksbeziehung. Mit zwei Männern, einem Briten und einem Amerikaner, beide aufstrebende Schriftsteller. Sie überboten sich gegenseitig intellektuell in dem Versuch, von mir auserwählt zu werden.

Einerseits hatte es etwas unfreiwillig Komisches an sich, dass die beiden wie zwei Pfauen um mich herumtanzten und ihre Schwanzfedern aufstellten. Auf der anderen Seite führten wir anregende Gespräche, deren Qualität etwas sehr Erotisches hatte. Auch als ich mit Pfeifferschem Drüsenfieber im Bett lag, wichen die beiden nicht von meiner Bettkante und stritten sich, wer mir als Erster von seinen neuen Texten vorlesen durfte. Sie sahen sich als der neue Hemingway und Fitzgerald und wetteiferten um meine Aufmerksamkeit und Anerkennung. *Von mir!* Von der Hoffnungslosen und Unangepassten.

Dadurch eröffnete sich mir eine neue Welt. Nach meiner Rückkehr fing ich an der Uni an, und anders als in meiner Schulzeit konnte ich mich in dieser Gemeinschaft sicher bewegen. Sie bestand hauptsächlich aus Männern, und wir verbrachten als eingeschweißtes Team die ganze Zeit miteinander. Wir gingen aus, schwänzten Vorlesungen und bereiteten uns zusammen für die Prüfungen vor. Aber während ich die soziale Klaviatur bedienen lernte, entstand noch etwas anderes: eine Leidenschaft.

Ich trat mit einem durchschnittlichen Interesse an der Welt und einer gewissen Freude an Wissen und Information an, aber im Studium der Biologie entwickelte sich etwas, das ich heute Liebe nennen würde. Die Liebe zu dieser Wissenschaft. Sowohl als elegante und ewig gültige Methode als auch ganz pragmatisch als eine eigene Welt, in der ich mich entfalten konnte.

Und später kam dann noch dieser aschblonde Doktorand dazu, der uns in den molekularbiologischen Praxisstunden akademische Finesse beibrachte. Es stellte sich heraus, dass er im Studentenwohnheim gegenüber wohnte. Nach einer der nächsten wilden Partys der sich gegenseitig Besuch abstattenden Stockwerke in den Wohnheimen wachte ich am nächsten Morgen mit Kopfschmerzen in zwei sonnengebräunten, zart behaarten Armen auf.

»Tja, also ich habe jetzt einen Freund«, verkündete ich eine Woche später meinem Vater am Telefon. Ich sagte, dass ich es langsam angehen lassen würde und mal sehen, wo es hinführe.

Ich war bis über beide Ohren verliebt. Ganz banal, alles

kribbelte. Da waren diese langen Minuten, die wir uns beklommen und stumm in die Augen sahen. Da waren die ersten peinlichen Familienbesuche. Als er ein paar Tage verreist war, schnappte ich mir seine rote Daunenjacke, mit der man einen Polarsturm überleben konnte, und polsterte damit meinen Sessel. Mehrmals am Tag rollte ich mich darin ein und schnupperte daran.

Der laute Politologiestudent aus unserem Stockwerk hatte es auf mich abgesehen, und als ich eines Tages in der Gemeinschaftsküche saß, zeigte er mit ausgestrecktem Finger auf mich und fragte mich, warum ich so rote Wangen hätte und so dämlich grinsen würde.

»Seht sie euch bloß an«, sagte er und lachte laut auf, als hätte er ein peinliches Geheimnis gelüftet. »Ich glaube, das ist ihr erstes Mal!«

Wie formulierte das mein Freund J, in der einen Hand seinen Cappuccino, in der anderen eine Zigarette? »Du findest das Wesen der Liebe nicht in irgendwelchen molekularen Strukturen.« Er war zwar cool, aber auch ziemlich überheblich. Aus seiner Sicht kann man die Zustände des Verliebtseins als eine Überflutung mit Botenstoffen beschreiben, die das Gehirn und somit die Vernunft vorübergehend ausschalten. Aber nicht alles andere, die subtileren und so unterschiedlichen Formen der Liebe. Dafür genügte ihm, dass Psychologen die Bindungsvarianten benennen konnten und feststellten, inwiefern die Erwartungen und Vorbilder, die wir in unserer Kindheit gelernt und entwickelt haben, unsere Beziehungen beeinflussen. Was sollte noch dabei herauskommen, weiterzubohren und in die Köpfe der Menschen zu leuchten?

»Diese Frage wurde mir so oder anders in den vergangenen zwanzig Jahren immer wieder gestellt«, sagt Ruth Feldman in unserem Interview. »Als ich anfing, schüttelten die Leute den Kopf und lachten laut, wenn ich sagte, ich würde die Neurobiologie der Liebe erforschen. Was ich da tat, verdiente nicht den Namen Neurowissenschaften. Denn die Liebe könnte unmöglich im Gehirn zu finden sein.«

Heute lacht keiner mehr über sie. Feldman gilt als eine Pionierin auf dem Gebiet und ist mit ihren wilden Locken und ihrem sanftmütigen Äußeren eine tonangebende Figur in dem Fachbereich der Sozialen Neurowissenschaften geworden, wie es heute heißt. Für sie ist die Erforschung des Gehirns und seiner Prozesse ein ganz selbstverständlicher Zugang zum Phänomen Liebe.

»Jedes Zeitalter hat versucht, die Liebe mit den jeweils zur Verfügung stehenden Werkzeugen zu verstehen. Unser Werkzeug heute ist dic Hirnforschung. Wir wissen, dass wir *eins* sind mit den Prozessen in unserem Gehirn. Die Bindungen, die wir Liebe nennen, sind real. Also müssen sie auch physisch greifbar sein und biologische Korrelate haben, die wir wiederum messen können.«

Das macht Sinn. In der Psychologie, die subjektive Gefühle und Verhalten beschreibt, gibt es eine konkrete Biologie. Auf dieser Ebene geht es um die kleinen chemischen und möglicherweise auch genetischen Unterschiede, die bestimmen können, wie der einzelne Mensch die Wirklichkeit erlebt. Wenn man ein tieferes Verständnis seines subjektiven Erlebens bekommen will, muss man sich die vielen kleinen Zahnräder ansehen, die es erzeugen. Das Verständnis ist auch die Voraussetzung, um eventuell etwas daran ändern zu können.

»Wir wissen«, fährt Ruth Feldman fort, »dass die sozialen Bindungen, unsere Verbundenheit, zentral und essenziell für unsere Art und die Entwicklung des Individuums sind. Sie müssen deshalb ihre eigenen neurobiologischen Systeme haben.«

Diesen Systemen ist sie mit ihren Kollegen auf der Spur. Es wird zunehmend deutlicher, dass eine ganze Menge chemischer Verbindungen beteiligt sind und ihre Wirkung einer komplizierten Choreografie folgt. Man kann die Ausprägung und Aufrechterhaltung der sozialen Bindungen als ein aufwendiges neurobiologisches Ballett verstehen, in dem mehrere, miteinander kooperierende Netzwerke verschiedener Hirnregionen auftreten. Aber wie man es auch dreht und wendet, als zentrales Element taucht immer wieder das kleine Hormon Oxytocin auf. Und das ist ein guter Ausgangspunkt.

Die meisten von uns haben den Namen dieser Substanz schon einmal gehört, denn es gab eine Phase – in den 2010ern –, da wurde sie kräftig gehypt. In zahlreichen Artikeln und Büchern wurde Oxytocin als »Kuschelhormon«, »Liebeshormon«, »soziales Viagra« oder »Molekül der Moral« bezeichnet.

Der Stoff schien für alles Gute zu stehen und kam dort zum Einsatz, wo Menschen sich miteinander verbunden fühlten. Es erzeugte Vertrauen, Großzügigkeit und Liebe. Oxytocin schuf Verbindungen zwischen Eltern und Kindern, zwischen guten Freunden und nicht zuletzt zwischen Liebenden. Denn man hatte herausgefunden, dass es sowohl bei Geburten, Orgasmen, Berührungen und sogar warmen Blicken vom Körper ausgeschüttet wurde.

Heute weiß man, dass die Sache wesentlich komplizierter ist, als es zunächst aussah. Und viel interessanter.

Alles begann, als der britische Pharmakologe Henry Dale 1909 auf die Idee kam, schwangeren Katzen ein Extrakt aus dem menschlichen Gehirn zu spritzen. Zu seiner Überraschung löste die Injektion Geburtswehen aus. Danach untersuchte man die Katzengehirne und isolierte Oxytocin als den Stoff, der die Wehen ausgelöst hatte. Man entschied sich bei der Namensgebung passenderweise für das griechische Wort für schnelle Geburt. Später stellte man fest, dass dieser Stoff auch den Milcheinschuss stimulierte und in der Hypophyse gebildet wird. Das alles sind großartige Neuigkeiten, aber noch kein Grund, die Wissenschaft umzukrempeln.

Was das Interesse der Forscher endgültig entfachte, war die Entdeckung in den 1970ern, dass Oxytocin nicht nur ein Hormon ist, sondern auch als Signalstoff, als Neurotransmitter im Gehirn wirkt. Man fand heraus, dass bestimmte Nervenzellen Oxytocin freisetzen konnten, das dann von bestimmten Rezeptoren empfangen wurde. Diese befanden sich im limbischen System – den Hirnregionen, die für die Verarbeitung von Emotionen zuständig sind. Das war eine äußerst spannende Erkenntnis, die um eine weitere Entdeckung ergänzt wurde, die Tatsache, dass beim Sex und bei sozialer Interaktion Oxytocin ausgeschüttet wird.

Wenn man sich die Mechanik des Gehirns genauer ansehen will, benötigt man Modellsysteme – mit anderen Worten Tierversuche. Die Erforschung der Chemie der Liebe steht bei unzähligen Ratten und Affen in ewiger Schuld, vor allem aber bei den amerikanischen Wühlmäusen.

Die Präriewühlmaus *Microtus ochrogaster* ist eine nordamerikanische Maus und auf den ersten Blick mit ihren 40 Gramm Lebendgewicht und graubraunem Fell eine unscheinbare Erscheinung. Sie ist eng mit den Lemmingen verwandt und ähnelt einer blassen Ausgabe eines Hamsters. Ihre hervorstechende Eigenschaft jedoch ist, dass ihr Liebesleben unserem in vielen Punkten ähnelt. Man kann natürlich nicht wissen, was die kleinen Tierchen fühlen und wie sie Dinge erleben, aber wenn man beobachtet, wie sie sich verhalten, ist die Übereinstimmung verblüffend. Während etwa 97 Prozent aller Säugetiere und so gut wie alle Nagetiere promisk sind und ihre Weibchen mit der Aufzucht ihrer Jungen allein lassen, lebt die Präriewühlmaus monogam mit festen Beziehungen, in denen das Männchen dem Weibchen bei der Pflege der Nachkommen hilft. Das Paar teilt sich die Aufzucht eines Wurfs von nackten und hilflosen Jungen, die etwa einmal im Monat zur Welt kommen.

Beide Partner nutzen zwar die Gelegenheit für einen Seitensprung, wenn sie sich ergibt, aber sie existieren in festen Partnerschaften, die ein Leben lang halten (was in der Wildnis im günstigsten Fall ein paar Jahre sein können).

Eine solche Partnerschaft beginnt mit der Umwerbung des Weibchens. Das Männchen versucht, ihre Aufmerksamkeit zu erregen und sie zur Paarung bereit zu machen. Was im Laufe der ersten Paarung und in den Stunden danach passiert, ist von entscheidender Bedeutung.

Denn die beiden Tiere sind von da an miteinander verbunden. Forscher haben diese deutliche und geradezu hartnäckige Präferenz in Laboren getestet. Sie setzten das Männchen in einen Käfig mit anderen und »seinem« Weibchen. Konsequent suchte das Männchen die Nähe des ihm zugeordneten Tiers. Manchmal wurde das andere Weibchen sogar angegriffen, als wäre es ein gefährlicher Eindringling.

In ihrer Kernfamilie zeigt die Präriewühlmaus ein sensationelles Maß an Fürsorge. Entfernt man beispielsweise das Männchen vom Weibchen, reagiert es mit Stress, kehrt das männliche Tier zurück, wird es vom Weibchen mit Liebkosungen empfangen, die den Stress minimieren.

Wenn einer der Partner stirbt, scheint der andere einem

Zustand ausgesetzt zu sein, der an Trauer und Depression erinnert. Das hat man in herzergreifenden Experimenten beobachtet, in denen der »Trauernde« in ein Wasserlabyrinth gesetzt wurde, durch das er schwimmen muss, um eine rettende Plattform zu finden. Eine Präriewühlmaus in durchschnittlich guter Verfassung fängt sofort an zu strampeln, wenn sie die Wasseroberfläche berührt. Aber eine, die gerade ihren Lebenspartner verloren hat, zeigt keinen großen Impuls, sich zu bewegen. Der Selbsterhaltungstrieb ist wie erloschen, sie lässt sich nur treiben.

Den großen Kontrast dazu bildet die Bergwühlmaus *Microtus montanus*. Äußerlich kann man die beiden kaum unterscheiden. Aber in ihrem Verhalten sind sie diametral entgegengesetzt. Das Männchen der Bergwühlmaus ist ein echter Don Juan. Es sucht keinerlei Bindung, paart sich, sobald die Gelegenheit dazu da ist, und würde nicht im Traum daran denken, die Obhut für einen Haufen Jungen zu übernehmen.

Und was unterschiedet die beiden? Reine Neurochemie. Kurz gesagt, hängt es mit den beiden Hormonen Oxytocin und Vasopressin und mit deren Wirkung im Gehirn sowie mit ganz besonderen Rezeptoren zusammen.

Die Lösung des Rätsels nahm in den 90er-Jahren langsam Form an. Die Biologin Sue Carter von der University of Illinois wollte herausfinden, warum die beiden Wühlmausarten in ihrem Verhalten so verschieden sind. Jahrelang forschte sie zu dieser Frage, filmte und beobachtete die besonders langen Paarungsspiele der Präriewühlmaus, die bis zu 40 Stunden dauern konnten. Sie kam zu dem Schluss, das Oxytocin dabei die Hauptrolle spielte. Wenn einem Weibchen das Hormon direkt ins Gehirn gespritzt wurde, verstärkte es seine Bindung an das Männchen. Sie kuschelte deutlich mehr mit ihm und drückte sich auffordernd an ihn. Wenn Carter jedoch mit einem chemischen Blocker die Wirkung des Oxytocins bei den Tieren verhinderte, hörten sie schlagartig mit ihrem Paarungsspiel auf. Sie kopulierten zwar, aber gingen danach ungerührt ihrer Wege. Der Sex war unverbindlich geworden.

1998 kam Sue Carter schließlich zu dem Ergebnis, dass Oxytocin, bei dem ausgiebigen Paarungsspiel ausgeschüttet, eine so enge Bindung erzeugt, die das Zusammensein mit der Auserwählten angenehm und eine Trennung unerträglich macht. Später zeigte sich, dass der Unterschied zur promisken Bergwühlmaus darin besteht, wie viele Rezeptoren die Tiere für das Oxytocin haben und wo sie sich im Gehirn befinden. Bei den treuen Präriewühlmäusen sind die Areale des Gehirns, die zum Belohnungssystem gehören, voll mit diesen Rezeptoren, die auf Oxytocin reagieren. Bei der Bergwühlmaus sind jene Areale dagegen äußerst sparsam besetzt.

Der Verhaltensforscher Larry Young von der Emory University hat 2004 vorgeschlagen, dass sich bei der Entstehung dieser besonderen Bindung neue Nervenbahnen bilden. Alle Säugetiere haben Vergnügen beim Sex, weil ihr Belohnungssystem mit Dopamin versorgt wird. Dieser chemische Jackpot treibt sie an, es erneut zu tun, was wiederum sinnvoll ist, weil es den Erhalt der Spezies sichert.

Bei den wenigen monogamen Tierarten findet mehr als das bloße Vergnügen statt. Der konkrete Sexualpartner wird mit dem Vergnügen verknüpft. Es ist nicht nur Sex, sondern Sex-mit-ihr-oder-mit-ihm, den man immer wiederholen will. Wenn sich eine Präriewühlmaus paart, entstehen in den Hirnarealen neue Nervenbahnen, die für das Erinnern von Gerüchen wichtig sind. Young ist der Ansicht, dass Oxytocin dafür sorgt, dass sich das Tier auf diese Weise das ganz individuelle Duftprofil seines Lebensgefährten einprägt. Und das führt dazu, dass bei Wiedererkennung eine Belohnung in Form von Wohlbehagen erfolgt.

Young entdeckte noch ein weiteres Hormon, das Vasopressin, das bei den Männchen bei der Partnerwahl und Bindung eine Rolle spielt. Vasopressin beeinflusst das Territorialverhalten der Männchen. Ein Männchen bindet sich an ein Weibchen, weil er sie quasi als sein Territorium empfindet, so Young. Sie »gehört« ihm.

Menschen sind keine Mäuse. Zum Glück. Aber Versuche mit Ratten und Wühlmäusen haben die Erkenntnisse vorangebracht, wie die Liebe bei den Menschen funktioniert. Auf physiologischer Ebene. Und man kann mittlerweile mit großer Sicherheit sagen, dass sich die basalen Mechanismen sehr ähneln. Aber natürlich kann unser Gefühlsleben nicht darauf reduziert werden, was ein Pelztier, sei es auch noch so niedlich, durchlebt. Und das liegt vor allem daran, dass wir ein viel größeres Gehirn haben, das wesentlich komplexer aufgebaut ist, andere Strukturen entwickelt und deshalb ganz andere Kapazitäten hat.

Die Bindungen bei den Nagern basieren auf Prozessen in den emotional und evolutionär alten Teilen des Gehirns, dem limbischen und dem Belohnungssystem. Diese Regionen sind auch für die Entstehung menschlicher Liebesbeziehungen notwendig. Aber bei uns sind instinktive und emotionale Prozesse immer mit Aktivitäten in Teilen des zerebralen Cortex verbunden, unserer Großhirnrinde. Dieser Teil des Gehirns ist für komplexe Denkaufgaben verantwortlich, hier entstehen Assoziationen, bewusstes Denken und Vorstellungsvermögen.

Mit anderen Worten, wir können die Liebe nicht einfach als »reinen« oder »animalischen« Impuls erleben, der von jeder Form des Intellekts befreit ist. Die Großhirnrinde sorgt dafür, dass unsere Gefühle durch alle möglichen Informationen wie Erinnerungen, Erwartungen und Erfahrungen gefärbt und geformt werden.

Nehmen wir zum Beispiel Anziehung und Sex. Wenn wir mit jemandem ins Bett steigen wollen, pumpt unser Hypothalamus Dopamin und Oxytocin in unser Gehirn. So wie bei der Präriewühlmaus. Und wir verfügen wie sie über eine Menge Oxytocinrezeptoren im Belohnungssystem. Aber im Gegensatz zu den kleinen Pelztieren können wir ohne Weiteres einen Orgasmus mit einem Sexualpartner haben, ohne gleich den Drang zu haben, mit ihm zusammenzuziehen. Bis aus der romantischen Verbindung etwas Langanhaltendes wird, muss einiges passieren – viele Abwägungen und Überlegungen.

Forscher sprechen sogar von *the love brain network*, voneinander getrennte, aber verbundene Hirnareale, die zusammenarbeiten. Scans von Menschen, denen Fotos von geliebten Menschen gezeigt wurden – Kinder, Freunde, Partner –, belegen, wie verschiedene Varianten der Liebe mit den Aktivitäten in diesen Arealen korrespondieren. Einige Areale sind immer beteiligt, während andere nur bei bestimmten Formen der Liebe involviert sind.

In diesem Zusammenhang ist eine Sache besonders bemerkenswert. Liebe bedeutet immer eine Kombination aus emotionalen und kognitiven Arealen, ob es sich um die Liebe zwischen Eltern und ihren Kindern, zwischen leidenschaftlich Liebenden oder zwischen Freunden handelt. Diese unablässige Kommunikation zwischen Trieb, Gefühlen und bewusstem Denken verleiht dem Menschen seine Flexibilität, die für andere Arten nicht von Vorteil wäre. Wir können Liebe nicht nur für unsere Nachkommen und

Partner empfinden, sondern auch für Freunde. Wir können uns sehr mit unseren Kollegen, Nachbarn, Mannschaftsmitgliedern im Handballverein verbunden fühlen und auch vollkommen Fremden gegenüber freundlich und zugewandt sein, die wir als »einen von uns« sehen. Menschen können sogar – und das relativ einfach – große Liebe für Vertreter anderer Spezies empfinden.

»Das ist doch nur ein Hund«, könnte man sagen. Aber ein Haustier ist in der Lage, verblüffend viel Raum in der Gefühlswelt seines Besitzers einzunehmen. Das kenne ich gut. Wenn ich so darüber nachdenke, hat mich die Liebe zu Tieren am tiefsten berührt und erfüllt. Die zu einer schwarz-weißen Katze zum Beispiel, die zehn Jahre lang bei mir lebte. Sie hat eine Weichheit und Fürsorge in mir ausgelöst, wie es kein Partner je geschafft hat.

Säugetiere zeichnen sich durch eine starke Bindungsfähigkeit aus. Etwas überschwänglich formuliert könnte man sagen, dass die Fähigkeit, die bei den frühen Säugetieren als Samen gelegt wurde, sich im Laufe der Evolution beim Homo sapiens zu einem großen, weitverzweigten Baum entwickelt hat.

Die Wurzel, betont Ruth Feldman, bildet das Gehirnareal, das man Corpus Striatum nennt. Dort gehen das Hormon Oxytocin und der Botenstoff Dopamin eine Partnerschaft ein. Wenn Dopamin freigesetzt wird, erzeugt es Antriebskraft, das Oxytocin lenkt diese Kraft auf das soziale Umfeld. Man spürt also Lust und lenkt diese dann auf einige ausgewählte Personen. Das Oxytocin erzeugt im Gehirn ein hormonelles Milieu, in dem ein kleines Heer aus Stoffen ihre ganz besondere Wirkung auf unsere Liebesbindungen ausüben kann.

Die vielen verschiedenen Bindungsmöglichkeiten mit

ihren jeweilig dazugehörigen Gefühlen und chemischen Raffinessen bauen aber sämtlich auf die grundlegenden Strukturen auf, die die Eltern-Kind-Bindung etabliert hat, so Ruth Feldman. Das elterliche Band zu den Kindern ist von der funktionierenden Patenschaft von Dopamin und Oxytocin abhängig. Feldman hat dabei etwas beobachtet und das Phänomen mit einem passenden Begriff versehen: der Synchronizität. Er beschreibt, dass Säuglinge und die sie versorgenden Bezugspersonen sich aufeinander einstellen. Der Oxytocinspiegel steigt auf beiden Seiten gleichmäßig an. Das geschieht in Form einer Art Hirn-zu-Hirn-Kommunikation und wird durch Blicke, Berührungen und durch Befriedigung der kindlichen Bedürfnisse ausgelöst. Diese Synchronizität lässt sich auch bei Verliebten messen, etwas seltener bei guten Freunden.

Im Hinblick auf die zeitliche Koordination und das Zusammenspiel der Stoffe kann man sich die Verliebtheit wie eine Fallstudie veranschaulichen. Verliebtheit ist ein neurochemisches Programm, das sich an einen strengen Fahrplan hält. Zuerst steigt der Dopaminspiegel und der Spiegel des Stresshormons Cortisol, was wiederum zum Absinken des Botenstoffes Serotonin führt. Diese Kombination hat zwei Effekte. Während der hohe Dopaminspiegel uns mit Begierde und mehr oder weniger ekstatischen Gefühlen belohnt, fügt der niedrige Serotoninspiegel noch etwas durchaus Bekanntes hinzu: einen Hauch von Besessenheit.

Hirnscan-Studien haben belegt, dass der Prozess der Verliebtheit nicht den anderen Gefühlen ähnelt, sondern eher als ein ausdrückliches Trieb- und Motivationssystem betrachtet werden muss. Die Vorgänge finden nicht primär in der Großhirnrinde statt – der Hochburg unseres Denkens –, sondern in den tief liegenden, emotionalen Hirnarealen. Scans von sehr verliebten Männern und Frauen weisen erhöhte Aktivitäten in dem ventralen tegmentalen Areal auf, einem der Knotenpunkte des Belohnungssystems. Und diese Verläufe, so Ruth Feldman, ähneln denen bei Drogenabhängigen.

Die Gedanken kreisen immer nur um die begehrte Person, man kann ihn oder sie nicht mehr aus dem Kopf kriegen. Die Verliebtheit ist eine Phase beziehungsweise ein Zustand, den man nicht unendlich aufrechterhalten kann. Vielleicht ein paar Monate oder ein Jahr, wenn man Glück hat. Im Laufe dieses einen Jahres kann man beobachten, dass der Serotoninspiegel wieder auf ein normales Maß steigt und dabei auch den Oxytocinspiegel erhöht. Das Hormon zementiert die Verbundenheit und erzeugt ruhigere und entspanntere Gefühle.

Man kann den Geliebten sehen oder an ihn denken, ohne von akuter Lust auf innige Berührungen und akrobatischen Sex befallen zu werden. Stattdessen erlebt man unter Umständen zärtliche Gefühle für den anderen, der mit all seinen Fehlern und Mängeln vor einem sitzt. Manchmal – oder doch sehr häufig – zerstört die Realität diese Empfindung. In den Fällen, in denen es Menschen jahrelang gelingt, dieses Gefühl aufrechtzuerhalten, hat der Stoff Beta-Endorphin seine Finger im Spiel.

Das kleine Molekül ist noch viel weniger erforscht als Oxytocin, und das liegt vor allem daran, dass man es so schwer messen kann. Aber die Forscher, die sich die Mühe machen, sprechen sich dafür aus, dass das Beta-Endorphin eine zentrale Rolle beim Aufbau lang anhaltender Bindungen spielt, die man bei Menschen und Affen beobachten kann. Der Stoff gehört zu den Opioiden, ist verwandt mit dem Morphin, und einige Forscher beschreiben es als körpereigenes Heroin – ein Stoff quasi, der einen von einem anderen Menschen abhängig macht.

Das eine ist die Biologie, das wirklich Interessante aber ist, wie sich diese allgemeingültigen Bedingungen bei den Menschen jeweils entwickeln und dafür maßgeblich verantwortlich sind, wie bei ihm oder ihr Liebe und Beziehungen funktionieren. Hier geht es darum, welchen Einfluss Erbe und Umwelt haben können. Ein Spiel zwischen Genetik und Erkenntnis.

»Sehen Sie sich doch in Ihrem Freundes- und Bekanntenkreis um. Nicht alle Menschen haben die gleiche Liebesfähigkeit«, sagt Ruth Feldman, als ich mit ihr spreche.

Erneut muss man ganz unten im System anfangen. Beim Fundament. Die Synchronizität der Oxytocinausschüttungen ist nicht nur akademisch betrachtet ein interessantes Phänomen. Sie ist maßgeblich daran beteiligt, das soziale Gehirn des Kindes zu formen und den biochemischen Grundstein seiner zukünftigen Beziehungen zu legen.

Feldman hat jahrelang Eltern und ihre Kinder begleitet, sie vermessen und befragt. Dabei hat sie entdeckt, dass zwischen dem Grad der Synchronizität und der Qualität der späteren Beziehungen der Kinder – sowohl zu Freunden als auch zu Partnern – eindeutig ein Zusammenhang besteht. Und der Oxytocinspiegel der Eltern in Kombination mit dem Grad der Synchronizität zwischen ihnen und ihren Kindern kann vorhersagen, wie empathisch die Kleinen im Kindergartenalter werden und ob sie gut mit anderen zurechtkommen.

2010 gelang es Jennifer Bartz von der Montréal McGill University, das Oxytocin unmittelbar mit internalen Arbeitsmodellen oder mentalen Schemata in Verbindung zu bringen, die bereits von der klassischen Bindungstheorie formuliert wurden. Damit ist die Vorstellung der Psychologen gemeint, dass die Bindungserfahrung von Säuglingen ein unbewusstes Modell, ein Schema erzeugt, das definiert, was man von Menschen erwarten kann, die einem nah sind. Dieses Schema bleibt ein Leben lang als Orientierungshilfe erhalten und hat Einfluss auf unsere Beziehungen.

Bartz befragte eine Gruppe von Männern mit einem standardisierten Fragebogen über deren Verhältnis zu ihren Müttern. Fünf Wochen später wurden diese Männer erneut befragt, nachdem sie per Nasenspray entweder ein Placebo oder Oxytocin verabreicht bekommen hatten.

Die naheliegende Annahme, dass das »Liebeshormon« die Probanden die Erinnerung durch eine rosarote Brille betrachten lassen würde, war jedoch weit gefehlt. Das Gegenteil war der Fall. Die sicher Gebundenen beschrieben das Verhältnis zu ihren Müttern wie erwartet als inniger und besser, wenn sie Oxytocin anstatt das Placebo bekommen hatten. Bei den unsicher Gebundenen war es genau andersherum. Kaum hatten sie das Oxytocin inhaliert, wurden die Erinnerungen viel düsterer und negativer, als wenn sie nur ein Placebo bekommen hatten. Daraus schloss man, dass die Hormone die internalen Arbeitsmodelle aktivieren, die im frühkindlichen Stadium gebildet wurden. Das Oxytocin verstärkt die Erinnerung an frühe, bedeutende Bindungen und intensiviert die Sinneswahrnehmung, wodurch das Erlebte noch plastischer wird.

»Ob du etwas für mich tun kannst? Klar, du könntest über dem erbärmlichen Tod deines Vaters schreiben.«

Das waren die Worte meines Vaters. Seit einer Woche lag er in seinem weißen Kittel im Krankenhaus, mit einem Stapel Zeitschriften auf dem Beistelltisch, daneben eine Schale mit Weintrauben. Sein linkes Bein hatten sie ihm schon oberhalb des Knies amputiert, und wir alle wussten, dass auch das andere nicht mehr lange durchhalten würde. Und jetzt wollte auch er nicht mehr mitmachen. Was ich, seine Tochter und Journalistin, für ihn tun konnte, war, die Situation zu nutzen und unserem Ärger darüber Worte zu verleihen, dass man in einer modernen, humanistisch geprägten Gesellschaft keine Unterstützung für einen würdigen, selbstbestimmten Tod bekommen konnte.

Der Tod war nie ein Tabuthema in unserer Familie. Seit ich klein war, wurde frei von der Leber über Krankheit, Tod und Selbstmord gesprochen. Das waren keine morbiden, gruseligen Gespräche, sondern nüchterne Betrachtungen mit vielen Fragen, Antworten und Abwägungen. So wie alles andere auch diskutiert wurde. Denn es gab kein Thema, über das bei uns nicht gesprochen werden konnte.

Wie viele Eltern sagte mein Vater: »Du kannst mit allem, was dich beschäftigt, zu mir kommen.« Und das tat ich auch.

Die Scheidung meiner Eltern, als ich zwölf war, erzeugte eine physische Distanz zu meinem Vater. Aber die Zusammengehörigkeit und die Nähe zwischen uns veränderte sich dadurch nicht. Zehn Jahre später hatte ich meinen ersten Freund, und wir zogen zusammen, aber einmal im Jahr machte ich Ferien bei meinem Vater in Jütland, Ferien von allem anderen. Das kleine Häuschen in dem zugewucherten Garten war mein Zufluchtsort, der alles andere, jegliche Probleme und Schwierigkeiten, außen vor ließ. Hier verbrachten mein Vater und ich eine Woche mit Gesprächen. Beim Abwasch, während er den Ölkessel reparierte, während wir Kartoffeln im Garten pflanzten und die halbe Nacht lang bei Rotwein. »Jetzt sitzen wir hier in unserer kleinen strahlenden Welt aus Liebe«, sagte er immer wieder dazu.

So wie damals, ich muss Ende dreißig gewesen sein,

und war wieder auf Heimaturlaub. Aber ich lag mit einer Mandelentzündung im Bett. Selbstmitleid und Jammer hatten freie Bahn. Am Abend setzte sich mein Vater mit einem Märchenbuch von Hans Christian Andersen zu mir ans Bett. »Ich suche uns etwas Schönes raus«, sagte er und blätterte durch das Buch. »Hier ist es – *Der Mistkäfer.*«

Es war die Geschichte des überheblichen Mistkäfers, der im kaiserlichen Pferdestall lebte. Als er eines Tages sieht, wie die Pferde goldene Hufbeschläge bekommen, streckt er sein Bein hin und erwartet die gleiche Behandlung. Schließlich ist er genauso viel wert wie die großen Pferde, die so viel Fürsorge bekommen. Aber der Schmied weist ihn ab; daraufhin verlässt der gekränkte Mistkäfer sein Zuhause und zieht in die weite Welt hinaus, um dort seine rechtmäßige Anerkennung zu finden. Dort trifft er jedoch auf Widerstand, das Leben in Freiheit ist nicht so einfach, er bekommt Gicht in seinen Flügeln und ist furchtbar erschöpft. Am Ende landet er durch einen glücklichen Zufall wieder in der warmen Mähne des kaiserlichen Leibrosses und kann seitdem sein Leben dort schätzen.

Ich konnte mich mit dem ehrgeizigen und unzufriedenen Mistkäfer identifizieren und trotz Mandelentzündung den subtilen Versuch meines Vaters erkennen, die Tochter zu trösten, die immer alles wollte und oft nicht sah, was sie schon alles hatte.

Für mich war es das Natürlichste der Welt, alles mit meinem Vater zu teilen, was mich betraf. Undenkbar, es nicht zu tun. Ich fragte ihn um Rat, und rief ihn immer an, wenn ich etwas loswerden musste.

»Worum geht es denn eigentlich?«, sagte er dann manchmal. Und unterstrich das Gesagte mit einem tiefen Zug an seiner Zigarette.

Ich musste auch bei dem Interview mit Ruth Feldman an meinen Vater denken. Mit ihrem etwas schleppenden, israelischen Akzent erklärte sie, wie Väter das Sozialverhalten ihrer Kinder beeinflussen. Kinder mit Vätern, die in die Erziehung involviert sind, haben es leichter, mit Konflikten umzugehen und sie zu lösen. Während Mütter häufig mit positiven Situationen zu tun haben, geben Väter Rückhalt bei der Meisterung von negativen oder herausfordernden Situationen.

»Du musst deine Angst bekämpfen«, hatte mir mein Vater schon früh gesagt. Ich war keine drei oder vier Jahre alt, als wir am Frühstückstisch saßen und über das Licht in meinem Zimmer sprachen. Ich bestand darauf, die ganze Nacht das Deckenlicht anzulassen, weil ich Angst vor der Dunkelheit hatte. Mein Vater ergriff die Gelegenheit, mir etwas Nützliches fürs Leben mitzugeben. Alles, was uns Angst macht, hält uns zurück. »Aber man kann die Angst verjagen, indem man kleine Schritte macht und es übt.«

Ich zögerte, aber ließ mich darauf ein. Sich etwas zu »erkämpfen« war verlockend, genau wie draußen auf der Straße Krieg mit Wasserpistolen zu spielen. Am Anfang war es die Dunkelheit, die ich Schritt für Schritt in den Griff bekam, dann kamen die Spinnen, die ich verabscheute, aber am Ende über meinen Arm krabbeln ließ, während meine Freunde zusahen und sich vor Ekel schüttelten. Diese Erfahrungen haben sich zu einem Muster formiert, einer Art Rezept, wie ich in die Welt gehe.

Meine »soziale Robustheit«, wie es die Persönlichkeitspsychologen nennen, steht ebenfalls unter dem Einfluss meines Vaters, quasi als Ausweitung meiner Kampfbereitschaft. Der Fragebogen zur Messung des Fünf-Faktoren-Modells der Persönlichkeit, der sogenannte NEO PI-R Test, hat vor ein paar Jahren bei mir eine interessante Kombination aus Empfindsamkeit und Gleichgültigkeit sozialen Konventionen gegenüber ergeben.

»Manchmal ist es bestimmt nicht leicht«, pflegte er zu sagen. Das stimmt. Manchmal wäre es leichter, Schläge einzustecken, wenn ich nur nicht so empfindlich wäre. Aber ich habe gelernt, zuerst zuzuschlagen, und ich spüre meine Erziehung, wenn ich meinem inneren Zensor trotze, der sehr wohl weiß, dass ich mich mit dem einen oder anderen Standpunkt oder einer Formulierung nicht besonders beliebt machen werde.

»Richte deine Meinung niemals danach, was andere davon halten könnten. Du bist klug genug, zu entscheiden, was du denkst und willst. Die Meinung der anderen kann dir schnurzpiepegal egal sein«, sagte mein Vater. Das kopierte ich eins zu eins. Nicht auf Anhieb, denn der soziale Druck und die Meinung anderer hatten sehr wohl eine große Bedeutung für mich. Aber das ist wahrscheinlich die Resonanz zwischen Vater und Tochter, über die ich mit Asger Neumann gesprochen habe. Ich muss damals die innere Freiheit erahnt haben, die die Haltung meines Vaters verhieß, und die sprach mich an.

Später fiel mir das Schnurzpiepegalsein leichter. Wenn zum Beispiel mein konservativer Großvater es merkwürdig fand, dass ich keine Röcke tragen wollte wie meine hübschen Cousinen und alle anderen kleinen Mädchen. Oder wenn meine Klassenkameraden es bekloppt fanden, Fremdwörter zu benutzen.

Heute, als Erwachsene, ist es mir schnuppe, wenn ich Gegenwind bekomme. An einem Tag, weil ich Religion mit einem kognitiven Parasiten vergleiche, am nächsten Tag für die Veröffentlichung von Forschungsergebnissen, die psychologische Unterschiede zwischen Männern und Frauen belegen. Am dritten Tag wegen etwas anderem. Ich habe das Bedürfnis abgestellt, allen »Leuten«, also Menschen, die ich nicht kenne, gefallen zu wollen.

Ich habe auch keinerlei Probleme, über Dinge zu sprechen, die andere peinlich finden oder die für viele ein Tabu sind. Einige nennen mich mutig, wenn ich über meine Depressionen, familiäre Geisteskrankheiten, Selbstmord oder das Alkoholproblem meines Vaters spreche. Aber es ist kein Mut. Es ist die hart erkämpfte Abwesenheit von Scham.

»Ich bin ein Mensch, nichts Menschliches ist mir fremd«, sagte der französische Philosoph und Essayist Michel de Montaigne. Diese Lebenseinstellung finde ich großartig. Scham ist ein ausgezeichnetes Gefühl, wenn man sich falsch verhalten hat, und es einsieht. Aber ich weigere mich, mich schämen zu sollen, weil mich Ereignisse und Umstände berühren, die nicht dem gängigen Bild entsprechen. Der Weg dorthin war nicht leicht. Überhaupt nicht. Widerstandskraft entsteht durch Verletzungen. Und die Krankheit meines Vaters war so eine Verletzung.

Er war Alkoholiker, und das stritt er auch nicht ab. Abgesehen von drei Jahren, in denen er trocken und stattdessen von Cola abhängig war, war er ein Spiegeltrinker. Er hielt den Spiegel, der ziemlich hoch war. Er lallte zwar nicht oder war fies und unangenehm, sondern ging zur Arbeit und war die meiste Zeit ein wunderbarer Zeitgenosse. Aber er musste trinken, um das Leben aufrechtzuerhalten oder es auszuhalten.

Einen Alkoholiker von Nahem zu erleben, ist nicht schön. Und jedes Kind wünscht sich, seinen Vater oder seine Mutter zu retten. Als Erwachsene versuchte ich, ihn zu Therapien zu überreden, worauf er sich auch einließ. Aber das ging nie lange gut. Irgendwann musste ich mich damit abfinden, dass ich nichts tun konnte. Dass mein Vater eine dunkle Seite in sich hatte, die er selbst nicht erklären konnte, die ich nicht verstand und die niemand ändern konnte. Es ging nur darum, das Leben damit zu meistern.

Im Alltag war das einigermaßen leicht, nur in Phasen größerer emotionaler Belastung nahm es überhand. Wenn mit mir oder meinem Bruder etwas nicht rundlief, war sein erster Gang zum Schnapsladen. Streit mit seiner Frau führte zu rasender Trunkenheit. Und als auch seine dritte Ehe zerbrach, lief alles aus dem Ruder. Aufgrund klassischer Selbstmedikation – ausreichend Alkohol – wurde eine Manie ausgelöst, und er bekam als Sechzigjähriger die Diagnose einer bipolaren Störung. Er kam in die Klinik, wurde behandelt, später kam es zu einem Selbstmordversuch und einem weiteren Klinikaufenthalt. Die Tabletten hatten so viele Nebenwirkungen, dass er sich weigerte, sie zu nehmen. Stattdessen lernte er, seine Zunge im Zaum zu halten und seinen Alkoholpegel konstant zu halten, um die Kontrolle nicht zu verlieren.

Aber es holte ihn trotzdem ein.

»Also, meine Leber ist in Topform!«, sagte er mit einem zufriedenen Grinsen. »Der Arzt ist stinksauer, dass so etwas möglich ist.« Aber das Lachen verging ihm bald, denn sein Körper war verschlissen. Die Blutversorgung in den Beinen war unzureichend, die Gefäße waren nach jahrelangem Konsum von täglich zwei Packungen Zigaretten verstopft. Auch das Herz brauchte ab und zu Unterstützung von Nitroglycerin, um die Arterien zu erweitern und die Durchblutung zu verbessern. Seine Beine taten ihm immer weh. Die Strecken, die er bewältigen konnte, wurden immer kürzer, und am Ende war es schon zu viel, den Einkaufswagen durch den Supermarkt zu schieben. Für ihn war Selbstständigkeit immer ein hohes Gut gewesen, und er hatte große Angst vor Schmerzen und Siechtum. Und jetzt saß er hilflos da, seinem physischen Verfall ausgeliefert.

Eines Tages kam der Anruf. »Dein Vater liegt im Krankenhaus.« Es kam nicht überraschend und dann doch. Am Apparat war seine beste Freundin, die ich schon lange kannte, die immer an seiner Seite war, seit er allein lebte. Ich stieg in den ersten Zug.

Er schlief einen todesähnlichen Schlaf und konnte nicht geweckt werden. Ein älterer Oberarzt war für uns zuständig, aber er hatte augenscheinlich keinen Kurs für Kommunikation mit Patienten und Angehörigen besucht. Er lupfte die Bettdecke und erklärte uns mit gehobenen Augenbrauen und unter Kopfschütteln, dass in diesen Beinen kein Blut mehr zirkuliere. Die müssten ab, sagte er und fügte schonungslos hinzu: »Es kann sein, dass er gar nicht mehr aufwacht.«

Bevor Wut und Entsetzen mich explodieren ließen, zog mich die Freundin aus dem Zimmer und erzählte mir, was wirklich passiert war. Mein Vater hatte Tabletten gesammelt, monatelang. Er hatte sie um Hilfe gebeten, und sie hatte ihm geholfen, die an die hundert weißen Tabletten zu schlucken. Weil ihm aber das Schlucken zunehmend schwerer fiel, wurde die Prozedur zu einem großen Kraftakt. Und die Tabletten enthielten zwar Morphium, aber nicht genug. Mitten in der Nacht musste sich mein Vater übergeben, halb bewusstlos. Sie hatte es schließlich nicht mehr ausgehalten und einen Notarzt gerufen.

Nach ein paar Tagen wachte er auf, um zu erfahren, dass sie ihn ins Skejby-Krankenhaus fahren würden, um ihm das eine Bein zu amputieren. Nach der Amputation kam er nach Silkeborg zurück und hatte für einen Moment seinen Humor wiedergefunden, als er einen Witz darüber machte, dass er mit einem großen Zeh wackeln konnte, der gar nicht mehr da war. Wir sprachen über alles, wie immer. Und ich schlug vor, dass er zu mir nach Kopenhagen ziehen sollte. Ich wusste, dass daraus nichts werden würde. Mein Vater war müde oder, wie er manchmal sagte, satt vom Leben. »Ich habe alles gesehen, was ich wollte, ab jetzt sind alles nur Wiederholungen.«

Ich wusste, dass er die letzten Jahre mir zuliebe durchgehalten hatte, weil ich an ihm hing und mir kein Leben ohne ihn vorstellen konnte. Ich war nicht oft zu Besuch in seinem kleinen Reihenhaus, in das er ziehen musste, als sein großer Garten nicht mehr zu bewältigen war. Aber wir telefonierten fast täglich miteinander.

»Ich habe es wie Kierkegaard gemacht und mein ganzes Geld ausgegeben. Jetzt ist es Zeit«, sagte er im Bett liegend, mit dem letzten Rest Ironie, der ihm geblieben war.

Ein paar Tage später bekam er eine Lungenentzündung. Ein ganzes Heer wütender Bakterien tauchte als Schatten auf dem Röntgenbild auf. Er hatte hohes Fieber und kein funktionierendes Immunsystem. Mein Vater nutzte die Gelegenheit und verzichtete auf jeden weiteren medizinischen Eingriff. »Vielen Dank für die gute Behandlung«, sagte er und beschied dem Arzt und der Krankenschwester, dass sie die Kanülen entfernen sollten, durch die er Antibiotika bekam. Sie wanden sich, aber konnten es ihm nicht verweigern. Der Arzt erklärte uns, dass es noch einen Tag oder sogar länger dauern kann, bis die Infektion seinem Leben ein Ende setzen würde.

Wir blieben bei ihm, auf beiden Seiten des Bettes, und hielten seine Hände. Seine einzige Tochter und seine beste Freundin. Bald wurde seine Atmung zu einem hörbaren Rasseln. Zuerst nur als Andeutung, dann klang es, als würde etwas in seinem Brustkasten kochen. Es war wahnsinnig laut. Wir blieben sitzen. Wie auf heißen Steinen.

»Nein«, sagte er schließlich. »Das kann ich nicht aushalten. Das ist zu viel.«

Ich holte den Arzt, und dann trat das ein, was mein Vater immer vermeiden wollte. Der junge Arzt war nicht in der Lage, ihm eine Kanüle in die kollabierten Venen zu schieben, er stach und bohrte. Dann rief er um Hilfe, und kurz darauf stand eine ganze Mannschaft im Zimmer. »Treten Sie bitte zurück, wir brauchen Platz hier.« Eine Krankenschwester legte ihm eine Sauerstoffmaske aufs Gesicht. Andere zogen Spritzen auf und rollten Maschinen in den Raum. Und die ganze Zeit hörte man das rasselnde, blubbernde Röcheln meines Vaters, der im Begriff war, an der Flüssigkeit in seiner Lunge zu ersticken.

Ich wollte nicht zusehen, aber ich konnte den Raum auch nicht verlassen.

Unsere frühsten Liebesbeziehungen – die Bindung zu unseren Eltern, die sich um uns kümmern – sind oxytocingetränkt. Zuerst, wenn sie entstehen, danach, wenn man sich an sie erinnert. Aber es gibt offensichtlich auch eine Verbindung zwischen unserem frühkindlichen Oxytocinspiegel und der Qualität der Liebesbeziehungen, die wir später im Leben eingehen.

Zum einen spielt unser persönlicher Oxytocinspiegel darin eine Rolle, wie gut wir in Sachen Liebesbeziehungen sind. Vor allem gilt das für Frauen, hat Rebecca Turner von der University of California in San Francisco 1999 in einem Experiment festgestellt. Sie maß den Oxytocinspiegel einer Reihe von weiblichen Testpersonen bevor und nachdem sie drei verschiedene Versuchsanordnungen durchlaufen hatten: Sie bekamen eine Massage, sie wurden gebeten, intensiv an eine negative Beziehungserfahrung und zuletzt an eine positive Beziehungserfahrung zu denken. Zunächst konnte Turner keine eindeutigen Muster in den Resultaten erkennen. Erst als sie die Ergebnisse der einzelnen Frauen betrachtete und ihren Oxytocinspiegel mit Angaben über ihr Liebesleben kombinierte, entstand ein klareres Bild.

Die Frauen, die angaben, dass sie oft Probleme und große Unzufriedenheit in ihren Beziehungen erlebt hatten, waren auch die Frauen, deren Oxytocinspiegel bei den negativen Gedanken an vergangene Beziehungen beträchtlich sank. Die Frauen hingegen, deren Oxytocinspiegel bei glücklichen Erinnerungen erheblich anstieg, erzählten weniger von Problemen und waren insgesamt zufriedener.

Vor diesem Hintergrund formulierte Turner ihre Theorie, dass Individuen, die ausreichend Oxytocin zur Verfügung haben und es bei emotional positiven Erlebnissen ausschütten, bessere Chancen haben, stabile und gute Beziehungen zu führen. Individuen hingegen, bei denen die Oxytocinproduktion reduziert ist und bei negativen Erinnerungen noch weiter sinkt, haben geringere Chancen für ein erfülltes Beziehungsleben.

Aber was beeinflusst unser individuelles Ocytocingleichgewicht? Ein Teil der Antwort scheint tatsächlich beim Stoff Oxytocin selbst zu liegen. Mit anderen Worten: Es ist sehr wichtig, so früh wie möglich eine angemessene Menge an sozialen Kontakten zu haben, um so viel Oxytocin wie möglich zu produzieren. Und damit sind wir wieder am Anfang.

Untersuchungen mit Ratten haben ergeben, dass Junge, die früh von ihren Müttern entfernt wurden, einen großen Teil ihrer Oxytocinrezeptoren im Gehirn einbüßen. Und bei vernachlässigten Affen hat man festgestellt, dass sie als erwachsene Tiere bei Sozialkontakten viel weniger Oxytocin produzierten. Man könnte sagen, dass die angeborene soziale Bereitschaft wie Muskelmasse verschwindet, wenn der Muskel nicht benutzt wird. Nur mit dem Unterschied, dass dieser Muskel nicht wieder trainiert werden kann.

Zumindest ist das die Lehre aus dem grausamsten »Experiment«, von dem die Welt je erfahren hat. Die rumänischen Kinderheime des Diktators Ceausescu. Die Kinder hatten ihre ersten Lebensjahre in diesen Heimen verbracht und waren dort massiv vernachlässigt worden. Nach dem Sturz des Regimes 1989 waren sie zur Adoption freigegeben worden und konnten in »normalen« Familien aufwachsen. Amerikanische Forscher untersuchten 2005 diese Kinder und stellten fest, dass die Vernachlässigung auch durch spätere große und umfängliche Fürsorge nicht kompensiert werden konnte. Die Kinder zeigten auch 16 Jahre nach ihrer Adoption nicht dieselbe Oxytocinreaktion beim Kontakt mit ihren Adoptivmüttern wie andere, nicht-traumatisierte Adoptivkinder.

Doch nicht alles hat mit der Erziehung zu tun. Mutter und Vater geben uns eine genetische Ausstattung mit auf den Weg, die stark variieren kann. Kleine Variationen in strategisch wichtigen Genen können bestimmen, wie unsere Gehirne und biochemischen Systeme funktionieren. Das eine Gehirn hat Rezeptoren, die eher träge, das andere welche, die sehr sensibel reagieren. Auch können kleine genetische Regulatoren dafür sorgen, dass mehr oder weniger Rezeptoren gebildet werden. Es gibt eine Vielzahl von Möglichkeiten, wie genetische Unterschiede den Aufbau und die Funktion von Gehirn und Nervensystem beeinflussen.

Erneut bietet hierfür die Wühlmaus Inspiration. Bei der Präriewühlmaus lässt sich beobachten, dass Weibchen mit mehreren Oxytocinrezeptoren im Belohnungssystem häufiger ihre Partner aufsuchen und sich an ihnen reiben als Weibchen mit weniger Rezeptoren. Je mehr Rezeptoren, desto stärker die Reaktion auf das Oxytocin. Entsprechend stark ist dafür aber auch das Trauerverhalten der Maus ausgeprägt, deren Gehirn mit vielen Rezeptoren ausgestattet ist.

Das Treueverhalten hingegen hängt bei den Männchen zum Großteil mit dem Hormon Vasopressin zusammen. Wie gesagt, ist die Präriewühlmaus trotz chemischer und emotionaler Bindung sexueller Untreue in Maßen nicht abgeneigt.

In der Natur lebende Mäuse, die einem Gentest unterzogen wurden, zeigten, dass jeder zehnte Wurf nicht von dem Männchen stammte, mit dem das Weibchen die Nachkommen aufzog.

Bei den Wühlmäusen gibt es sehr individuelle Unterschiede, wie viel Sex außerhalb der Partnerschaft stattfindet. Genau genommen gibt es einen kleinen Prozentteil unter den Männchen, die es zum Lifestyle erhoben haben, andere Weibchen zu begatten, statt sich eine eigene feste Partnerin zu suchen. Man fragt sich, ob das ein Verhalten ist, das sie sich zufällig angeeignet und perfektioniert haben oder ob ein chemischer Unterschied die Erklärung ist. Alles deutet auf Letzteres.

Die »Junggesellen« scheinen nämlich eine Mutation in dem Gen zu haben, das für die Vasopressinrezeptoren verantwortlich ist. Dem Gen fehlt ein Stück von der DNA, die steuert, wie viele Rezeptoren in der Zelle gebildet werden. Diese »Singles« verfügen also einfach über sehr viel weniger Rezeptoren und reagieren deshalb weniger stark auf die Hormone, die bei der Paarung ausgeschüttet werden.

Wie bei den Mäusen, so stellt es sich – zumindest teilweise – bei den Menschen dar. Der schwedische Biostatistiker Hasse Walum hat, inspiriert von den Mäusestudien, Frauen und Männer getestet und Ähnliches herausgefunden. Vor allem in Bezug auf die Beziehungsqualität.

Bei den Frauen sind in der Tat die Varianten der Oxytocinrezeptoren entscheidend. In einer großen Studie wurden 2000 schwedische Frauen befragt, und es kam heraus, dass Frauen mit einer bestimmten Modifikation von Rezeptoren ihre Partnerschaft als weniger zufriedenstellend beschrieben und ihre Bindung zum Partner als weniger stark und innig beschrieben als Frauen mit anderen Varianten. Diese A-Variante, wie die Forscher sie nannten, bewirkte (wie bei den Weibchen der Präriewühlmaus mit weniger Oxytocinrezeptoren), dass das Oxytocin weniger potent war. Vielfach lässt sich diese Veranlagung schon in der Kindheit ablesen. Mädchen mit der »kühlen« Variante haben häufiger Probleme im sozialen Umgang und knüpfen weniger Freundschaften.

Weit mehr Aufmerksamkeit in der Presse bekam Hasse Walum, als er 2008 eine Gruppe von Männern Gentests unterzog und parallel zu ihrem Liebesleben befragte. Die Ergebnisse waren markanter als jene bei den Frauen. Männer mit zwei Kopien einer bestimmten Variante des Gens, das für die Vasopressinrezeptoren verantwortlich ist – AVPR1A –, beschrieben ihre Partnerschaften als weniger zufriedenstellend und gaben an, doppelt so häufig Ehekrisen zu haben wie andere. Die Forscher befragten die Probanden nicht zum Thema Untreue, aber die Weltpresse sprang sofort auf den Zug auf und titelte groß vom »Fremdgeh-Gen«.

»Die Untreue ist das große Drama der Moderne. Die Möglichkeiten, untreu zu sein, haben sich vervielfältigt, und das Schuldgefühl ist wahrscheinlich kleiner als jemals zuvor. Es ist ein Weg, sich auszudrücken. In einem Leben, das uns schnell in Schubladen steckt. Die Untreue ist eine Art Theater, in dem man für eine begrenzte Zeit eine Rolle spielen kann, die einem das Gefühl vermittelt, am Leben zu sein.«

Die Worte tanzten durch den Raum meines Hotelzimmers in Toronto. Ich lag quer auf meinem breiten Doppelbett und hörte mit einem halben Ohr dem Interview mit Alice Munro zu, der kanadischen Meisterin der Kurzgeschichte und Nobelpreisträgerin. Die alte Dame sprach mit einer fast zwitschernden Stimme, als würde sie über ihre Rosenbüsche im Garten reden. Aber ihre Worte trafen mich mit einem lauten Knall. Sie waren wie spitze Nadeln, die in einer Wunde kratzten, die ich schon lange nicht mehr bemerkt hatte. Ich setzte mich auf, der Rest der Radiosendung tauchte in den Hintergrund, während ich mich in ein anderes Hotelzimmer zurückversetzt fühlte, in eine andere Stadt, mit einem anderen Schriftsteller.

Ich war es, die den Kontakt aufnahm. Eine Kollegin hatte mir sein Debüt geschenkt, weil sie von ihm begeistert war und meinte, ich könnte mir etwas von seiner Methode für mein Buchprojekt abschauen. Ich las es und musste zugeben, dass er schreiben konnte. Als ich mich einige Zeit später auf meiner Recherchereise in seiner Heimatstadt befand, kontaktierte ich ihn. Er antwortete, dass wir uns gerne in einem Café treffen könnten.

Ich verspätete mich, aber er nahm es locker und machte ein paar freche Bemerkungen zu meinem Namen. Der erinnert Amerikaner immer an eine Figur im Wilden Westen. Nachdem das Eis gebrochen war, verlief das Gespräch leicht und mühelos. Wir unterhielten uns über Themen, die uns beide interessierten, unter anderem das Leben als Bücher schreibende Journalisten in Dänemark und den USA. Und bei dünnem Kaffee erzählte er mir von seinen Reisen in abgelegene Orte dieser Erde. Ich berichtete von meinen Plänen und meiner Route, die mich durch die amerikanische Forschungslandschaft führen würde. Es stellte sich heraus, dass er zeitgleich in New York sein würde wie ich, einen Tag vor meiner Abreise nach Kopenhagen.

»Wir können unser Gespräch doch dort fortsetzen?«, schlug er vor, und ich hatte nichts dagegen einzuwenden.

Einige Wochen später saßen wir in der Bar seines Hotels in Manhattan, ein Glas Wein ergab das andere, während die Luft immer aufgeladener wurde. Wann das Wort *mindfulness* fiel, weiß ich nicht mehr, aber er erzählte, dass er einen Kurs bei buddhistischen Mönchen besucht hätte und er mir gerne diese eine fantastische Übung zeigen würde. Wir könnten in sein Zimmer hochgehen, dort sei ausreichend Platz.

Was war da gerade passiert? Am Tag darauf saß ich im Flughafen am Gate und schüttelte verblüfft den Kopf über mich. Gleichzeitig war alles sofort in weite Ferne gerückt. Ich hatte das Gefühl, in einem verrückten und komischen, aber sehr lebendigen Traum mitgespielt zu haben. Die Überraschung und Verwirrung wurden von meinem schlechten Gewissen überlagert, denn ich flog nach Hause zurück zu meinem Freund, auf den ich mich aufrichtig freute. Aber wirklich schlecht fühlte ich mich nicht.

Wir hatten es hier mit einer unbeabsichtigten Begebenheit zu tun, einer Art unglücklichem Zufall, außerdem hatte ich, abgesehen von einer starken Anziehung, keinerlei Gefühle für diesen Mann. Es war peinlich und auch ein Fehler, aber es hatte keinerlei Bedeutung, und niemand würde jemals davon erfahren. Was man nicht weiß, macht einen nicht heiß. Dieser Gedanke legte sich wie eine isolierende Decke um das Geschehene.

Damit hätte die Sache erledigt sein können, aber das war sie nicht. Kaum zu Hause, fing der Mann an, mir von der anderen Seite des Atlantiks aus Nachrichten zu schreiben. Am Anfang waren es nur kurze, nette Botschaften, ab und zu mit kleinen Anspielungen. Aber die Nachrichten wurden schnell expliziter und verfänglich. Plötzlich gab es da etwas neben meinem Alltag, das eine kribbelnde Spannung erzeugte.

Kurz darauf kündigte er eine Reise nach Berlin an und schlug vor, auf dem Weg in Kopenhagen vorbeizukommen. Er kannte die Stadt nicht, und es wäre doch ein Jammer, die Gelegenheit nicht zu nutzen, wenn er schon jemanden vor Ort kannte. Es sprach nichts dagegen, sich auf einen Kaffee in seinem Hotel zu treffen. Schließlich waren wir zwei erwachsene Menschen.

Das nächste Mal war es mitten am Tag und nur wenige Kilometer von der Wohnung entfernt, in der ich mit meinem Freund zusammenlebte. Ich verließ auch dieses Mal das Hotelzimmer mit dem Gefühl, dass ich etwas getan hatte, was nichts mit meiner Wirklichkeit, meinem Leben, meinem Alltag zu tun hatte.

In meinem Kopf fand eine Zweiteilung statt, ich existierte gleichzeitig in zwei Welten. Mein neuer Alltag unterschied sich von dem alten kaum, abgesehen vielleicht von dem Mehr an Energie, das in mehr Freude mündete. Daneben existierte mein geheimer Raum.

Aber dann prallten die beiden Welten aufeinander. Wegen eines dämlichen Fehlers entdeckte der Mann, mit dem ich zusammenlebte – und den ich liebte –, was passiert war. Ich hatte ihn gebeten, meinen Computer zu reparieren, aber nicht daran gedacht, mein Messenger-Konto zu schließen. Und dort befand sich die gesamte Kommunikation und glühte vor sich hin.

Es gab Geschrei, wütende Fragen und die Forderung, dass ich *verdammt noch mal* ausziehen solle, und zwar so schnell wie möglich! Er verließ die Wohnung, knallte die Tür ins Schloss. Als er zurückkam, erwartete ich ihn mit Tränen, Entschuldigungen, Reue und dem Versuch, mich zu erklären. Es habe mir nichts bedeutet. Und das stimmte auch, gefühlsmäßig.

Die Stimmung beruhigte sich wieder, und ich war überzeugt, dass wir die Krise gemeistert hätten. Aber die Erregung und das starke Verlangen hatten eine eigene Anziehungskraft entwickelt, die unwiderstehlich war. Nach einiger Zeit ging es weiter mit den Nachrichten, die hin und her flatterten, und als ich wieder nach New York flog, stellte ich mir selbst ein Bein. Ich hatte keine Ahnung, dass man sich Zugang zu meinen Nachrichten verschaffen kann, während ich mich an einem ganz anderen Ort befand. Aber das war möglich.

»Was hast du dir dabei gedacht, du Irre? Du bist ja wie eine Wiederholungstäterin, die sich nicht unter Kontrolle hat.«

Die Art, wie er mich ansah, als ich mit meinem Rollkoffer nach Hause kam, ließ mich zusammenbrechen. Aber er setzte mich auf einen Stuhl und sprach beherrscht und ernst mit mir. Er hatte Zeit gehabt, sich darüber Gedanken zu machen, und sich mit einem Freund darüber ausgetauscht. Und er sei zu dem Ergebnis gekommen, dass er nun einmal mit mir zusammen sein wollte. Und weil das so war, würde er mir verzeihen oder zumindest damit leben können, was passiert sei. Auch wenn es ein kolossaler Betrug und moralisch total verwerflich sei.

So fühlte ich mich auch. Total verwerflich. Das schlechte Gewissen übermannte mich, ich hatte dem Menschen, den ich liebte, Schmerzen zugefügt. Und Vertrauen ist etwas, wie mein Freund es ausdrückte, das von einem Augenblick auf den nächsten zerstört wird und lange braucht, um wieder aufgebaut zu werden. Sein Misstrauen beherrschte die folgende Zeit, es kam immer wieder zu Verhören und Streit. Etwa genauso lange war ich beschämt und voller Reue und tat alles, um den Schaden wiedergutzumachen. Nach und nach wuchs das Vertrauen, die Wunden heilten und am Ende war daraus eine Narbe geworden, die Teil unserer Geschichte wurde. Etwas, auf das wir Bezug nehmen und das wir vorsichtig belächeln konnten. Wir konnten damit leben.

Jetzt, viele Jahre später, hallen die Worte von Alice Munro über die Untreue als Theater des Lebens in mir nach. Mein Ziel war zu keinem Zeitpunkt, den einen Mann durch den anderen auszutauschen, was zweifellos auch für den Schriftsteller galt, denn er hatte Frau und Kind. Es ging nicht um Liebe, und es war damals noch nicht einmal Verliebtheit im Spiel. Wie kindisch, egoistisch und selbstbezogen es auch klingen mag, aber dieser spannungsgeladene, geheime Raum löste in mir das Gefühl aus, am Leben zu sein. Er infiltrierte alles, was ich tat, tauchte alles in ein anderes Licht.

Diese Erklärung und dieses Gefühl, wie ich es beschreibe, sind nicht gerade originell. Zumindest ist es genau dieselbe Leier, die der Psychiaterin Esther Perel immer wieder von ihren Klienten vorgesungen wird. Sie ist Paartherapeutin in New York und hat in ihrem Buch *Was Liebe aushält – Untreue überdenken* viele Erfahrungen aus ihrer Praxis verarbeitet. Sie beobachtete, dass derjenige, der fremdgeht, sich lebendiger fühlt, und sieht in der Untreue in erster

Linie den Ausdruck für die Sehnsucht, eine andere Version von sich selbst zu sein.

Ich war auf jeden Fall eine andere Version von mir. Und ich war bestimmt der Ansicht, dass ich etwas guthatte, dass ich ein Anrecht auf die Lust und den Wahnsinn hatte, den ich als Jugendliche nicht erleben konnte. Als mein Leben stillstand, während die Gleichaltrigen sich frei entfalten konnten. Die amerikanische Affäre hatte weniger mit Sex zu tun als mit dem berauschenden Gefühl, zu begehren und begehrt zu werden. Und die Begierde entwickelt unzweifelhaft die stärkste Wirkung, wenn sie verboten ist.

Interessanterweise hat sich mein Freund intuitiv so verhalten, wie Esther Perel es in ihren Büchern empfiehlt, um nach einem Betrug die Beziehung zu retten. Er hat mir nie Fragen gestellt, was genau passiert ist, und wollte auch nichts über den anderen Mann erfahren. Er ließ alle konkreten Details unberührt, und ich hielt meinen Mund.

Man kann Untreue aus vielen Perspektiven betrachten – abhängig von Erziehung, Kultur und persönlichen Umständen. Einige zucken im Geist der 70er-Jahre die Schultern und behaupten, dass man Gefühle und Liebe problemlos von Sex, Begehren und Abenteuer trennen kann. Für andere ist das ein moralischer Untergang, sie schlagen sieben Kreuze und sind der Überzeugung, dass der Himmel einstürzt, wenn ein Mann oder eine Frau jemand anderen berührt.

Für viele Menschen, auch sehr moderne, ist Untreue die Sünde, die nicht gesühnt werden kann. Vermutlich liegt das daran, dass Untreue in modernen Beziehungen etwas ganz anderes ist, als sie es früher war. Als die Ehe eine pragmatische und vor allem finanzielle Angelegenheit war, die häufig von Eltern arrangiert wurde, war Untreue ein Verbrechen gegen die öffentliche Ordnung.

Aber die Ehe konnte auch der Liebe ihren Weg bahnen, dort konnte die Romantik ausgelebt werden.

Wenn wir unsere Beziehung selbst gewählt haben und Liebe deren Grundlage ist, trifft Untreue natürlich wesentlich härter. Du hast dich für mich entschieden, und jetzt hast du dich offensichtlich für jemand anderen entschieden – das kann ich nur als Entwertung deiner Liebe zu mir sehen.

Diese Logik ist naheliegend. Aber ich kann mit bestem Gewissen und nach reiflicher Überlegung sagen, dass Untreue durchaus kompatibel ist mit der Liebe zu dem Menschen, den man betrogen hat. Sie führt nicht zwangsläufig zu einem schlechteren Verhältnis. Im Gegenteil. Unsere Beziehung wurde im Laufe der Zeit immer besser, tiefer, verbundener als vor meiner Hochspannungsaffäre. Ich will damit nicht sagen, dass diese Entwicklung auf die Untreue zurückzuführen ist, sondern nur, dass sie *trotz* der Untreue möglich war.

Untreue ist ein weitverbreitetes Phänomen. Leider finden sich keine brauchbaren Statistiken, das mag daran liegen, dass die Definition von Untreue stark variiert. Ist es zum Beispiel nur Sex? Und ab wann ist es Sex? Kann auch eine rein emotionale Beziehung Untreue sein? Und was ist mit dem Empfang von Dick-Pics oder dem Austausch von anzüglichen SMS? Ist man schon untreu, wenn man eine Dating-App oder sogar ein aktives Profil auf dem Handy hat? Es gibt ein paar Untersuchungen, die zeigen, dass jeder vierte Tinder-Nutzer in einer festen Beziehung ist. Es gibt sogar Datingdienste, die sich auf das Fremdgehen spezialisiert haben.

Schätzungen, wie viele von uns ihrem Partner zu irgendeinem Zeitpunkt in ihrem Leben untreu gewesen sind, schwanken in den westlichen Industrienationen zwischen

15 und 75 Prozent, je nach Definition und Qualität der Untersuchungen. Weniger überraschend befinden sich die moralisch befreiten nordischen Länder immer an der Spitze der internationalen Vergleichsstudien. Dänemark hat sogar in einer britischen Untersuchung von 2017 die höchste Punktzahl ergattert. 46 Prozent der Befragten gaben an, dass sie ihrem Freund oder Ehepartner untreu gewesen sind. Bisher hat mit dieser internationalen Topplatzierung hierzulande noch niemand geprahlt. Aber vielleicht kommt das noch.

»Die große Frage, die ich trotz meines dreißigjährigen Studiums der weiblichen Seele nicht zu beantworten vermag, lautet: Was will eine Frau eigentlich?«

Sigmund Freuds Äußerung seiner französischen Kollegin, der Psychoanalytikerin Maria Bonaparte, gegenüber hat Klassikerstatus. Diesen Satz kann man – oder Männer – jederzeit in die Runde werfen und erntet damit Gelächter oder zumindest Schmunzeln. Als wären nur die Frauen unergründlich. Wir alle sind Rätsel füreinander, und einige sind sich selbst das größte Rätsel. Man kann vor einem anderen Menschen sitzen, der sein Innerstes nach außen kehrt und einen tiefen Blick in seine Seele anbietet, und trotzdem kein Wort von dem verstehen, was gesagt wird.

Wenn wir von der Liebe sprechen, gilt Freuds Äußerung offensichtlich für uns alle. Was wollen wir? Und warum?

Freud war der Ansicht, dass jeder Mensch durchs Leben läuft, auf der Suche nach seiner Mutter oder seinem Vater. Der Mann, der den Ödipuskomplex erfand, war davon überzeugt, dass Kinder bereits eine sexuelle Anziehung zu dem Elternteil des anderen Geschlechts entwickeln. Kleine

Mädchen wollen ihren Vater heiraten, und Jungen wollen ihre Mutter für sich ganz allein haben. Später wird diese verbotene Begierde auf die Partner übertragen, weil niemand dem Unterbewussten entkommen kann, in dem der unterdrückte, inzestuöse Trieb des Kindes abgespeichert ist.

Es gibt bis heute keine empirischen Belege dafür, dass dieser Trieb außerhalb der lebhaften psychoanalytischen Fantasie existiert.

Unter mangelnden Beweisen leiden auch andere Theorien, die später formuliert wurden und sich gegenseitig widersprechen. Der amerikanische Soziologe Robert Winch machte 1958 den Anfang mit dem Gedanken, dass wir von Personen angezogen werden, die Qualitäten und Eigenschaften besitzen, die uns selbst fehlen. Wir streben mit anderen Worten danach, uns durch den anderen komplementieren zu lassen, was logisch und vernünftig klingt. Es kann nicht schaden, wenn der Partner mit einer robusten Fröhlichkeit daherkommt, während man selbst die Tendenz zu Sorgenfalten und hängenden Mundwinkeln hat.

Die Kollegen der Psychologie widersprachen Winch. Er habe sich geirrt. Es wurden daraufhin neue Theorien formuliert, die alle behaupteten, dass der Mensch sich eher von Personen angezogen fühlt, die ihm ähneln. Die sogenannte Homogamie. Wir lieben das, was uns selbst spiegelt, und finden Geborgenheit in dem Vertrauten. Das klingt auch logisch. Aber dann kommen die Ansätze um die Ecke, die einen eher ökonomischen Blick auf den Sachverhalt haben. Zum Beispiel die Hypothese, dass wir uns mit jemandem zusammentun, um zu gewährleisten, dass sich der Austausch von wertvollen Ressourcen – emotionaler und physischer Natur – im Gleichgewicht befindet. Mit anderen Worten: Wie du mir, so ich dir.

Alle Ansätze sind interessant, aber sie haben vor allem eines gemeinsam. Sie basieren auf Spekulationen. Die Hauptkritik ist, dass ihnen eine Grundannahme fehlt, welche tiefere Ursache für die jeweiligen Präferenzen zu benennen ist. Oder anders formuliert: Warum und wie sollte die eine oder andere Tendenz bei der Wahl entstanden sein?

Die meisten von uns sind der Überzeugung, dass die Wahl eines Partners und die Auslöser unserer Begierde etwas sehr Persönliches sind. Unsere Wünsche und Präferenzen sind aufgrund der Erfahrungen entstanden, die wir gemacht haben und die von zusätzlichen, reifen Überlegungen geprägt sind. Natürlich ist es äußerst individuell und auch manchmal sehr eigentümlich, was wir uns wünschen und in wen wir uns verlieben. Wie oft steht man verständnislos vor einem Paar und fragt sich, was ausgerechnet die beiden verbindet. Was sieht sie in dem kleinen sauertöpfischen Zwerg, fragt man sich, oder wie kann es sein, dass dieser eigentlich ganz vernünftige Mann mit dieser überdrehten Frau zusammenlebt, die sich nur mit Kristallheilung beschäftigt.

Um diese Vorgänge besser zu verstehen, muss man die persönliche Ebene beiseiteschaufeln. Man muss sich das ursprünglich Menschliche ansehen, alles, was wir gemeinsam teilen. Denn in Sachen Romantik schleppen wir ein evolutionäres Erbe von Millionen von Jahren mit uns herum. So wie es der Sozialpsychologe Jon Maner von der Florida State University formuliert:

»Der Reproduktionserfolg ist unser Motor, er treibt die Evolution voran, und keine Herausforderung ist für die Reproduktion so zentral wie die Partnerschaftswahl.«

Die Ersten, die eine profunde evolutionäre Theorie in den Ring warfen, waren die Biologen David Buss und David Schmitt. Sie publizierten 1993 ihre Gedanken in einem Artikel mit dem sehr unromantischen Titel *Sexual Strategies Theory*. Darin fanden sich neun Kernhypothesen und 22 Verhaltensmuster, die aus diesen Kernhypothesen folgen sollten. Buss und Schmitt betonten, dass es sich um eine vorläufige Skizze und kein fertiges Modell handelte. Aus dieser Skizze wurde eine Vorlage, die von den beiden Forschern und vielen anderen mit einer Flut aus Beobachtungen, Untersuchungen und Experimenten überprüft wurde. Je größer die Datenmenge wird, desto einfacher kann die theoretische Vorlage bestätigt, verfeinert, aber auch korrigiert werden.

Ich will gleich den schlimmsten Vorurteilen zuvorkommen: Es geht nicht um die grobschlächtigen und vereinfachten Steinzeitstereotypen, denen man in Frauenzeitschriften und Wochenblättchen begegnet. Das Bild des brutalen Mannes auf der einen Seite, der von Natur aus promisk und nur daran interessiert ist, »seinen Samen überall zu verteilen«. Und auf der anderen Seite das Bild der Frau, die eher monogam leben will und sich nach Zärtlichkeiten verzehrt. Beide Versionen sind Abziehbildchen der evolutionären Psychologie, und keine davon ist haltbar.

Die erste, wichtige Feststellung ist, dass wir alle – unabhängig von unserer Geschlechtszugehörigkeit promisk sind – *und* monogam. Denn unsere Psyche verfügt über mehrere unabhängige Motivationssysteme.

»Wir haben eine Seele, die sich nach etwas Beständigem sehnt, und wir haben einen Körper, der sich fortpflanzen soll und bereit ist, immer wieder mit unterschiedlichen Partnern Sex zu haben. Das ist ein unglückseliger und tragischer Spagat, den wir vollführen müssen. Und ich finde, wir sollten das Recht haben, das zu betrauern«, sagte die Theaterregisseurin Katrine Wiedemann in einem Interview über die Liebe. Das ist eine sehr elegante Formulierung für den Konflikt unserer psychologischen Motivationen. Was Wiedemann den Spagat zwischen Körper, Seele und Beständigkeit nennt, bezeichnen Evolutionspsychologen etwas weniger poetisch als *short term* und *long term mating,* lang- und kurzfristigen Paarungs-Strategien.

Auf der einen Seite ist das Lustbetonte, was für die kurzfristigen Beziehungen spricht – man will sich paaren, und am besten sofort. Auf der anderen Seite steht der Drang oder die Sehnsucht nach etwas Beständigem und Emotionalem. Zusammengehörigkeit und ein stabiles Verhältnis. Beides ist für die Reproduktion eine sinnvolle Strategie.

Die Bildung von Partnerschaften und die gemeinsame Pflege der Nachkommen hat sich sowohl für Weibchen als auch für Männchen ausgezahlt und das Überleben der Spezies gesichert. Daraus ist die emotionale Essenz der Liebe überhaupt erst entstanden. Gleichzeitig liegen unübersehbare Vorteile darin, zuzugreifen, wenn richtig gute Gene an einem vorbeischwänzeln sollten. Oder man den Partner austauscht, wenn der ursprüngliche Partner aus irgendeinem Grund ausfällt. Und das gilt für beide Geschlechter.

Die Gewichtung dieser Triebe ist aber bei jedem anders. Unsere individuelle »Einstellung« zeigt sich in dem Persönlichkeitskonstrukt, das Forscher mit Fragebögen messen können und das sie *soziosexuelle Orientierung* nennen. Es ist der psychologische Begriff für Promiskuität. Das sogenannte Soziosexuelle Orientierungsinventar – *Sociosexual Orientation Inventory* – ist ein Erfassungsinstrument, das Einstellung, sexuelle Lust und Sexualverhalten abfragt und anzeigt, wie promisk und sexuell freizügig man eingestellt ist. Es geht dabei aber nicht um ein Entweder-Oder, sondern um ein Kontinuum. Die sehr »Promisken« oder »soziosexuell Ungehemmten« verzichten häufig zugunsten wechselnder und kurzzeitiger Verbindungen auf lang anhaltende Partnerschaften. Für die weniger Promisken, die von den Forschern die »sexuell Restriktiven« genannt werden, trifft das Gegenteil zu.

»Die Evolutionspsychologie sagt nicht, dass Männer und Frauen psychologisch betrachtet von zwei verschiedenen Planeten stammen«, betonen David Buss und David Schmitt 2011 in einem Artikel in der Zeitschrift *Sex Roles,* in dem es um Evolutionspsychologie und Feminismus geht. Aber sie präzisieren ein paar Zeilen weiter, dass »Frauen und Männer in den Bereichen voneinander abweichen, in denen sie evolutionshistorisch vor unterschiedlichen Herausforderungen gestanden haben«. Zu derselben Schlussfolgerung kommen die beiden auch 2019 in einem Beitrag in *Annual Review of Psychology*. Dort liefern sie einen umfassenden Forschungsquerschnitt der vergangenen Jahrzehnte auf diesem Gebiet, mit dem Ergebnis, dass bestimmte psychologische Geschlechtsunterschiede tatsächlich biologische Wurzeln haben.

Diese Botschaft ist nicht besonders populär. Bei uns hat gerade die Identitätspolitik Hochkonjunktur. Geschlecht und Sexualität sind Gegenstand hitziger Debatten, und wenn man die geschlechterspezifischen Unterschiede der Psyche erwähnt, wird fast automatisch behauptet, dass sich das immer auf die Kultur zurückführen lässt. Nicht die Biologie hätte etwas damit zu tun, sondern der Fingerabdruck, den das Patriarchat hinterlassen hat.

Man darf aber nicht vergessen, was diese Unterschiede tatsächlich bedeuten: Wir Menschen sind, unabhängig von Gender, Geschlechtsidentität und Sexualität rein *qualitativ* gleich, wenn es um die zugrunde liegenden Mechanismen unserer Triebe und Motivationen geht. Aber es gibt *quantitative* Unterschiede, wie die Verteilung zwischen den Trieben und Präferenzen aussieht. Diese Unterschiede lassen sich in Statistiken ablesen, und das bedeutet nicht, dass alle Frauen so und alle Männer so sind.

Betrachten wir noch mal die Herausforderungen, die an das jeweilige Geschlecht gebunden sind. Frauen und Weibchen sind seit Millionen von Jahren mit der Fähigkeit ausgestattet, schwanger zu werden und den Nachwuchs zu säugen. Keine der Aufgaben konnten sie delegieren oder mit einem Mann teilen. Dafür wussten sie aber immer mit hundertprozentiger Sicherheit, dass die Kinder von ihnen sind. Die Männer konnten sich dagegen ihrer Vaterschaft nie ganz sicher sein.

Die Tatsache, dass Frauen so viel für ihre Nachkommen investieren müssen, lässt die Vermutung zu, so Buss und Schmitt, dass sie auch bei der Wahl des Partners anspruchsvoll sind und sich nicht auf beiläufigen Sex und kurzlebige Beziehungen einlassen, sondern eher geneigt sind, sich Langzeitbeziehungen zu suchen. Man könnte deshalb erwarten, dass sich auch die soziosexuelle Orientierung der beiden Geschlechter unterschiedlich verhält. Sieht man sich die empirische Forschung an, sind die Unterschiede der Geschlechter in der psychologischen Literatur tatsächlich eine der am besten dokumentierten Fragestellungen.

Eine lange Reihe von Untersuchungen haben ergeben, dass Männer im Durchschnitt stärker zu Promiskuität tendieren und ein größeres Interesse an kurzen Beziehungen haben als Frauen. Außerdem hat sich gezeigt, dass die Variationen innerhalb eines Geschlechts gleich groß oder größer sind als die Variationen zwischen den Geschlechtern. Es gibt demnach sehr promiske Frauen und sehr treue Männer, die den Partner fürs Leben suchen und sporadischen Sex verabscheuen. Aber der durchschnittliche Geschlechterunterschied scheint doch universell zu sein, denn man hat bisher keine Kultur gefunden, in der die Frauen durchschnittlich promisker sind als die Männer.

Das soll jedoch nicht heißen, dass die Kultur keine Rolle spielt. Natürlich beeinflussen uns die Normen und Erwartungen einer Gesellschaft. Studien in verschiedenen Ländern weisen darauf hin, dass die Gleichstellung der Geschlechter dazu führt, dass die Frauen die Männer in Sachen Promiskuität langsam einholen. Das bedeutet, der durchschnittliche Geschlechterunterschied in westlichen und verwestlichten Gesellschaften wird systematisch geringer als in traditionelleren.

Ein weiterer Unterschied, der immer wieder aufs Tapet kommt, sind sexuelle Lust und Neigungen. In den letzten Jahren wurde vehement diskutiert, dass auch Frauen sexuell aggressiv sein können und es an der Unterdrückungskultur liegt, dass weibliche Sexualität mit Scham behaftet ist.

Befragt man Männer und Frauen anonym, zeigt es sich, dass tatsächlich Männer im Durchschnitt mehr Lust auf Sex und ein größeres Interesse an mehreren Partnern hegen, dass sie offen für *One-Night-Stands* sind und häufiger Sexfantasien mit Fremden oder mehreren Partnern haben. 2019 wurde der Bericht *Sex in Dänemark* veröffentlicht, und die Ergebnisse waren eklatant. Die Untersuchung, die dem Bericht zugrunde liegt, ist die größte, umfassende Bevölkerungsbefragung weltweit. 62000 Dänen im Alter von 15 bis 89 Jahren wurden zu ihrem Sexualleben befragt.

Wenn die Frauen im Durchschnitt »mindestens einmal die Woche« Sex haben wollten, waren es bei den Männern im Durchschnitt »mindestens vier-sechs Mal pro Woche«. Drei von zehn Frauen onanierten einmal die Woche, bei den Männern waren es sieben von zehn. Die Männer sehen im Durchschnitt doppelt so oft Pornos wie die Frauen. Einer der Verantwortlichen, Professor Morten Frisch vom

Statens Serum Institut in Kopenhagen, wies darauf hin, dass die Unterschiede zwischen den Geschlechtern »so groß, explizit und signifikant sind, dass sie – auch – rein biologischen Faktoren zuzuschreiben sein müssen«.

Alles schön und gut, riefen die Kritiker. Aber was ist mit der Kultur? Liegt das nicht nur daran, dass man eine Frau als Schlampe bezeichnet, wenn sie einen großen sexuellen Appetit hat, und dasselbe Verhalten bei Männern in den höchsten Tönen gepriesen wird?

Ich bin die Erste, die nickt und bedauert, dass es so eine Kultur nach wie vor gibt. Umfangreiche Studien und Metaanalysen kreuz und quer durch 50 Nationen, die alles abdecken – von Jäger-Sammler-Kulturen bis hin zu nordischen Wohlfahrtsstaaten, in denen die Gleichstellung großgeschrieben wird –, weisen alle auf dasselbe hin. Und wenn man sich die Daten genauer ansieht, stellt man fest, dass der Unterschied zwischen Mann und Frau in den Ländern größer wird, in deren Kultur die Gleichstellung der Geschlechter befürwortet wird.

Die Kluft zwischen den Antworten ist demnach in Dänemark, Norwegen und Finnland größer als in Äthiopien, Nigeria und Swasiland. Das scheint auf den ersten Blick kontraintuitiv zu sein, aber die Forscher deuten es so, dass je freier eine Gesellschaft ist, je besser die ökonomischen Möglichkeiten zur Selbstentfaltung sind, desto stärker treten die »vorprogrammierten«, biologisch begründeten Unterschiede in den Statistiken zum Vorschein. Das einzelne Individuum hat mehr Spielraum und kann seinen eigenen Impulsen folgen, ohne den Druck kultureller Normen oder ökonomischer Zwänge. Freiheit führt nicht zwangsläufig zu Verbundenheit.

Man weiß bisher noch nicht viel darüber, was die individuelle soziosexuelle Orientierung formt und bestimmt, aber man hat immerhin Korrelationen zu Persönlichkeitszügen festgestellt. David Schmitt analysierte 2008 Daten von fast 14000 Menschen, die auf 46 Nationen verteilt waren. Er fand heraus, dass die Promisken und Ungehemmten zwar durchschnittlich hoch bei den Aspekten Extrovertiertheit und Offenheit abschnitten, aber schlechter bei Freundlichkeit und Gewissenhaftigkeit. Die extrovertierten Menschen nehmen es nicht so genau mit sozialen Konventionen und Verpflichtungen.

Später fand man heraus, dass die dunkle Seite der Psyche, in Form von Narzissmus und Psychopathie, die Tendenz hat, mit einer ungehemmten soziosexuellen Orientierung ausgestattet zu sein. Außerdem zeigen die Ungehemmten häufiger als der Durchschnitt ein unsicher-vermeidendes Bindungsverhalten.

Dreht man die Gleichung um, scheint es, dass die soziosexuelle Orientierung beeinflusst, welche Eigenschaften man bei seinem Partner bevorzugt. Die Promisken unter uns ziehen einen Partner vor, der vor allem gut aussieht. Er oder sie muss physisch anziehend sein. Analysiert man, was das in der Praxis bedeutet, geht es um Attribute, die gute Gene und Fruchtbarkeit signalisieren. Wir kennen das von den Produkten unserer Kultur, von den griechischen Statuen bis hin zu den Hochglanzzeitschriften, Filmen und Computerspielen. Große Männer, mit maskulinen Zügen wie breiten Schultern und einer markanten Kieferpartie. Junge Frauen, mit einer deutlichen Taille, reiner Haut und so weiter. Die Gesichter und Körper sollen bei beiden Geschlechtern symmetrisch sein.

Die gehemmten – oder treuen – Typen, die schließlich auch mit ihren Sexualpartnern sprechen, Haus und Wagen teilen und die Steuererklärung machen müssen, bevorzugen andere Eigenschaften. Ihnen geht es eher um Freundlichkeit, Intelligenz und Sozialstatus als um ein spektakuläres Äußeres.

Um die Sache noch komplizierter zu machen, muss man nicht entweder promisk oder treu sein. Man kann bei *beiden* Motivationssystemen gut aufgestellt sein und zum Beispiel starke promiske Tendenzen haben und gleichzeitig sehr daran interessiert sein, die langjährige Beziehung aufrechtzuerhalten. Wir alle kennen solche Exemplare. Alle wissen, dass er oder sie dem Partner immer wieder untreu sind, aber sie schaffen es immer wieder, heil aus den Affären herauszukommen und die Beziehung fortzuführen.

Unsere psychologische Disposition hält demnach viele Möglichkeiten für innere Konflikte für uns bereit, die wiederum sehr interessante Mechanismen auslösen können. Damit ist nicht gemeint, dass wir uns hinsetzen und grübeln und alle Optionen und Konsequenzen gegeneinander aufwiegen. Es sind unbewusste Aktivitäten, die uns in verschiedene Richtungen schubsen können. Entweder zum Seitensprung, zum Partnerwechsel oder zurück ins sichere Nest.

Was ist mit den gegeneinander kämpfenden Motivationssystemen? Die sind nicht starr, sondern werden von den Umständen gestärkt oder geschwächt. Das hat die amerikanische Psychologin Martie Haselton untersucht. Sie hat in regelmäßigen Abständen eine Gruppe von Frauen interviewt, die alle in festen Beziehungen waren, und sie zu ihren Partnerschaften und dem Interesse an anderen Männern befragt.

Bei den Versuchspersonen gab es keine Abweichungen hinsichtlich des Interesses, die feste Beziehung aufrechtzuerhalten. Die Liebe zum Partner zu Hause war unverändert. Allerdings meldete sich zwischendurch die Lust nach etwas anderem, denn das Verhältnis der beiden Motivationssysteme schwankte. Und zwar im Takt des Menstruationszyklus. In ihren fruchtbarsten Phasen um den Eisprung herum gaben die Frauen eine gesteigerte Lust auf einen Seitensprung an. Gleichzeitig änderten sich auch die Präferenzen der Eigenschaften von Männern. Das Aussehen – die leicht verständliche Reklame für gute Gene – wurde plötzlich wichtiger als alles andere, und auch die Wahrnehmung der maskulinen Züge war ausgeprägter als sonst.

Man könnte sagen, dass die Natur in dieser Zeit die Zügel lockert und somit die Chancen für einen genetischen Jackpot erhöht. Für den Fall, dass einer in der Nähe sein sollte. Aber nicht nur die Promiskuität wird durch unsere Biologie gefördert. Die Natur hat es nämlich so eingerichtet, dass wir auf Unterstützung hoffen können, wenn wir in einer festen Beziehung und gleichzeitig von anderen, womöglich sehr attraktiven Alternativen umgeben sind.

Zum einen ist das Empfinden von Liebe dabei hilfreich. Sie ermöglicht lang anhaltende Partnerschaften. Aber sie ist auch ein entscheidender Faktor im Zusammenspiel der beiden entgegengesetzten inneren Motivationssysteme. Sie kann die Dynamik beeinflussen und bestimmte Strategien auslösen oder aktivieren, die beispielsweise die Motivation zu einem Seitensprung unterdrücken können.

Damit beschäftigte sich Jon Maner, als ich ihn vor einigen Jahren in seinem Labor im warmen und verschlafenen Tallahassee besuchte. Mithilfe von Experimenten konnte er die automatischen und kognitiven Strategien ausmachen, mit denen die drohenden Gefahren für unsere bestehende Beziehung abgeschwächt werden können.

Eine der häufigsten Strategien ist die »Abwertung«. Da ist die Frau, die beteuert, dass der junge, schlanke, dunkelhäutige Kollege in der engen Jeans kein bisschen attraktiver ist als ihr mittelalter, kahlköpfiger Ehemann mit Bierbauch. Oder der Mann, der zwar zustimmt, dass dieses lächelnde Mädchen im Kiosk gut aussieht. Aber hinzufügt, dass sie doch auch ein bisschen dumm wirke, oder?

Das klingt wie gut gemeinte Lügen, die wir unserer Umgebung erzählen, während wir innerlich sabbern. Aber vieles deutet darauf hin, dass diese spezialisierten kognitiven Strategien uns tatsächlich von etwas überzeugen können, das objektiv nicht stimmt.

Jon Maner hat die nicht-bewussten Prozesse untersucht, indem er die visuelle Aufmerksamkeit seiner Probanden überlistet hat. Mit dem sogenannten Eye-Tracking konnte er ihre Blicke auf dem Monitor überprüfen und messen, wie lange sie auf ein schönes Gesicht starrten, während sie parallel dazu mit anzüglichen Wörtern auf dem Bildschirm bombardiert wurden. Heterosexuelle Singlemänner und -frauen hatten größere Schwierigkeiten, ihren Blick von dem attraktiven Gesicht abzuwenden. Die Probanden, die in einer festen Beziehung waren, reagierten hingegen geradezu angewidert. Sie verweilten kürzer bei den Fotos, die sie erregen könnten, als bei neutralen Aufnahmen oder Fotos von Gleichgeschlechtlichen.

Maner entdeckte ebenfalls, dass Männer in festen Beziehungen über Verteidigungsmechanismen verfügten, die automatisch aktiviert wurden, wenn sie von fremden, fertilen Frauen umgeben waren. Eine Gruppe von Freiwilligen – männliche Studenten, sowohl Singles als auch solche in festen Beziehungen – wurde ohne ihr Wissen in Maners Labor getestet. Untersucht werden sollte, wie sehr sie sich von Maners blutjunger Assistentin angezogen fühlen. Die blonde, attraktive Frau wies die Männer in die bevorstehenden Aufgaben ein, bei der sie Legosteine (die sie als Teil des Experimentes ansahen) einsammeln sollten.

Danach wurden sie mit der Frage überrascht, wie attraktiv sie die Assistentin gefunden hatten.

Zusätzlich notierten die Forscher den Stand des Zyklus der Assistentin, während sie den Männern die Anweisungen gab. Die Feststellung, dass Frauen beim Eisprung sehr viel attraktiver als sonst wirken, bestätigte sich auch bei diesem Experiment. Allerdings *nur* für die Singlemänner. Für die anderen, in einer festen Beziehung gebundenen, wirkte sie viel *weniger* attraktiv. Maner interpretierte diese Ergebnisse so, dass die gebundenen Männer sie als Bedrohung ihrer existierenden Beziehung sahen und deshalb eine Schutzreaktion zeigten – was aber vollkommen unbewusst passierte.

Die neusten Forschungen und die Nachricht vom keuschen Mann schlug 2011 wie eine Bombe ein und wurde von den amerikanischen Medien mit Kusshand genommen. Jeder konnte etwas damit anfangen. Der konservative Flügel applaudierte, dass die guten, gesunden *family values* offenbar von Natur aus angelegt sind. »Wissenschaftliche Beweise – Monogamie ist natürlich!«, verkündete beispielsweise die Webseite *Shine* spitzfindig. Die liberalen Medien betonten die Erleichterung, dass Männer doch nicht dem Steinzeitstereotyp entsprachen, der ewig auf der Jagd ist. Und für den progressiven Flügel verwiesen die Forschungsergebnisse die extrem vereinfachten, vulgär-darwinistischen Ansätze in ihre Schranken.

»Menschen sind nicht von Natur aus monogam, aber wir können sagen, dass wir emotional monogam sind«, fasst der amerikanische Anthropologe William Jankowiak zusammen. Seine Forschung zu polyamoren Beziehungen katapultiert mich zurück in eine Zeit, in der ich dachte, dass es großartig ist, von einem Mann fasziniert zu sein, aber dass es doppelt so großartig ist, von zwei fasziniert zu sein. Fast ein ganzes Jahr lang ging das gut, bis mir das Projekt um die Ohren flog und die Doppelbeziehung sich in etwas Furchtbares verwandelte.

Die Episode ist einige Jahre her und ist meine einzige und sicher auch letzte Erforschung des polyamoren Universums. Ich bin weder mit Vorsatz noch mit irgendeiner Ideologie vorgegangen. Ich hatte auch keine verdrängte Lust, der ich nachgab. Es passierte einfach, die Umstände ermöglichten es, und ich nahm das Angebot an.

Es war ganz einfach, ich hatte in einer Woche zwei Männer kennengelernt, die ich interessant und attraktiv fand. Jeden auf seine Art. Nach einem gemeinsamen Abendessen mit Übernachtung war schließlich noch nichts Festes oder Verbindliches entstanden, als mir der Zweite begegnete. Dasselbe noch mal. Ich hatte ihm gegenüber den Ersten erwähnt, aber das schien ihn nicht zu stören.

Es war auch nicht weiter dramatisch, als ich eine Einladung von Nummer eins ablehnen musste, weil ich mit Nummer zwei verabredet war. »Dann eben nächsten Mittwoch«, schlug er vor, und ich stimmte zu. Als ich am Mittwoch dann zu dieser Verabredung fuhr, wusste Nummer zwei Bescheid und hatte nichts einzuwenden – wir waren schließlich nicht verheiratet, wie er sagte.

So vergingen ein paar Wochen, und die beiden Männer wurden eine Art X und Y in meinem Leben. Ich sah keinen Grund, mich zu entscheiden. Und keiner von ihnen forderte eine Entscheidung. Wir saßen nicht im Stuhlkreis und besprachen, was wir da machten, aber alle waren damit einverstanden.

»Ich bin gestern in der A-Straße vorbeigekommen und habe dein Fahrrad vor der Hausnummer 16 gesehen«, sagte

X, der wusste, wo Y wohnte. Und dann grinste er und sagte nichts weiter dazu.

Wenn ich an die ersten Monate zurückdenke, strahlt alles in goldenem Glanz, wie ein nicht enden wollender Sommer. Es war eine Studie in Ekstase. Weder davor noch danach hatte ich so viel Energie wie in dieser Zeit. Ich konnte alles schaffen, nichts konnte mich stressen. Ich war wie high und stand neben mir. Ich konnte Dinge tun und Dinge fühlen, die ich nie zuvor getan hätte oder empfunden habe. Ich war für eine Zeit eine *andere.*

Ich fühlte mich wie eine Frau der Zukunft. Die sich nicht von romantischen Konventionen kleinhalten lässt, die Widerstand leistet und sich von der Lust leiten ließ. Und die Lust war unendlich. Als hätte ich etwas Köstliches gegessen und wollte immer mehr davon.

Aber wie war das mit den Gefühlen? Wo waren die? Ich hatte im Laufe der Wochen und Monate für beide Männer Gefühle entwickelt, trotz ihrer Verschiedenheit. Oder vielleicht gerade deswegen. Verliebtheit und Wärme. Es war wunderbar, wählen zu können. Ich hatte die Möglichkeit, mich mit dem einen zu treffen, und wusste, dass ich den anderen zwei Tage später wiedersehen werde. Es war nicht weiter verwunderlich, dass diese Liaison so stimulierend war. Es handelte sich um die perfekte Beziehung. Ich konnte die Vorzüge des einen in vollen Zügen genießen, im Bewusstsein, dass ich die Eigenschaften, die ihm fehlten, schon in wenigen Tagen bei dem anderen erleben durfte. Was will man mehr?

Vielleicht das Gefühl von Zweisamkeit erleben, als innersten und nicht veränderbaren Kern der sozialen Welt.

Ich kann nicht erklären, was genau passierte, aber meine chronische Ekstase implodierte irgendwann, und alles stürzte in sich zusammen. Alles fing an einem Spätsommertag an, ein Nachmittag, die Sonne schien, man ahnte schon die nahenden kühlen Tage des Herbstes. Y und ich saßen unter einer Weide am Sankt Jørgens Sø in der Nähe vom Tyche Brahe Planetarium und tranken Wein, während verschwitzte Jogger an uns vorbeiliefen. Alles war gut. Da sehe ich am anderen Ufer einen Mann, der sein Fahrrad schiebt. Es ist X. Ich bin auf diesen Stich in der Brust nicht vorbereitet. *Er* war es, den ich in Wirklichkeit wollte, schoss es mir durch den Kopf.

Oder doch nicht? Auf einmal fing ich an zu vergleichen, und auf einmal war da diese Sehnsucht, nur mit einem Mann zusammen sein zu wollen. Hatten sich die beiden Männer bisher in meinem Kopf hervorragend ergänzt, stachen jetzt die Mängel des jeweils anderen deutlich hervor.

Ich musste mich entscheiden, aber ich konnte nicht. Einerseits der egoistische Aspekt, die »beste Wahl« zu treffen, und andererseits das schlechte Gewissen, einen der beiden verabschieden zu müssen, obwohl ich ihn begehrte und mochte. Während ich die vergangenen Monate mit wenig Schlaf ausgekommen und morgens wie Wonder Woman aufgestanden war, verwandelte ich mich jetzt in ein heulendes Wrack.

Meine emotionale Aufnahmebereitschaft war erschöpft. Damit sie sich wieder erholen konnte, gab es nur eine Lösung – ich musste mich von beiden trennen und mich verkriechen.

»Die romantische Liebe scheint eine unwiderstehliche Neigung zu Exklusivität zu haben«, schreibt William Jankowiak. Der Anthropologe, den vor allem die Liebe interessiert, hat sich schon in den 90er-Jahren mit dem Phänomen der polyamoren Liebe beschäftigt. Sein Ansatz war, dass die Polyamorie als Schild gegen den Liebesschmerz eingesetzt wird. Wir haben panische Angst vor der leidenschaftlichen

Liebe, weil sie uns verletzlich macht, so Jankowiak. Der andere kann uns verlassen, uns zerstören, aber vielleicht gelingt es, die Verletzlichkeit zu vermeiden, indem man die Liebe mit mehreren teilt.

Jankowiak wählte zwei Versuchsgruppen aus, in denen Polyamorie aus unterschiedlichen Gründen praktiziert wird. Dann befragte er sie sehr ausführlich nach ihren Gefühlen, Gedanken und Erfahrungen.

Die eine Versuchsgruppe waren amerikanische Mormonen, die er sechs Jahre lang regelmäßig besuchte. Sie praktizieren Polygynie aus religiösen Gründen, die vorschreiben, dass jeder Mann mehrere »Schwesterfrauen« hat. Von den Frauen wird erwartet, dass sie gut miteinander zurechtkommen, sich lieben und ehren, so wie sie den gemeinsamen Mann lieben und ehren. Und von dem Mann wird erwartet, dass er alle seine Frauen gleich liebt. Aber obwohl diese Erwartungen tief in der Kultur, im Glauben, im Alltag verankert sind, entspricht die Wirklichkeit dem Ideal in keiner Weise. Denn, wie Jankowiak herausfand, hatte jeder der Männer eine Lieblingsfrau, und alle Frauen wollten wie die Lieblingsfrau behandelt werden.

Die zweite Versuchsgruppe war eine Gemeinschaft Nicht-Gläubiger, die sich aus eigenen Stücken für die Polyamorie entschieden hatten. Ihr Credo lautet, dass Liebe und Verliebtheit mit mehreren Personen gleichzeitig möglich ist. Es ging ihnen nicht um eine offene Beziehung, in der man neben dem Partner noch eine Geliebte oder einen Geliebten haben kann. Ihnen ging es um emotionale Gleichwürdigkeit. Die Gruppe, die Jankowiak aufsuchte, lebte nach diesem Modell in Las Vegas und bestand aus 27 Frauen und Männern. Sie berichteten begeistert von ihrer Lebensweise. Aber die Begeisterung und die Gleichwürdigkeit begrenzte sich auf die ekstatische Anfangsphase. Und die war, wie der

Anthropologe im Laufe seiner Studie schnell feststellte, nur von sehr kurzer Dauer.

Zuerst erzählten alle Teilnehmer von einer ungewöhnlichen und tiefen Zufriedenheit. Aber Jankowiak entdeckte, dass es ihnen trotz guter Intentionen schwerfiel, alle Auserwählten gleich zu behandeln und das Gleichgewicht zwischen den Einzelnen zu bewahren. Im Laufe der Zeit kristallisierte sich ein Lieblingsmensch heraus, während die anderen eher in die zweite Reihe rückten. Am Ende, so Jankowiak, berichteten alle, dass »es die schlimmste Zeit ihres Lebens gewesen sei und sie niemandem die Erfahrung wünschten, ›zwei Menschen auf einmal zu lieben‹«.

Die Polyamorie ist zum Medienliebling avanciert. Wenn die Zeitschriften im Sommer Serien über die Liebe drucken, kann man sicher sein, dass sie Polyamoröse interviewen. Auch Kummerkästen und Sexkolumnen beschäftigen sich regelmäßig damit. Ich glaube, die Neugierde speist sich aus der Überzeugung, dass so etwas eigentlich unvorstellbar und unmöglich ist. In den 70-ern wurden doch schon alle Facetten der freien Liebe praktiziert, und jetzt produzieren die Kinder dieser Generation Romane und Filme, in denen es um Eifersucht und alle anderen Probleme geht, die die freie Liebe mit sich bringt und deren Preis sie zahlen mussten.

Die Normen haben sich verschoben, und Familie kann die unterschiedlichsten, bis dato unbekannten Formen annehmen. Man teilt sich die Kinder kreuz und quer, man kann sich sogar aussuchen, wie man diese Kinder bekommt. Es gibt unzählige Methoden, darunter Leihmütter und anonyme oder freiwillige Samenspender. Auch Liebesbeziehungen können auf gleiche Weise nach vorherigem Gutachten und Wohlbefinden eingegangen werden. Es gibt offene Beziehungen mit verschiedenen idiosynkratischen

Regeln und Versuchen, sich gleichberechtigt zu lieben. Frei nach der Devise, dass Liebe keine endliche Größe ist, sondern eher ein Kuchen, der immer größer wird, je mehr Leute davon essen.

Hinter der polyamoren Lebensform verbirgt sich die Hoffnung, seinen Trieben und Gelüsten nachgehen zu können, ohne die Peitsche der Liebe – die Eifersucht – spüren zu müssen.

Wir schleppen uns mit angeborenen Trieben durchs Leben, die uns nach der Liebe streben lassen, so viel wie möglich davon. Wir können Gefühle für mehrere Individuen gleichzeitig haben, und auch Lust auf mehr als einen Partner. Aber die Natur hat uns eine Bürde auferlegt, und die heißt Eifersucht. Die Eifersucht macht uns unglücklich und führt dazu, dass wir uns gegenseitig in der Entfaltung hindern. Das Wissen um die Qualen der Eifersucht aktiviert unser schlechtes Gewissen, weil wir wissen, dass unsere Entfaltung dem Menschen Schmerzen zufügt, der uns liebt.

In dieser gigantischen Gefühlssuppe ist Kultur eine Zutat, die auf jeden Fall das Geschmackserlebnis verstärkt. Starke monogame Restriktionen oder die soziale Ächtung von Untreue können die Begierde und Lust wieder leiser werden lassen. Eine polygame Lebensweise oder ein Diskurs, der Eifersucht verpönt und die Freiheit besingt, kann die Eifersucht vielleicht nicht zum Verstummen bringen, aber sie fürs Erste dämpfen.

»Wir lieben in einem historischen und sozialen Kontext«, sagt der britische Philosoph Alain de Botton. Und damit hat er natürlich recht. Es ist ein Abbild unserer Zeit, dass ich entspannt bei gutem Kaffee und knusprigen Croissants bei meinem Psychotherapeuten sitze und wir meine Gefühle auseinandernehmen, als wären es tote Frösche, die seziert werden sollen. Voller Ernst überprüfen wir, ob meine Vorstellungen und Erwartungen, wie Liebe sein soll, mit meinen subjektiven Erlebnissen übereinstimmen und ob ich deshalb meine Vorstellungen anpassen muss. Das sind Probleme der Ersten Welt, würden einige sagen, ein Luxusphänomen des Spätkapitalismus.

Aber unser Gespräch berührt eine ganze Reihe anderer Fragen, nämlich woher diese Vorstellungen und Erwartungen eigentlich kommen. Und am Ende sind wir bei der Welt, unserer Zeit oder bei der kulturellen Ebene, wie sie Asger Neumann bei unserer ersten Begegnung genannt hat.

Kultur ist der Sumpf aus erlernten Bedeutungen, Erwartungen und Reaktionen, in die jede menschliche Erfahrung und Wahrnehmung unrettbar einsinkt. Und wenn man Analytikern wie Alain de Botton Glauben schenkt, dann watet der moderne Mensch durch den Sumpf der Romantik. Damit meint er die intellektuelle Bewegung, die Mitte des 19. Jahrhunderts in den europäischen Salons aus dem Boden schoss, Niederschlag in den Werken der Dichter und Autoren fand und sich von dort aus effektiv in der Gesellschaft ausbreitete. Eine Revolution der Liebe, was ein Resultat der radikalen Veränderungen durch die Industrialisierung war.

Der britische Historiker Lawrence Stone hat in seinem Buch *The Family, Sex and Marriage in England 1500–1800* ausführlich beschrieben, wie die Romantik im Zuge des Feudalismus bereits Ende des 18. Jahrhunderts anfing zu sprießen. Die materiellen Bedingungen wurden besser, die Marktwirtschaft entwickelte sich, und darauf folgte eine kulturelle Entwicklung, die wiederum dem Einzelnen mehr Freiraum ermöglichte. Mit Zunahme der Mobilität und dem Wachstum der Städte gab es weit mehr Optionen, andere Menschen kennenzulernen – potenzielle Ehepartner. Aus der neuen, mobilen »kapitalistischen Klasse« entsprang Anfang des 19. Jahrhunderts die Mittelschicht mit ihrem Interesse an Kultur und Vergnügen. Daraus wurde das, was Stone die »emotionale Revolution« nennt.

Das Phänomen Liebe stieg im Wert und wurde begehrenswert. Zentral war die Geschichte der »Einen und Richtigen«; die leidenschaftliche Liebe wurde auf einmal mit dem Versprechen der emotionalen Erfüllung in der Ehe verbunden. Einer Verbindung, die bisher eher eine pragmatische Veranstaltung gewesen ist.

Der Bruch mit dem vergangenen Modell war so groß, dass die modernen Sozialwissenschaften lange annahmen, die romantische Liebe sei als eine westliche Erfindung zur kulturellen Exportware geworden. Die Liebe wurde nicht als eine naturgegebene menschliche Fähigkeit gesehen, sondern als ein gewolltes Phänomen, das durch bestimmte gesellschaftliche Umstände erzeugt werden konnte. Nämlich durch ökonomische und soziale Mobilität in Einklang mit individueller Entscheidungsmacht. Die romantische Liebe kommt in diesem Verständnis nicht von innen, sondern sie wird durch äußere Umstände erzeugt.

Vor der Romantik, behaupteten Historiker früher, gab es romantische Gefühle nur bei der wirtschaftlichen Elite. Wie im Mittelalter, wenn die Ritter die unerreichbaren, verheirateten adeligen Frauen angeschmachtet haben, ohne sie jemals haben zu können. Sie konnten sich ihnen nur emotional nähern. Die Spur der unerwiderten Leidenschaften zieht sich durch die Weltliteratur vom Hohelied der Liebe in der Bibel über Ovids klassische Verse bis hin zu den Gedichten und Legenden ferner Kulturen. Sie alle handeln von dieser Elite. Liebe und Verliebtheit waren kein Thema für arme Bauern, für die eine Eheschließung eine pragmatische Lösung war und das Überleben sicherte.

Diese Annahme hielt sich hartnäckig in der anthropologischen Forschung, bis man sie in den 90-ern überprüfte. Leonard Plotnicov von der University of Pittsburgh und Redakteur der Zeitschrift *Ethnology* brachte es 1992 in einem Interview mit der *New York Times* auf den Punkt: »Die Anthropologen sind bei ihrer Feldarbeit zwar darauf gestoßen, aber sie haben die Idee der romantischen Liebe nicht erwähnt, weil sie ihrer Ansicht nach nicht vorkommen konnte.« Später fügte der Anthropologe Charles Lindholm hinzu, dass »die Ethnografen besser dastanden, wenn sie über Kannibalismus und Inzest schrieben als über das Konzept der Romantik«.

1992 veröffentlichten die Amerikaner William Jankowiak und Edward Fischer dann die erste transkulturelle Studie zu diesem Thema, welche, wie Jankowiak es formulierte, »eine kognitive Schockwirkung auf das kollektive Bewusstsein der Anthropologie« ausübte. Die beiden hatten Ethnografien von 166 Kulturen durchgesehen und eindeutige Belege dafür gefunden, dass die romantische Liebe, wie wir sie verstehen, in 147 von ihnen vorkommt, das heißt bei 91 Prozent. Es gab lautstarke Poesie, Geschichten von jungen Menschen, die von der Gemeinschaft flohen, um zusammen zu sein, und anderes belastendes Beweismaterial. In den verbleibenden 19 Kulturen hatten die Ethnografen diese Aspekte ausgelassen, und man konnte deshalb nicht belegen, dass dort das Konzept Liebe *nicht* vorkam. Jankowiak und Fischer stellten fest, dass man die romantische Liebe als einen universellen menschlichen Aspekt betrachten müsste.

Dieser Ansatz setzte sich durch und brachte die Anthropologie in Einklang mit der Psychologie und der Evolutionsbiologie. Aber im Unterschied zu diesen beiden Fachgebieten betonten die Anthropologen, dass die Art, wie die Liebe zum Ausdruck kommt und erlebt wird, stark von kulturellen, historischen und sozialen Faktoren abhängt.

Interessanterweise kann man sehen, dass sich die Gesellschaften, in denen die romantische Liebe als legitime Basis für die Bildung von Partnerschaften angesehen wird, in zwei Gruppen einteilen lassen. Nämlich in die modernen hoch industrialisierten Gesellschaften und in die Jäger-Sammler-Gesellschaften. Man könnte auch sagen, die hoch entwickelten und die ursprünglichsten Gesellschaften.

Historisch betrachtet wurde die Liebe auf Eis gelegt, als der Mensch sesshaft wurde. Mit Erfindung und Verbreitung der Landwirtschaft erschien es sinnvoll, sich nicht nur an Grund und Eigentum, sondern auch an einen Partner zu binden. Die Ehe wurde zum kulturellen Vertrag.

Der *evolutionäre* Druck, eine Weile zusammenzuhalten, was psychologisch durch Anziehung und Verliebtheit unterstützt wurde, wurde vom *kulturellen* Druck übertrumpft, noch stabilere Paare zu bilden. Zumindest wurde in den meisten Kulturen die romantische Liebe als Grundlage für eine Partnerschaft und Ehe abgelehnt. Langfristige, wirtschaftliche und verwandtschaftliche Erwägungen waren entscheidender, was auch heute noch dort praktiziert wird, wo Ehen arrangiert werden.

Der romantische Siegeszug aber ist von Europa und den USA aus auf Vormarsch in die Welt. Auch in weit entfernten Kulturen geraten die überlieferten Traditionen zunehmend durch die jüngeren Generationen unter Druck, die darauf bestehen, ihre Partner selbst wählen zu dürfen. Aber die Forscher stellen auch fest, dass die Gedanken über die Liebe und wie sie gelebt werden soll, stark variieren. Die westliche Vorstellung von der Liebe, die idealerweise vollkommen losgelöst ist von materiellen Erwägungen, entspringt einer christlichen Tradition. Dahinter steht die Vorstellung, dass die höchste Form der Liebe die spirituelle, reine Liebe zu Gott ist.

In Asien, wo das Christentum kaum Einfluss hat, sieht die Sache ganz anders aus. William Jankowiak, der sich intensiv mit der Bevölkerung Chinas beschäftigt hat, gibt an, dass für die jungen modernen Chinesen Liebe und materielle Realität kein Widerspruch in sich ist. Im Gegenteil, es sind untrennbare und komplementierende Einheiten.

Die Frage scheint berechtigt, ob die Kultur unsere Gefühle beeinflussen kann. Ob uns bestimmte Normen und Gedankengänge dazu bringen können, unsere tatsächlichen Gefühle zu übergehen, oder sich die Gefühle ändern.

Versuche mit Hirnscans deuten darauf hin, dass Liebe Aktivitäten in emotionalen und kognitiven Hirnarealen auslöst. Die Tatsache, dass auch die Kognition mit im Spiel ist, bedeutet, dass wir nicht nur fühlen und empfinden, sondern auch die Gefühle zu einer Vorstellung formen. Auch wenn unterschiedliche Kulturen von denselben »Symptomen« bei der leidenschaftlichen Liebe und dem Verliebtsein sprechen, werden unterschiedliche Verhaltensweisen und Ansichten mit dem Phänomen verbunden.

Das wurde besonders deutlich in einer Studie aus dem Jahr 1991, in der junge Menschen aus China, den USA und Italien miteinander verglichen wurden. Die westlichen Testpersonen verbanden mit dem Begriff Liebe Glück und beschrieben die Verliebtheit und das Lieben als intensives, positives Erlebnis. Das galt nicht für die Chinesen. Die tiefgreifenden Unterschiede zeigen sich auch in der Sprache. Im Chinesischen gibt es nur sehr wenige Wörter für glückliche Liebe, dafür eine viel größere Anzahl an Wörtern, die mit Liebe und Unglück verbunden sind.

Diese Vorstellungen lassen sich sogar im Gehirn ablesen, haben Forscher 2010 entdeckt. Sie verglichen Hirnscans von verliebten Amerikanern und Chinesen. Alle Versuchspersonen zeigten dasselbe Aktivierungsmuster, wenn sie Fotos ihrer Partner im Scanner sahen. Mit der Ausnahme, dass die chinesischen Teilnehmer der Studie eine weitaus höhere Aktivität in den Hirnarealen zeigten, in denen das kritische Denken und Bewerten angesiedelt sind.

Die Assoziationen und Vorstellungen, die man von der Liebe hat, und das Verhalten, das daraus resultiert, ist aber auch im modernen westlichen Kulturkreis großen Schwankungen unterworfen. Viele Forscher sehen große Differenzen zwischen Ost und West, so auch die Soziologin Julia Lerner von der Ben-Gurion University of the Negev. Sie hat untersucht, wie die Liebe in den Medien dargestellt wird. Lerner hat herausgefunden, dass die modernen Russen, im Einklang mit der klassischen Literatur, Liebe als ein unabwendbares Schicksal und einen moralischen Akt verstehen, der aus Selbstaufopferung und Leiden besteht.

Die russische Soziologin Polina Aronson spricht sogar von unterschiedlichen romantischen Regimen und nennt das traditionell russische »das Regime des Schicksals«. In einem Essay in der Onlinezeitschrift *Aeon* wird beschrieben, dass die Liebe in Russland als etwas Mystisches betrachtet wird, über das man weder spricht noch es hinterfragt. Man begibt sich in ihre Gewalt, ganz gleich, was es kostet und ob die mentale Gesundheit darunter leidet. Die Liebe ist eine unwiderstehliche Kraft und erzeugt »einen Haufen Chaos«. Zum Beispiel sehr viel mehr Eheschließungen, Scheidungen und Abtreibungen als in jedem anderen industrialisierten Land. Aber es gibt eine existenzielle Verletzlichkeit und die Möglichkeit der Hingabe, die es – laut Aronson – in dem System der westlichen Welt, das sie »das Regime der Wahlfreiheit« nennt, schwerer haben.

Was damit gemeint ist, versteht sich von selbst.

Denn es geht in erster Linie um die Bedürfnisbefriedigung und die Frage, wie der andere oder die Partnerschaft *mir* nützen kann. Wir sind nicht mehr wie Goethes Werther auf das begehrte Objekt unserer Liebe fixiert, uns interessiert nur das eigene Subjekt. Es geht vorrangig darum, was *ich* fühle und was *mir* die Beziehung bringt.

Mit Asger Neumann bohren wir in meiner Geschichte, um herauszufinden, was mir meine Eltern an Fürsorge und Bindungsqualität mitgegeben haben. Vor diesem Hintergrund wollen wir uns mein Verhältnis zu Männern ansehen – allerdings, ohne viel über diese Männer zu sprechen.

Einer der großen alten Ikonen der Soziologie Anthony Giddens sieht mit einem sehr positiven Blick auf die Entwicklungen der Menschheit. In seinem Buch *Wandel der Intimität: Sexualität, Liebe und Erotik in modernen Gesellschaften* von 1992 beschreibt er, wie die klassische romantische Suche nach der einen Liebe, die niemals stirbt, ersetzt wurde durch die *confluent love*, wie er es nennt. Eine fließende Liebe also, in der sich Beziehungen ohne viel Aufhebens gegenseitig ablösen.

Giddens sieht das als Meilenstein, weil es die Möglichkeit eröffnet, eine »pure Beziehung« zu führen, in der beide Partner in einen freien und gegenseitigen Austausch ihrer Wünsche gehen. Das Verhältnis muss nur so lange halten, solange die Übereinkunft für beide annehmbar ist – danach kann man sich ohne Reue oder Schuld verabschieden und gehen. Wir können laut Giddens endlich »den anderen als unabhängiges Wesen anerkennen, der für seine besonderen Eigenschaften und Qualitäten geliebt werden kann«. Dieser Ansatz ermöglicht es, »von erzwungenem Engagement in einer bereits zerrütteten oder sterbenden Beziehung befreit zu werden«.

Eine etwas düsterere Sicht auf die Dinge hat die israelische Soziologin Eva Illouz von der Hebrev University of Jerusalem, die in den Tendenzen unserer Zeit keineswegs Befreiung sieht. In ihren Büchern *Der Konsum der Romantik* und *Warum Liebe weh tut* lautet ihre Hauptthese, dass die romantische Liebe unwiderruflich mit der Marktwirtschaft und dem Konsum verschmolzen ist. Liebe wird mit Konsum verbunden – von Essenseinladungen und Drinks in der Stadt bis hin zu einem romantischen Ferienaufenthalt – und ist selbst zu einer Ware geworden. Und auch wenn Liebe ein Weg zu Glück und Erfüllung sein kann, werden unsere Vorstellungen über sie gleichzeitig stark von unseren persönlichen Werten definiert. Es ist nicht nur schmerzhaft, keinen Partner zu haben, sondern auch peinlich.

»Der Frust entsteht, weil wir gefangen sind zwischen den unterschiedlichen Vorstellungen von Liebe, die zum Teil in einem großen Kontrast zueinander stehen«, sagt Illouz bei unserem Gespräch.

Auf der einen Seite gibt es das Konzept der Seelenverwandtschaft. Die Vorstellung der Romantik, dass es eine allumfassende Liebe gibt, hat nicht nur die Populärkultur durchdrungen, sondern erzeugt eine unstillbare Sehnsucht, weil dieser Entwurf am Horizont glänzt und wir den Blick nicht abwenden können. Es hat etwas Messianisches, dass diese Liebe uns vom Alltag retten und unserem Leben einen Sinn geben kann. Laut Illouz stehen wir vor den Überresten einer religiösen Kultur, die längst verloren gegangen ist.

Auf der anderen Seite verehren wir den Pragmatismus,

der mithilfe der Wissenschaften die Liebe seziert. Die Leserinnen von Frauenzeitschriften können die Liebe in ihre chemischen Bestandteile zerlegen, sie wissen, dass der Hormonsturm, den das Verliebtsein auslöst, ein physiologisches Programm ist, das einige Monate läuft und dann wieder aufhört. Und so weiter und so fort. Entzauberung ist die Folge, sagt Illouz. Vor diesem Hintergrund scheint es nur sinnvoll, sich der Wissenschaften zu bedienen, um aus den schier unendlichen Wahlmöglichkeiten das Richtige zu finden, das im Alltag funktioniert. Man kann das sehr gut an der Fernsehserie *Hochzeit auf den ersten Blick* sehen, die in Dänemark entwickelt wurde, aber in der internationalen Fernsehlandschaft ausgestrahlt wird. Heute arrangiert kein Clan die Ehen der Kinder, sondern Fachleute, Psychologen und Sexologen, die ihre Expertise einsetzen, um das »optimale« Paar zu finden. Dahinter steckt Wissenschaft, und das Ziel ist, Unordnung, Chaos und Schmerz zu vermeiden. Wer könnte etwas dagegen haben?

Polina Aronson hat etwas dagegen. Sie plädiert zwar nicht dafür, das »Regime der Wahlfreiheit« aufzugeben, die Vernunft beiseitezuschieben und sich in die Arme der erstbesten »Schicksalsbegegnung« zu werfen, die einem über den Weg läuft. Wir müssen nicht alle Anna Kareninas sein. Aber als Gegengewicht zur Farblosigkeit dieser Variante kann eine kleine Dosis »Remystifizierung der Liebe« nicht schaden. Wir sollten wieder wagen, das Unbekannte zu wählen, ein unkalkulierbares Risiko einzugehen, uns verletzlich zu zeigen und die Liebe das sein zu lassen, was sie tief im Inneren ist: »Eine unberechenbare Kraft, die uns trifft, wenn wir es am wenigsten erwarten.«

Es war vollkommen unerwartet.

Er lief an der Spitze einer kleinen Gruppe in den Saal in Tallinn, wo die wissenschaftliche Konferenz stattfand, auf der die teilnehmenden Institute ihre Schwerpunkte vorstellen sollten. Trotzdem sah es so aus, als wären seine Landsleute in Wirklichkeit seine Entourage. Er stach hervor, sah aus wie der Inbegriff eines Wikingers – der einen schwarzen Anzug von Armani trug. Knapp zwei Meter groß mit breiten Schultern. Seine Muskeln zeichneten sich unter dem weißen T-Shirt ab, das so eng saß, dass es nicht peinlich, sondern sexy war. Haare und Bart waren fast weiß, aber es machte ihn nicht alt, sondern kultiviert und sehr interessant.

Bis heute weiß ich nicht, warum er mich quer übers Buffet angesprochen hat. Ich hatte mit all den anderen nichts zu tun. Sie waren angereist, um ihre Forschungen und ethischen Ansichten zu teilen, ich hingegen sollte nur einen Artikel über die Konferenz schreiben und einen Beitrag fürs Radio machen. Außerdem war ich in diesem Metier auch absolute Anfängerin. Ich hatte mich erst vor Kurzem gegen eine Karriere als Forscherin entschieden, auf die ich acht Jahre lang hingearbeitet hatte, um mich kopfüber in den Journalismus zu stürzen. Mir fehlte nicht nur die Routine, sondern auch die Unverfrorenheit. Da er aber den ersten Schritt gemacht hatte, wagte ich es, ihn um ein Interview zu bitten.

Das sollte ich bekommen. Kurz darauf saß ich da mit riesigen Kopfhörern auf den Ohren, und konnte dem Mann kaum in die Augen sehen. Ich stellte ihm meine – natürlich kritischen – Fragen, und das Zittern meiner Hand, mit der ich das Mikrofon hielt, erklärte ich mit dem Gewicht der Ausrüstung. Er beantwortete meine Fragen freundlich und ausführlich, aber immer mit einem Hauch Ironie, die an Sarkasmus grenzte und mich an die Neckereien der großen Jungs auf dem Pausenhof erinnerte.

Die Konferenz endete mit einem großen festlichen Dinner. Ich saß zufällig an seinem Tisch und unterhielt mich intensiv und, wie ich fand, tiefgründig mit ihm, um den Eindruck zu vermitteln, dass ich kein kleines Mäuschen war, das man mit Ironie zum Schweigen bringen kann. Als wir später an der Bar saßen, nahm er mitten in einer Diskussion meine Hand und sagte: »Lass uns einen Spaziergang machen!« Nichts in mir hatte etwas dagegen, mit auf sein Hotelzimmer zu gehen, wohin uns dieser Spaziergang führte.

Zurück in Kopenhagen, hatte ich keinerlei Erwartungen, aber dann rief er an, und danach folgten mehrere Telefonate. Immer zu ungewöhnlichen Uhrzeiten, früh am Morgen oder mitten in der Nacht. Es ging um Wissenschaft und Literatur. Er zitierte Shakespeare an den richtigen Stellen im Gespräch und fütterte mich mit kleinen Häppchen aus seinem Leben. Ein Leben auf Reisen, das abenteuerlich klang – eindeutig *larger than life*. Vor allem aus der Perspektive einer kleinen Zweizimmerwohnung auf Amager.

Aus der Überraschung entstand bald das Gefühl, sich zu verlieben, zu fallen, ohne Sicherheitsnetz.

Ein Auftrag hatte mich nach New York geführt, und nach einem weiteren erregenden Telefonat lief ich einmal quer durch den Central Park, von der nordwestlichen Ecke bis zum Plaza Hotel am anderen Ende. Was in meinem Körper passierte, war mit nichts vergleichbar, was ich jemals erlebt habe. Als würde ich schweben, als würde mich ein Luftstrom anheben und mich tragen. Ich bewegte zwar meine Füße, aber es geschah automatisch und kostete mich keine Kraft. Ich sah die Welt in einer anderen Ausgabe, als wären die Konturen schärfer und alles in ein glänzendes Licht getaucht. Mir hatten so viele Menschen gesagt, dass ich öfter lächeln soll. Jetzt konnte ich das idiotische Grinsen nicht aus meinem Gesicht wischen und musste alle Passanten anlächeln. Ich konnte es nicht zurückhalten.

Verliebtsein ist ohne Frage ein Rauschzustand. In schweren Fällen wirkt sich das so aus, als hätte man jeden Tag eine hochwirksame Pille eingeworfen. Monatelang war ich high von den unberechenbaren Telefonaten und ein paar sporadischen, physischen Begegnungen, die immer in großer Eile stattfanden.

Aber dann stürzte das Kartenhaus in sich zusammen. Es gab keine Zukunft, die hatte es auch nie gegeben. Die Verliebtheit war einseitig, und auch das hatte ich immer gewusst. Am Ende konnte das Gefühl in seiner unwirklichen Blase nicht mehr aufrechterhalten werden. Die euphorisierenden Stoffe waren aufgebraucht, meine Träume hatten große Risse bekommen, durch die sich die kalte Realität Zugang verschaffte. Dann kamen die Entzugserscheinungen.

Ich saß bei mir auf dem Wohnzimmerboden und las einen Artikel. Als ich den Kopf hob, fiel mein Blick in den Spiegel, der gegen die Wand lehnte. In dem Spiegelbild sah ich eine zerzauste und etwas biedere Person in dicken Wollsocken, und es traf mich wie ein Schlag. Wie erbärmlich von mir zu glauben, dass so ein physisches Prachtexemplar von einem Mann mit überragenden Talenten und einem spannenden Leben auf internationalem Parkett mit jemandem wie mir zusammen sein will? Ein Nichts mit zu großer Nase und zu dünnen Beinen. Diese Erkenntnis endete in lautem Schluchzen.

Mein Unglück hatte sich schnell eingerichtet und wurde chronisch. Es wurde zur täglichen Routine, den Tränen freien Lauf zu lassen, und diente einerseits als Ventil, um mein Selbstmitleid auf Abstand zu halten, und war andererseits eine effektive Methode, mich zu erschöpfen, damit ich überhaupt schlafen konnte.

Es ist kein Wunder, dass der Blick in die Köpfe von unglücklich verliebten Menschen Hirnaktivitäten zeigt, die zum Verwechseln ähnlich sind mit denen, die man von Zwangsstörungen kennt. Ich war besessen davon, den Mann in regelmäßigen Abständen zu googeln und in Forschungszeitschriften und manchmal sogar Tageszeitungen nachzulesen, an was er gerade forschte. Immer wieder keimte eine zarte Hoffnung auf, dass sich das Blatt wenden könnte – würde –, und ich ließ meinen Fantasien freien Lauf, bis sie sich selbst zerstörten. Natürlich wusste ich, wie lächerlich das alles war, wie lächerlich *ich* war, aber das änderte nichts.

»So geht das nicht mehr weiter«, sagte mein Vater, nachdem er sich meine sehr ausführliche Litanei angehört und es zunächst mit ein paar aufmunternden Worten versucht hatte. »Du bist nicht nur niedergeschlagen, was verständlich wäre. Das klingt, als hättest du eine klinische Depression.«

Eine Weile wehrte ich mich gegen das Eingeständnis, krank zu sein, und behauptete, dass Tabletten nichts ändern würden, weil die Situation an allem schuld war. Mein Leben war eine einzige Müllhalde, und ich war ein Nichts. Nach vielem Hin und Her ging ich schließlich doch zu meiner Ärztin, und nach einem kurzen Gespräch verschrieb sie mir Antidepressiva. Pflichtschuldig nahm ich die Tabletten, wenig überzeugt davon, dass sie irgendetwas bewirken konnten. Aber dann könnte ich wenigstens sagen: »Siehst du!«

Sechs Wochen später sah die Welt wieder ganz anders aus. Ich hatte nicht nur aufgehört, mein Elend in mein Kopfkissen zu heulen, sondern war in der Lage, an den Mann zu denken, den Verursacher der ganzen Misere, ohne dass es wehtat. Meine akute Sehnsucht war erloschen, ich konnte wieder konzentriert arbeiten, weil mir das Spaß machte, was ich da tat.

Die Moral von der Geschichte ist nicht, dass eine unerwiderte, unglückliche Liebe mit Antidepressiva geheilt werden kann. Ganz bestimmt nicht. Normalerweise kommt es auch gar nicht so weit, wenn man nicht von vorneherein eine Disposition zur Depression hat und eine hoffnungslose Erfahrung zum auslösenden Faktor wird. Die relevante Frage ist, ob ich rückblickend diese Erfahrung lieber nicht gemacht hätte. Würde ich lieber auf den Schmerz, auf die Monate ohne einen Funken Selbstwertgefühl, auf die verlorene Zeit und meine erste klinische Depression verzichten?

Die Antwort lautet Nein. Ich bin einer Meinung mit Polina Aronson und für die Remystifizierung der Liebe. Und zwar, indem man seine Vernunft vorne an der Tür abgibt, aber nicht, weil tief in mir eine Masochistin steckt, die ab und zu gequält werden will. Sondern, weil die Tiefe der Gefühle ein Wert an sich ist. Sosehr ich Vernunft und Reflexion schätze, sind es die Gefühle, die uns die intensivsten Erlebnisse verschaffen. Wie der französische Schriftsteller François de La Rochefoucauld im 17. Jahrhundert sagte: »Wer ohne jede Narrheit lebt, ist nicht so weise, wie er glaubt.«

Sich in die Gewalt seiner Gefühle zu begeben, ob in Form von aufwühlender Ekstase oder schmerzhaftem Unglück, bringt einen in die hintersten Ecken der eigenen Existenz, weitab vom goldenen Mittelweg des Alltags. Ich habe aus dieser Erfahrung etwas mitgenommen, wovon ich profitieren kann. Zum einen habe ich gelernt, dass ich viel mehr aushalten kann, als ich für möglich gehalten hätte. Und ich habe gelernt, mich nicht an Kleinigkeiten festzubeißen. Hat man den Hieb mit der Axt überlebt, tut es nicht mehr so weh, sich an einem Stück Papier zu schneiden.

Es gibt noch einen zweiten Aspekt. Wenn wir von

großen Gefühlen träumen, meinen wir die positiven. Aber wenn sie etwas bewirken und sich voll entfalten sollen, ist der Kontrast wichtig. Vor allem, dass man den Kontrast erlebt hat. Leben bedeutet für mich, das eigene Gefühlsrepertoire zu verfeinern und zu vertiefen. So wie wir danach streben, unseren Intellekt zu schärfen oder meinetwegen auch den Körper zu stählen und zu tunen. Gefühle sind am Ende Hirnaktivitäten, und das Gehirn ist ein plastisches Organ. Der einzige Weg, um mehr zu fühlen, tiefere Gefühle zu erleben, ist, sich ihnen auszusetzen.

Zurück in den Sattel, sagte ich mir, nachdem ich diese Affäre und die Depression überstanden hatte und wieder mutterseelenallein dasaß. Also, was habe ich getan? Ich habe mich im Netz umgesehen.

Nicht ganz freiwillig. Wir hatten gerade das Millennium überschritten, das Onlinedating steckte noch in den Kinderschuhen und war noch mit Peinlichkeit und Scham behaftet. Es war etwas für Verlierer und ungefähr so lächerlich wie die Kontaktanzeigen in den Zeitungen zu Omas Zeiten.

Aber was hätte ich denn tun sollen? Bei der Arbeit gab es keine Möglichkeit, jemanden kennenzulernen, ich war nicht im Kajakverein, besuchte keinen Kurs in der Volkshochschule oder hielt mich an Orten auf, an denen man auf »natürliche« Weise Leute traf. Ich war auch nie der Typ, der abends ausging und Männer kennenlernte. Es heißt immer, dass es Frauen viel leichter haben – »Ihr müsst euch doch nur in eine Bar stellen und die Männer kommen angerannt«, behaupten Männer. Das gilt zweifellos für viele Frauen, aber eben nicht für mich.

Die Episode mit dem Mann, der mich am Buffet auf der Konferenz angesprochen hatte, war die Ausnahme, die die Regel bestätigt. Normalerweise kann ich mich nämlich hinstellen, wo ich will, beispielsweise an einen vollen Bartresen. Innerhalb von kürzester Zeit hat sich um mich herum ein Vakuum gebildet. Als würde man Penicillin in eine Petrischale mit Bakterien tropfen und dabei zusehen, wie sich der Mikroteppich zurückzieht und ein leerer Raum um den giftigen Fremdkörper erzeugt wird. Ich weiß nicht, was es ist, aber meine Ausstrahlung scheint eine Art Tabuzone zu bilden.

Auf jeden Fall schob ich Frust und Scham beiseite und ließ mich auf die erniedrigende Aufgabe ein, in der Profilbeschreibung Worte für mich zu finden. Damals hatten die wenigsten Profile Fotos angehängt, und die Nutzer, die allen ihr Aussehen präsentierten, wurden als indiskret und auch ein bisschen ordinär belächelt. Ordentliche und seriöse Leute waren selbstredend inkognito unterwegs, bis ein Kontakt hergestellt wurde und man per Mail Namen und Fotos austauschen konnte.

Als Alias wählte ich den Namen Yersinia, in Anlehnung an das Pestbakterium *Yersinia pestis*. Ich war davon überzeugt, dass der Witz sofort alle klugen und gebildeten Männer ansprechen würde, die mit Humor ausgestattet waren und sich nach gleichgesinnter Gesellschaft sehnten. Zumindest würde es Forscher auf den Plan rufen, dachte ich.

Der Profiltext war das zentrale Element und sollte dafür sorgen, gleich den richtigen Adressaten zu gefallen. Ausbildung und Job wurden detailliert beschrieben sowie Interessen und Einstellungen zu den großen Gesellschaftsfragen. Dazu kamen meine vielen guten Eigenschaften, die mich ausmachten, und die (berechtigten) Anforderungen, die ich an einen Partner hatte. Zusätzlich zu den Ansprüchen, die ich wagte auszuformulieren, hatte ich eine große Anzahl unausgesprochener Wünsche und Hoffnungen.

Gleich vorweg. Ich habe keinen einzigen Mann getroffen, der auch nur in die Nähe dieser Vorstellungen gekommen ist. Mir wurde sehr schnell klar, dass alle Lügen auftischten, zum Teil dreiste. Einmal war der Mann, der ins Café kam, 20 Jahre älter, als er in seinem fotolosen Profil angegeben hatte. Er zuckte entschuldigend die Schultern, anders würde er in seinem Alter niemals ein Date bekommen. Da könnte er recht behalten. Der Mann war übrigens Psychiater.

Ich las mir die Profile sehr genau durch, die auf Papier perfekt aussahen. Der Werdegang klang verlockend, die Jobs spannend, und die Interessen und Geschmack, was Kunst und Kultur betraf, passten hervorragend zu meinen. Dieses Mal kann es nicht schiefgehen, dachte ich immer wieder aufs Neue. Und doch wusste ich schon nach den ersten Sekunden, dass wir keine Basis finden würden, um ein zweites Treffen zu vereinbaren. Der in Amerika geborene Jazzmusiker war Vegetarier und nicht größer als einen Meter fünfzig, der Architekt war vollkommen humorfrei, und mit dem Fluglehrer war es unmöglich, ein Gespräch zu führen. Eine große Anzahl war so uninteressant, dass ich keinerlei Erinnerungen an sie habe.

Heute, mit großem Abstand, schlage ich mir mit der flachen Hand gegen die Stirn und denke an den Psychologen und Datingexperten Eli Finkel an der Northwestern University. Seine Forschungen haben neben anderen ergeben, wie unsinnig und nutzlos die ausführlichen Profile als Werkzeug sind, um die romantische Kompatibilität zu ermitteln. Experimente deuten darauf hin, dass das Profilbrowsing nicht das abdeckt, was später bei der ersten physischen Begegnung von Bedeutung ist. Finkel nennt die Profile deshalb »den ersten großen Fehler des Onlinedatings«.

Genau genommen sind die verwalteten und von Algorithmen errechneten Kupplungsversuche überhaupt nicht effektiv. Finkel bat 2012 die großen Onlinedating-Firmen Match.com und OkCupid, ihm ihre Daten zu zeigen und die Behauptung zu belegen, dass ihre Algorithmen funktionieren. Er hat keine Antwort erhalten. Was einen nicht besonders verwundert. Diese Dienste nutzen ausschließlich Charaktereigenschaften, um Matches zu generieren. Aber die Übereinstimmung der Persönlichkeit scheint nicht so viel zu bedeuten wie angenommen. Eine Analyse von 23 000 Amerikanern, Briten, Australiern und Deutschen hat ergeben, dass nur traurige 0,5 Prozent aufgrund der übereinstimmenden Charaktereigenschaften zwischen den Partnern ihre Zufriedenheit in der Beziehung begründeten.

Die Algorithmen greifen nicht, stellten Eli Funkel und sein Kollege Paul Eastwick 2017 fest. In einer Untersuchung ließen die Forscher ihre Probanden Fragen beantworten, die den Benutzern von Datingseiten normalerweise gestellt werden und mit denen man angeblich ermitteln kann, wer zu wem passt. Die verschiedenen Algorithmen durften errechnen, wer wen interessant finden würde. Als die Probanden dann nach einem Speeddating mitteilen sollten, mit wem sie gerne ein zweites Treffen verabreden würden, zeigten sich die Vorhersagen als vollkommen wertlos. Denn wie man in der Zeitschrift *Psychological Science* lesen konnte: »Es lassen sich sehr schwer Kompatibilitätsaspekte für eine potenzielle Paarbildung festlegen, bevor die beiden Menschen sich begegnet sind.«

Ich war damals im Steinzeitalter des Onlinedatings unterwegs. Aber seitdem hat sich einiges getan. Die Apps fürs Handy wie Grindr, Tinder, Happn und wie sie alle heißen, bieten einem direkt auf dem Handy einen nie versiegenden Strom an Optionen, die sich sogar in geografischer Nähe befinden. Der Nutzer kann sein Interesse anzeigen, indem das Foto nach rechts oder nach links gewischt wird.

»Die Handy-Apps lassen die traditionellen Plattformen für Onlinedating sehr viel zivilisierter und nicht kommerziell aussehen«, sagt Eva Illouz mit gewohnter Ironie. Damit trifft sie auf den Punkt, der Forschern Sorgen macht und ihr Interesse weckt: Wie gehen wir mit der Liebe um? Mehr als jemals zuvor steht uns ein freier Markt zur Verfügung, mit einem Überfluss an Optionen und kaum strukturellen, geschweige denn moralischen Begrenzungen.

Das »Regime der Wahlfreiheit« hat in dem Moment seinen vorläufigen Höhepunkt erreicht, als die sogenannte Hook-up-Kultur und die Möglichkeiten des Internets aufeinandergetroffen sind. Die Kultur, die zwanglose Sexbegegnungen akzeptiert und fördert, kombiniert mit dem schier unendlichen Angebot potenzieller Sexpartner im Internet, erzeugt eine Situation, die »in der Geschichte der menschlichen Sexualität einzigartig ist«, sagt der Psychologe und Sexualforscher Justin Garcia vom Kinsey Institute in Indiana.

Die Datingdienste haben weltweit bereits 300 Millionen Nutzer, und die Zahl steigt. Das Statistische Landesamt hat 2017 ermittelt, dass jeder dritte Däne zwischen 16 und 24 Jahren einen solchen Datingdienst in den vergangenen drei Monaten benutzt hat. Die Zahlen in anderen europäischen Ländern sind ähnlich, was einige Medien dazu verführt hat, bereits jetzt von einer *»Dating Apocalypse«* zu sprechen.

Denn wer hat schon Lust, in einen bestimmten Menschen zu investieren, wenn einem ununterbrochen immer neue und potenziell bessere Optionen angeboten werden? Das *muss* doch etwas mit uns machen, oder? Besorgte Stimmen sind der Ansicht, dass die Datingapps uns oberflächlicher und unfähig machen, uns zu verpflichten. Außerdem deute einiges darauf hin, dass diese Kultur hauptsächlich den Männern Vorteile verschafft und sie deshalb die Bedingungen stellen können.

Vorläufige Studien bestätigen, dass es in der Tat Geschlechterunterschiede gibt. Justin Garcia hat festgestellt, dass doppelt so viele Amerikanerinnen wie Amerikaner ihre Hoffnung formulieren, dass sich aus einem *Hook-up* eine feste Beziehung entwickeln könnte. Garcia fasst 2013 in der Zeitschrift der American Psychological Association *Monitor on Psychology* mehrere Untersuchungen zusammen, die aussagen, dass sich die Frauen viel mehr von ihren Hook-ups versprechen als die Männer, mit denen sie sich treffen. In einer Studie mit 900 Studenten von 2010 stellte sich heraus, dass etwa die Hälfte der Männer ihre Gefühle nach dem zwanglosen Sex als positiv beschreiben würden, bei den Frauen war es nur jede Vierte.

Kristin Anders von der Kansas State University lancierte 2019 eine Studie, bei der sie 800 junge Amerikaner (die eine Hälfte College-Studenten, die andere Hälfte nicht) zu ihren sexuellen Erfahrungen, Erwartungen und Ängsten befragte. Der größte Geschlechterunterschied der 18–25-Jährigen konnte bei den Erwartungen abgelesen werden. Kurz gesagt: Den Männern ging es um Quantität, den Frauen um Qualität. Während etwa die Hälfte der Männer sagte, dass ihr Hauptinteresse darin besteht, mehr Sex zu haben, antworteten das nur 28 Prozent der Frauen. Ebenfalls 28 Prozent der Frauen machten sich Gedanken über die Qualität ihrer Sexualkontakte, wohingegen das nur 16 Prozent der Männer taten.

Die auffälligste Diskrepanz wurde 2018 in einem Artikel in der Zeitschrift *Science Advances* veröffentlicht. Die Soziologin Elizabeth Bruch von der University of Michigan stellte fest, dass Frauen am besten im Alter von 18 ankommen, Männer hingegen im Alter von 50. Zumindest gemessen an der Popularität beim Onlinedating. Bruch und ihre Kollegen haben die Daten von fast 200000 Nutzern eines Datingdienstes ausgewertet und die Nachrichtenströme eines Monats analysiert. Anhand der Anzahl an Nachrichten, die jeder Nutzer unaufgefordert von Interessenten zugeschickt bekam, hatten die Forscher einen Anhaltspunkt, wie gefragt die Nutzer jeweils sind.

Bei den Frauen sank die Popularität ab einem Alter von 18. Bruch äußerte in der *New York Times* ihre Überraschung darüber, wie markant die Abnahme der Popularität war. Ihr Ergebnis passte sehr gut zu den Erhebungen des Datingdienstes OkCupid, die schon 2010 ergaben, dass Männer gerne Frauen haben wollen, die wesentlich jünger sind als sie. Der durchschnittlich 30-jährige Mann schickte demnach Teenagern genauso häufig Anfragen wie Gleichaltrigen. OkCupid postete auf dem Blog der Seite: »Die männliche Fixierung auf die Jugend verzerrt das Dating-Angebot.«

Das kann schon sein, aber auch in der richtigen Welt haben Männer und Frauen dieselben Präferenzen, wie irritierend und unangemessen man das auch finden mag. Aber wie sieht es aus, wenn man ein Stück herauszoomt? Haben wir es wirklich mit der Zersetzung der Liebe zu tun? Beziehungsweise der Vorgehensweise, wie wir eine Liebesbeziehung eingehen? Die Frage ist komplex und kann von mehreren Seiten beleuchtet werden, die wiederum zu ganz verschiedenen Antworten führen.

»Die Liebe ist nicht tot; die Brautwerbung ist nicht tot; und Sex hat nicht emotionale Intimität ersetzt. Unser romantisches und sexuelles Leben hat sich einfach nur den veränderten Lebensumständen angepasst«, konstatiert Justin Garcia in einem Beitrag zu *Why we Hook up. Searching for Sex or Looking for Love?*, den er zusammen mit der amerikanischen Anthropologin Helen Fisher geschrieben hat. »Die technologischen Entwicklungen verändern die *Vorgehensweise*, wie Singles sich gegenseitig umwerben, aber die Technologie kann nicht – und wird es auch niemals – die angeborene menschliche Disposition zu lieben verändern.«

Die Technologie hat nur die Methode für die Partnerwahl übernommen. Bereits 2009, 15 Jahre, nachdem der erste Internetbrowser das Licht der Welt erblickte, hatte jeder vierte Amerikaner eine Internetbekanntschaft. 2017 nahmen 49 von 54 Millionen Singles in den USA einen oder mehrere Datingdienste in Anspruch. Und in einer groß angelegten Befragung antworteten 40 Prozent, dass ihr letztes Date übers Internet stattgefunden hat. Nur 6 Prozent hatten sich in der Stadt kennengelernt. Das ist ein Paradigmenwechsel in der Vorgehensweise, wie es zu Begegnungen kommt, aber es führt nicht zu großen Veränderungen bei der Bildung von engen Beziehungen.

Die Scheidungsrate hat sich sowohl in den USA als auch in Dänemark in den letzten 40 Jahren kaum gewandelt und schwankt nach wie vor zwischen 43 und 50 Prozent. Auch die Anzahl von Eheschließungen hat sich nicht markant verändert. Und tatsächlich ist auch die Zahl der Beziehungen, die im Internet entstanden sind, weder größer noch geringer als die, die in einer Bar oder nach dem Volkshochschulkurs entstanden sind. Im Gegenteil. Eine Gruppe amerikanischer Forscher hat 2013 Paare miteinander verglichen, die sich im Internet oder außerhalb der virtuellen

Welt kennengelernt haben. Und es zeigte sich, dass die virtuellen Paare wesentlich zufriedener in ihrer Beziehung waren. Die Verbindungen hielten auch ein bisschen länger als jene, die anders zueinandergefunden hatten.

Eli Finkel von der Northwestern University hat schon 2015 in der *New York Times* »Ein Plädoyer für Tinder« verfasst. Der Beitrag endet mit dieser zustimmenden Empfehlung: »Für Singles mit einem offenen Geist – die eines Tages vielleicht heiraten werden, aber bis dahin das Daten genießen wollen – könnte Tinder im Moment die beste Gelegenheit sein. Genau genommen ist es die beste Gelegenheit, die es jemals gab.«

Das Problem ist das Angebot. Finkel sieht aber gerade die Oberflächlichkeit der Apps als deren größten Vorteil. Seine Forschungen haben gezeigt, dass weder ausführliche Profile, die Angabe persönlicher Interessen oder des sozialen Status noch raffinierte Algorithmen, die mithilfe der Kompatibilität Matches ermitteln wollen, wirklich zum Ziel führen. Das Einzige, was funktioniert, wenn man herausfinden will, ob Anziehung und Kompatibilität vorhanden sind, ist ein persönliches Treffen.

In gewisser Weise sind die Apps mit ihrer Geschwindigkeit und dem Fokus auf Bildern eine Art Rückkehr in die Zeit, als es Onlinedating noch gar nicht gab. Man sieht jemanden, den man nicht kennt, man hat Interesse, begegnet sich – und entweder es passiert etwas oder nicht. Wenn aus unterschiedlichsten Gründen nichts passiert, versucht man es woanders erneut. Es kann sich natürlich eine gewisse Müdigkeit einschleichen, wenn man zu viele komische, erste Kennenlerntreffen gehabt hat und zu viele Cappuccini getrunken hat, ohne einen Schritt weitergekommen zu sein. Aber so sind die Grundvoraussetzungen nun einmal. Und so anders ist es auch nicht, wenn man in einer Bar steht, jemand Interessanten entdeckt und furchtbar enttäuscht ist, wenn die Person den Mund aufmacht.

Je größer das Angebot, desto größer die Diversität? Von Anfang an behaupteten einige Theoretiker, dass Onlinedating auch unsere Gesellschaft diverser machen wird. Eine Mischung zwischen ethnischen Gruppen und Menschen unterschiedlicher sozialer Herkunft. Schluss mit der ewigen Homogamie! Und die Studien belegen auch, dass sich in den vergangenen zehn Jahren tatsächlich etwas getan hat.

Noch 2011 wurde es mit Verwunderung aufgenommen, als Forscher der University of California, Berkeley, berichteten, dass sich die Amerikaner in überraschend hoher Zahl nur innerhalb ihrer ethnischen Gruppe bewegten, wenn sie dateten. Besonders die Weißen bewegten sich nur sehr sparsam aus ihrem Segment. Von 100 Kontakten waren 80 zu anderen Weißen und nur 3 zu Schwarzen. Schwarze Amerikaner hingegen waren zehn Mal aktiver, hatten aber keinen Erfolg. Einer der Forscher fasste nüchtern zusammen: »Wir sind noch sehr weit von einer post-rassistischen Gesellschaft entfernt.«

Aber die Dinge entwickeln sich ständig weiter. 2017 veröffentlichte das Magazin *MIT Technology Review* die frohe Botschaft von »den ersten Beweisen dafür, dass Onlinedating gesellschaftliche Veränderung bewirkt«. Ein britischer und ein österreichischer Forscher setzten Computermodelle ein, um nachzuweisen, wie sich die menschlichen sozialen Netzwerke radikal durch das Internet verändern.

Die Modelle sagten voraus, dass sich zunehmend mehr Paare, unabhängig von ihrer ethnischen Zugehörigkeit, durch das Onlinedating kennenlernen werden. Wenn man sich dazu die amerikanischen Statistiken zu den Eheschließungen ansieht, stellt man tatsächlich einen Anstieg von ethnisch gemischten Paaren fest. Und zwar direkt ab 1995, als der erste Datingdienst online ging. Die Zahlen stiegen nach 2000 erheblich, parallel zur wachsenden Popularität dieser Onlinedienste. Die nächste signifikante Veränderung und deutliche Zunahme fand 2014 statt – als die erfolgreichste Dating-App Tinder auf den Markt kam.

»Uns Menschen fehlt die romantische Selbsterkenntnis. Wir glauben, genau zu wissen, wonach wir in einem Partner suchen, haben aber keine Ahnung, wie wir in der Praxis reagieren«, sagt der Psychologe Paul Eastwick von der University of California, Irvine. Wir skypen, und ich will mit ihm darüber reden, was Männer und Frauen bei dem jeweils anderen Geschlecht vorziehen. Oder vielmehr über die geschlechterspezifischen Unterschiede, die in der öffentlichen Diskussion und in der Forschung nach wie vor ein heikles Thema sind. Es geht also um das alte Klischee, das besagt, dass Männer schöne Frauen und Frauen reiche Männer haben wollen.

Ist das wirklich so? Haben wir es hier nicht eher mit den Überbleibseln einer längst vergangenen Zeit zu tun, in der die männliche Dominanz vorherrschte? Können wir diese Ideen nicht über Bord werfen?

So sehe ich es zumindest. Ich hatte immer meine Probleme, wenn ich meine Geschlechtsgenossinnen beobachtete, wie sie mit hängenden Zungen Männern mit Macht, Status oder einfach viel Geld hinterherrennen. Ganz zu schweigen von den Männern, die Vernunft, kritisches Denken und gesunden Menschenverstand fahren lassen, wenn sie junge Frauen mit langen blonden Haaren und aufgepumpten Brüsten sehen. Das hat etwas Unwürdiges, auf beiden Seiten. Ein Verhalten wie aus der Steinzeit.

Aber man muss zugeben, dass es einer gewissen Steinzeitlogik folgt, wenn man die jeweiligen »adaptiven Herausforderungen« der Geschlechter bedenkt, so sagen es die beiden überzeugten Evolutionisten Buss und Schmitt. Eine Frau, die mit Schwangerschaft, Geburt und Stillen sehr viel in ihre Nachkommen investiert, hat eindeutig mehr Vorteile, wenn sie sich einen Mann aussucht, der über Ressourcen verfügt. Andersherum hat auch ein Mann Vorteile davon, sich an eine Frau zu binden, die mit großer Wahrscheinlichkeit viele gesunde Kinder zur Welt bringt. Und diese Eigenschaft wird nun einmal der Jugend und den guten Genen zugeschrieben. Und die guten Gene waren damals in der Savanne an denselben Attributen abzulesen, die wir auch heute noch attraktiv finden.

Es überrascht nicht weiter, dass sich Buss und Schmitt vor allem für die Präferenzen bei der Partnerwahl interessiert haben. Und ihre konkreten Ergebnisse decken sich mit den Voraussagen der Evolutionspsychologen.

Bei kurzlebigen Beziehungen oder Affären unterschieden sich die Geschlechter kaum. Hier wollen alle am liebsten etwas Attraktives in die Hände bekommen (die guten Gene eben). Aber sobald wir uns mit den Ambitionen für eine langan haltende Verbindung beschäftigen, in der Hingabe, tiefe Gefühle und gemeinsame Pflichten wichtig sind, gehen die Wunschlisten erheblich auseinander. Beide Geschlechter wünschen sich einen freundlichen und intelligenten Partner, aber für Männer spielt das Aussehen eine wesentlich größere Rolle als für die Frauen. Denen sind wiederum finanzielle Ressourcen, Ehrgeiz und Status wichtiger als dem Mann.

Dieses Muster hat offensichtlich keine geografische Variation. Als David Buss und seine Kollegen 1989 Menschen in 37 Ländern befragten, waren die Ergebnisse deckungsgleich, unabhängig davon, ob sie aus einer eher patriarchalen Gesellschaft wie dem Iran oder dem modernen, sehr auf Gleichberechtigung bauenden Schweden kamen. Sie waren ebenfalls davon unbeeinflusst, ob die Kultur des Landes die Polygamie befürwortete oder welcher Religion die Befragten zugehörten.

Wer aber glaubt, dass Frauen nicht mehr wichtig ist, wie viel ein Mann verdient, weil sie selbst aufsteigen und finanziell unabhängig sind, der wird enttäuscht. Viele Studien haben ergeben, dass Frauen mit hohen Einkünften das Einkommen ihrer Partner für wichtiger erachten als beispielsweise Frauen mit geringerem Einkommen. Und wenn man sich Kulturen ansieht, in denen die Ökonomie ausschließlich in den Händen der Frauen liegt – dem Volk der Bakweri in Kamerun –, trifft man auf die identischen Muster. Auch hier bevorzugen Frauen Männer mit guten Verdienstmöglichkeiten.

»Das *sagen* sie!«, betont Paul Eastwick. »Aber das Interessante ist, dass diese Unterschiede sich verflüchtigen, wenn man die Probanden mit realen Lebewesen konfrontiert. Dann entscheiden sie sich oft anders, als in den Befragungen angegeben.«

Hier kommt die fehlende romantische Selbsterkenntnis zum Tragen. Eastwick beschreibt, wie sein Kollege Eli Finkel und er diesem blinden Fleck vor ein paar Jahren bei Experimenten mit Speeddating auf die Spur gekommen sind.

Eine Gruppe von Singles – Frauen und Männer, alle heterosexuell – hatte Fragebögen ausgefüllt, in denen gefragt wurde, was sie an einem potenziellen Partner vorziehen. Die Ergebnisse bestätigten die gängige, bekannte Geschlechterverteilung. Danach wurden sie in die Arena des Speeddatings geschickt und erneut befragt. Sie mussten jeden einzelnen Teilnehmer beschreiben und das jeweilige

Partnerpotenzial bewerten. Die Geschlechterunterschiede waren wie weggewischt. Alle waren über das Einkommen und den Werdegang der Teilnehmer informiert, aber diese Parameter sagten nichts darüber aus, welche Frau sich für welchen Mann entschied und andersherum. Für *beide* Geschlechter war das Aussehen am wichtigsten, und sie fühlten sich am meisten zu denen hingezogen, die gut aussahen. Oder wie es Eastwick formuliert: »Wir alle sind der Macht der Schönheit wehrlos ausgeliefert.«

Ich wende ein, dass Speeddating nur die unmittelbare Anziehung reflektiere, die zu einem Abendessen in der Stadt oder vielleicht auch zu einem One-Night-Stand führt. Also das *short term mating*, eine kurzfristige Bindung, die in den Theorien mit den angeführten guten Genen verbunden wird. Die schnelle Bewertung sage nicht zwingend etwas darüber aus, ob man nach näherem Kennenlernen daraus eine Langzeitbeziehung machen will. Paul Eastwick nickt langsam und zustimmend, widerspricht mir dann aber. Er habe versucht, diesem Aspekt in einer Befragung nachzugehen. Sind Frauen, die mit einem reichen Mann verheiratet sind, zufriedener in ihrer Beziehung als jene, die durch ihre Partnerschaft wirtschaftlich schlechter gestellt sind?

»Das sind sie nicht«, sagt er.

Eastwicks Forschung deutet darauf hin, dass wir den Partnerwert – im evolutionspsychologischen Fachjargon *mate value* genannt – nicht als eine absolute Größe verstehen dürfen, sondern eher als einen Beziehungswert. Es geht darum, dass wir nicht den *objektiv besten* Partner finden – der am besten aussieht, am wohlhabendsten und freundlichsten und am intelligentesten ist –, sondern den, der in der Praxis *am besten zu uns passt.* Zumindest im Hinblick auf verpflichtende Langzeitbeziehungen. Eastwick spricht von Kompatibilität und beschreibt sie als eine eher »fluffige Qualität«.

Die Bedeutung dieser undefinierbaren Kompatibilität oder Chemie oder wie man das auch nennen will, nimmt zu, wenn wir unser Gegenüber kennenlernen. Das hat Eastwick mit einem anderen Experiment sehr gut nachweisen können.

Er bat eine Gruppe von Studenten am Anfang des Semesters, ihre neuen Kommilitonen nach bestimmten Kriterien zu bewerten, nach ihrem Aussehen, ihrer Intelligenz und ihrem sozialen Status. Gleichzeitig sollten sie angeben, mit wem (Geschlecht nach Wahl) sie sich eine romantische Beziehung vorstellen konnten. Das sollte den Forschern Rückschlüsse auf den Partnerwert, den *mate value*, geben, der auf die ersten Parameter aufbaut. Die Studenten wurden drei Monate später, am Ende des Semesters, erneut befragt.

In der ersten Runde herrschte große Einigkeit bei den Bewertungen. Alle hatten ihre neuen Kommilitonen aufgrund ihres physischen Erscheinungsbildes bewertet, und es gab nur eine geringe »idiosynkratische Varianz«, insofern, als dass die einen dunkle Haare bevorzugten, die anderen blonde oder dass die einen einen kleinen Hintern, die anderen einen ausladenden schöner fanden. Aber im Schnitt fanden die Studenten dieselben Menschen mehr oder weniger schön, und auch bei Status und Intelligenz gab es keine großen Abweichungen. Auch beim *Partnerwert* war die Übereinstimmung relativ groß, da er sich weitestgehend aus der Summe der Bewertungen ergab. Je schöner, reicher und klüger, desto höher der *Partnerwert*. Forscher sprechen vom sogenannten Halo-Effekt, der beschreibt, dass wir gutaussehende Menschen, die wir nicht kennen, als besser, klüger und attraktiver bewerten als nicht so gutaussehende.

Nach drei Monaten war der Halo-Effekt verpufft, es

herrschte kein Konsens mehr, und die idiosynkratische Varianz war entsprechend angestiegen. Die Bewertungen der physischen Schönheit, des Status und der Intelligenz blieben zwar relativ stabil, aber die Vorstellung, wie gut eine Beziehung mit der betreffenden Person aussehen würde, hatte neue, sehr individuelle Züge angenommen. Wen man attraktiv fand, hatte nicht mehr so viel mit dem anderen zu tun, sondern vielmehr mit der Tatsache, wie viele Gemeinsamkeiten es gab. Das stimmt, so Eastwick, mit den Ergebnissen der traditionellen Partnerforschung überein: »Man kann keine objektiv guten oder schlechten Partner benennen. Das hängt davon ab, mit wem man eine Beziehung eingeht.«

Das Lustige ist, dass es sowohl erfahrungsgemäß als auch evolutionär Sinn macht, eine idiosynkratische Haltung zur Partnerwahl zu haben. Der Wert eines Partners hängt davon ab, wie gut er oder sie zu uns passt. Für eine Art, die hypersozial ist und sehr abhängig von der gegenseitigen Zusammenarbeit, reicht es eben nicht, einen Partner mit den breitesten Schultern, der schmalsten Taille und dem höchsten IQ zu finden. Auch wenn die Personen der Folgegeneration genetisch mehr zu bieten hätten. Am Ende wird es aber für das Überleben der Nachkommen von größerer Bedeutung sein, dass man ein gutes Verhältnis mit demjenigen hat, der die eine Hälfte der Gene zur Verfügung stellt. Denn es geht um die Zusammenarbeit.

Ich kann vieles von dem, was Paul Eastwick sagt, sehr gut nachvollziehen. Wenn ich zu neuen Gruppen dazustoße, sehe ich mich auch zuerst um und checke das »Potenzial« der Anwesenden. Das Urteil fällt immer sehr schnell aufgrund eines spontanen Gefühls – ansprechend, nicht so ansprechend, hoffnungslos und so weiter. Aber schon kurz darauf kann sich das alles wieder geändert haben. Der große Schlaksige, der auf der ersten Studifahrt unfassbar unbeholfen gewirkt hat, stellt sich bei späteren Partys und Gesprächen als eigentlich ganz lässig heraus. Und auf einmal hat er ein ziemlich großes Potenzial. Andersherum sind anfänglich besonders attraktive Typen nach dem ersten Kennenlernen sehr im Ansehen gefallen.

Wenn ich meine bisherigen »Eroberungen« im nüchternen Licht betrachte, habe ich mich tatsächlich nur ein einziges Mal in ein waschechtes, genetisches Prachtexemplar verliebt. Der Wikinger in Armani hätte bei allen Parametern die höchste Punktzahl erreicht. Sehr intelligent, fantastisch aussehend, wohlhabend und mit einem hohen sozialen Status ausgestattet. Aber über die Faszination und Verliebtheit war es nicht hinausgegangen.

Die Männer, die ich geliebt und mit denen ich mich zusammengehörig gefühlt habe, eigneten sich nicht zum Angeben. Keiner von ihnen war besonders gutaussehend, sie verdienten alle etwa dasselbe wie ich und hatten eine ähnliche soziale Position vorzuweisen. Auch unsere Herkunft war vergleichbar, aus der Mitte der Mittelschicht.

Außer ihrer Größe, ein paar Zentimeter größer als ich, ähnelten sich diese Männer physisch nicht. Sie hatten auch unterschiedliche Berufe. Gemeinsam aber war allen diese sonderbare Kompatibilität, um Eastwicks etwas schwerfälligen Begriff zu verwenden. Wir haben zusammengepasst. Wenn ich versuchen würde, diese Kompatibilität etwas genauer einzukreisen, würde ich sagen, dass wir gute Gespräche führen konnten. Und zwar solche, in denen alles von allen Seiten beleuchtet werden durfte. Asger Neumann hatte mir auf den Kopf zugesagt: »Du suchst in deinen Beziehungen dieselbe Qualität der Verbindung, wie du sie zu deinem Vater gehabt hast.« Das klingt zwar ausgesprochen freudianisch, aber wahrscheinlich ist etwas dran. Während einige es lieben, wenn der andere rätselhaft und unergründlich ist und in gewisser Hinsicht ein Fremder bleibt, fühle ich mich von tiefer Verbundenheit und gegenseitigem Verständnis angezogen. Ich meine damit nicht, dass ich nach ähnlichen Persönlichkeiten suche, sondern eher nach übereinstimmenden Weltanschauungen. Wahrscheinlich, wenn ich ehrlich bin, geht es vor allem darum, dass ich mich verstanden und gesehen fühle.

Zugegeben, das klingt sehr fluffig. Und so wird es auch immer klingen, wenn wir uns auf dieser persönlichen Ebene bewegen. Hier unten lässt es sich nämlich nicht vorhersagen, welcher der vielen Menschen, denen man begegnet, sich als kompatibel erweisen wird. Aber wenn man mit dem Blick der Statistiker auf die Sache sieht, stellt man fest, dass es doch ziemlich vorhersehbar ist. Bei der Partnerwahl geht es überraschenderweise um Übereinstimmung. Im Fachjargon spricht man von der assortativen Paarung, *assortative mating*, oder von Homogamie. Wir suchen einen Partner, der uns auf vielen Ebenen ähnelt, sowohl sozial als auch genetisch.

Betrachtet man die physischen, mentalen und genetischen Eigenschaften, zeigt sich die Tendenz, dass man *seinesgleichen sucht.* Im Durchschnitt haben Paare viele Übereinstimmungen in Körpergröße, Intelligenz und Attraktivität. Eine amerikanische Studie von 2014 hat ergeben, dass sich verheiratete Paare genetisch ähnlicher sind als zwei zufällig ausgewählte Personen. Australische Genetiker haben 24000 Ehepaare getestet und festgestellt, dass bei ihnen jene Gene, die nachweislich Körpergröße und die Dauer der Ausbildung beeinflussen können, größtenteils identisch waren.

Die gigantische Datenbank von Tinder belegt, dass die Amerikaner sich vor allem zu Vertretern ihrer eigenen ethnischen Gruppe hingezogen fühlen. Und schwedische Forscher haben 2016 entdeckt, dass sich Menschen mit psychischen Krankheiten häufiger mit Leidensgenossen zusammentun, als man das rein statistisch erwarten würde.

Der soziale Status hat eine große Bedeutung. Jens Bonke, Forscher am Rockwool Fonden, hat 2016 ein Buch mit dem etwas ernüchternden Titel *Die Familie – eine rationale Entscheidung* geschrieben und darin die dänischen Statistiken durchforstet. Das Ergebnis: Die Partner jeder zweiten Ehe haben dieselbe »soziale Stellung«. In jeder dritten Ehe stimmt das Bildungsniveau überein. Der Polizist heiratet die Krankenschwester, während der Anwalt und die Betriebswirtin zusammenfinden. Dieser Zusammenhang trifft vor allem für Frauen mit einem mittleren bis hohen Bildungsabschluss zu, das haben Forscher vom *Det Nationale Forsknings- og Analysecenter for Velfærd*, kurz VIVE, 2018 bei der Analyse einer Befragung von einer Million Däninnen herausgefunden.

Diese Tendenz gilt für die gesamte westliche Welt. Man könnte meinen, dass es an den naheliegenden Umständen liegt. Man trifft während der Ausbildung oder des Studiums einen Haufen potenzieller Partner. Aber den Forschern zufolge hat diese Tendenz mit den Partnerpräferenzen zu tun. Die Übereinstimmung des Bildungsniveaus gilt nämlich auch, wenn sich die Paare später im Leben begegnen, was sich in Experimenten mit Speeddating bestätigte.

Ja, und?, könnte man sagen. Und was hat das zu bedeuten? Es erklärt das steigende Interesse an diesem Muster und die Diskussion darüber in Anbetracht der Geschlechterverschiebung im Bildungswesen. Denn, wie es der junge schwedische Betriebswirt Oscar Anderson 2019 in einem

Artikel in der Onlinezeitschrift *Kvartal* fragte: »Wen soll eine Akademikerin denn heiraten?«

Die Sache ist die: Frauen haben bei den zeitlich aufwendigen akademischen Ausbildungen die Nase vorn und können ihre Führungsposition auch halten. Anderson merkt an, dass in Schweden drei Akademikerinnen auf zwei Männer kommen, und in Ländern wie Großbritannien, Italien und den USA sind es vier Frauen auf drei Männer.

In seinem Buch *Date-onomics: How Dating Became a Lopsided Numbers Game* beschreibt der amerikanische Wirtschaftsjournalist Jon Birger den harten Kampf an der Spitze der Pyramide. Dort haben gebildete Männer (Bildung gleich Status) die Qual der Wahl, eine potenzielle Partnerin zu finden, während Single-Frauen mit beeindruckenden Lebensläufen große Schwierigkeiten haben. Oscar Anderson stellt nüchtern fest, dass viele hochgebildete Frauen in Zukunft keine Partner finden werden, weil es nicht genügend Männer gibt, die ihnen das Wasser reichen können.

»Ich hatte damit gerechnet, wegen meines Artikels von wütenden Frauen angegriffen zu werden«, sagt Anderson bei unserem Telefonat mit leiser Stimme. »Aber das ist nicht passiert. Im Gegenteil. Ich habe seitdem von vielen Frauen bestätigt bekommen, dass sie sich tatsächlich in diesem Dilemma befinden.«

In Dänemark konnte man das besonders schön an dem Shitstorm sehen, den die Bloggerin Katherine Diez traf, als sie ihre Kolumne in der Tageszeitung *Berlingske* unter der Überschrift veröffentlichte: »Ich esse erst Bœuf Bourguignon mit dir, wenn ich dein Bücherregal gesehen habe!« Die junge und attraktive Geisteswissenschaftlerin Diez hatte darin ihre persönlichen Ansprüche an einen Partner formuliert: »Unverhandelbar ist die Minimalanforderung, dass er hochgebildet ist und von der sprechenden Sorte. Ich will, dass wir uns in einer Geheimsprache verständigen können, die nur wir und ein paar andere Privilegierte verstehen.«

Tagelang ging es in den Zeitungen und sozialen Medien um nichts anderes. Was bildete sich diese Tante eigentlich ein? War sie sich zu fein für die vielen wunderbaren Handwerker, Grundschullehrer und IT-Leute, die als Singles durchs Leben gingen? Wir müssen doch nur unsere Präferenzen ändern, stimmts? Und erkennen, dass wir es hier mit akademischem Snobismus zu tun haben, einem kulturellen Erbe aus dem Patriarchat, das für Frauen nur sozialen Aufstieg durch Heirat vorsieht, weil der Mann für die Ressourcen und den Status verantwortlich ist. Jetzt können wir es selbst!

Ja, aber wollen wir das auch? Ich glaube, dass es etwas komplexer ist. Die sozialwissenschaftliche Literatur, mit Blick auf die Geschichte und Soziologie, weist darauf hin, dass Frauen zu allen Zeiten und in allen Kulturen ihren Status und ihren Zugriff auf Ressourcen durch Heirat verbessert haben. Auch heute noch kann man sehen, dass Ehen, in denen die Frauen mehr verdienen als ihre Männer, eine wesentlich höhere Scheidungsrate aufweisen.

Diez fand kurz danach doch einen passenden Partner. Ein Mann, der in dem Fernsehformat *Wer wohnt denn hier?* wegen des Inhaltes seiner Bücherregale lustigerweise als »nicht so superintellektuell« eingeschätzt wurde. Aber dafür war er Minister, also ein Mann mit Macht.

»Ich weiß genau, dass es die echte Liebe gibt, ich kann es nur nicht beweisen«, bekennt sich David Buss in einem Interview mit der Onlinezeitschrift *Edge*. Ich verschlucke mich fast an meinem Kaffee, als ich das lese. Da ist von waschechter Romantik die Rede, und das aus dem Mund eines der knallhärtesten Evolutionsbiologen unserer Zeit. Der Satz trifft mitten ins Herz meines Projektes. Wie sieht das Verhältnis aus von unserem ganz persönlichen Leben, unseren Gefühlen und Vorstellungen von der Liebe auf der einen Seite und dem, was Asger Neumann »unsere Grundkonstitution« nennt, auf der anderen Seite. Das Ergebnis der blinden Prozesse der Evolution.

Diese Prozesse erforscht David Buss sein Leben lang. Er spricht trocken von »Paarungsstrategien«, hat die außergewöhnlichsten Formen der Untreue und des sexuellen Betrugs dokumentiert und damit aufgezeigt, wie unglaublich kreativ wir sind, wenn wir andere manipulieren wollen. Und er hat ausführlich über Stalker und Partnermorde geschrieben. Aber trotzdem hat sich dieser Mann in seiner geheimen Kammer etwas bewahrt. Seinen, wie er selbst sagt, unerschütterlichen Glauben an *True Love*.

»Liebe ist gewöhnlich, echte Liebe aber ist eine Seltenheit, und ich glaube, dass es nur wenigen Menschen vergönnt ist, sie zu erfahren. Die Wege der gewöhnlichen Liebe sind befahren und ausgeschildert, wir kennen sie – die hypnotisierende Anziehung, die Besessenheit, die sexuelle Glut, Selbstaufopferung und der Drang, die DNA zu verschmelzen. Doch die echte Liebe nimmt Kurs durch unbekanntes Gebiet. Sie kennt keine Schranken, keine Hindernisse und Grenzen. Man kann sie nicht definieren, sie weicht modernen Messmethoden aus und ist wissenschaftlich nicht ganz geheuer. Aber ich weiß, dass es die echte Liebe gibt.«

Buss sagt das nicht leichtfertig, aber was er da in blumigen Worten beschreibt, klingt wie der Wunsch vom Seelenverwandten, der perfekt zu mir passt und nur auf mich gewartet hat, so wie ich auf ihn gewartet habe.

Ob diesen Gedanken schon unsere urzeitlichen Vorfahren gehabt haben, wissen wir nicht. Aber 2500 Jahre können wir immerhin zurückgehen. Zu Platons *Symposion.* Platon lässt den Theaterautor Aristophanes den Mythos der Kugelmenschen erzählen, der erklärt, dass der moderne Mensch sein Geschlecht einer göttlichen Gewalttat zu verdanken hat. Ursprünglich waren die Menschen nämlich kugelrunde zweigeschlechtliche Wesen, die zufrieden durch die Welt rollten. Aber weil sie die Götter provozierten, beschloss Zeus, sie zu bestrafen. Er schlug sie in zwei Teile, und seit dieser Zeit irren wir mit der tiefen Sehnsucht umher, unsere andere Hälfte zu finden. Nur die Wiedervereinigung mit unserer passenden anderen Hälfte kann uns ganz und glücklich machen – in echter Liebe vereint. Aristophanes formuliert es so:

»Seit so langer Zeit also ist das Liebesverlangen zueinander den Menschen eingepflanzt, führt die menschliche Natur zusammen und versucht, eins aus zweien zu machen und die menschliche Natur zu heilen. Jeder von uns ist also das Bruchstück eines Menschen, da er aus einem Teil in zwei zerschnitten ist wie die Schollen. So also sucht immer ein jeder das zu ihm gehörende Bruchstück.«

Die alten Griechen und ihre Mythen mögen heute etwas veraltet klingen. Aber auch unsere näheren Vorfahren, die Romantiker des 19. Jahrhunderts, machten die Seelenverwandtschaft, die *wahre* Liebe, zum Grundstein ihrer Vorstellungswelt. Einer der Dichter dieser Zeit, der früh den Begriff der *Seelenverwandten* verwendete, ist Samuel Taylor Coleridge. In einem Brief aus dem Jahr 1822 schreibt er: »Um wirkliches Glück in seiner Ehe zu finden, muss man eine Seelenverwandte haben.«

Diese Vorstellung ist wie ein Archetypus in unserer westlichen Kultur verankert. Es gibt unzählige Filme und

Romane, in denen zwei Personen, die eindeutig füreinander bestimmt sind, schreckliche Dinge erleben und den Falschen heiraten müssen, bevor sie sich am Ende doch noch bekommen. Danach, davon dürfen wir ausgehen, leben sie glücklich bis an ihr Ende. Das sind die Märchen unserer Kindheit, und für viele spuken sie nach wie vor in unseren Köpfen herum. Eine Umfrage, die das Meinungsforschungsinstitut Marist Poll 2010 in den USA gemacht hat, zeigte, dass zwei von drei Amerikanern an das Konzept der Seelenverwandtschaft – in der Definition »zwei Menschen, die füreinander bestimmt sind« – glauben.

Was ich davon halte? Ich bin ambivalent. Der Gedanke, einfach einem Menschen zu begegnen, der sich auf den ersten Blick oder zumindest sehr schnell als der Richtige erweist, ist sehr verführerisch. Vor allem für so eine Person, wie ich sie bin, die ständig über alles nachdenkt, etwas von allen Seiten beleuchten muss, bevor sie eine Entscheidung treffen kann. Für den gründlichen Grübler ist das eine vielversprechende Fantasie, alle Bedenken fortwischen zu können und sich dem anderen ohne Vorbehalte zu versprechen. Aber da ist etwas, woran ich einfach nicht glauben kann.

Natürlich gibt es Menschen, die besser zu einem passen als andere. Aus den unterschiedlichsten Gründen. Weltanschauung und Werte, wie man mit ihnen reden kann, wie es ist, mit ihnen zusammen zu sein. Menschen sind mehr oder weniger anziehend. Aber ich bin davon überzeugt, dass in der immensen Menge von Männern im besten Alter weltweit ganz bestimmt viele dabei sind, mit denen ich eine hervorragende Beziehung haben könnte. Wenn ich andere höre, hauptsächlich Frauen, die über ihre Scheidung als zentrales Trauma in ihrem Leben sprechen oder schreiben, stehe ich immer etwas verständnislos daneben. Für sie ist ihre Vorstellung, ihre Vision von einem Leben mit IHM in tausend Stücke zersprungen. Mich irritiert das, denn es gibt handfeste Gründe, warum es schiefgegangen ist. Jetzt geh los und suche dir einen Neuen, der »richtig« ist, denke ich dann immer. Außerdem habe ich nie den Sinn darin gesehen, sich sein ganzes Leben an einen einzigen Menschen zu binden.

Wenn ich Ehepaare beobachte, die ihre Rollatoren nebeneinander herschieben oder ihre goldene Hochzeit feiern, falle ich nicht sofort in Ohnmacht vor Begeisterung. Wenn ich ehrlich bin, denke ich manchmal, dass diese lange Haltbarkeit auch ein Zeichen von mangelnder Fantasie und Mut ist. Sie haben sich nicht rechtzeitig aus dem Staub gemacht. Ich persönlich hatte nie das Gefühl, dass der Mann an meiner Seite, wie gerne ich auch mit ihm zusammen war, der Einzige ist, mit dem ich bedenkenlos den Rest meines Lebens verbringen will.

Warum das so ist, weiß ich nicht. Aber diese Einstellung hat sehr wahrscheinlich auch damit zu tun, wie ich mit der Liebe umgehe. Das wird mir klar, als ich auf die Sozialpsychologin Renae Franiuk von der Aurora University in Illinois stoße. Sie hat sich mit der Frage beschäftigt, welchen Einfluss unsere Vorstellungen und Fantasien auf unser romantisches Leben haben.

Und ihr Interesse daran entstand bereits im Studium. Franiuks Doktormutter war die Psychologin Carol Dweck, die schon damals nachgewiesen hatte, dass unser Selbstbild nicht nur unsere Gefühle, Gedanken und unser Verhalten lenken kann. Sie hat unter anderem entdeckt, dass unsere Grundeinstellung dazu, wie starr und unveränderlich persönliche Eigenschaften sind, einen starken Einfluss darauf hat, wie wir uns in unterschiedlichen Kontexten verhalten.

Es gibt daher einen charakteristischen Unterschied zwischen Menschen, die der Ansicht sind, dass das Ich eine feste Größe ist, und denen, die der Ansicht sind, dass das Ich flexibel ist und verändert werden kann. Man kann beobachten, dass diese beiden Gruppen ganz verschieden auf persönliche Herausforderungen und auf die Inkompetenz anderer Menschen reagieren.

Wie Carol Dweck in ihrem Buch *Selbstbild: Wie unser Denken Erfolge oder Niederlagen bewirkt* beschreibt, ist man toleranter, wenn man fest daran glaubt, dass der Mensch mit einer vorgegebenen Intelligenz und Persönlichkeit auf die Welt kommt und man daran nichts ändern kann. Dweck stellt ferner fest, dass Studenten, die von einer determinierten Intelligenz ausgehen, weniger motiviert sind, sich größeren Herausforderungen zu stellen, als Studenten, die davon überzeugt sind, dass sich mentale Fertigkeiten ausbauen lassen. Die erste Gruppe hat ein höheres Risiko, sich in dieser Hilflosigkeit einzurichten und bei Problemen schneller aufzugeben. Diese Tendenz ist vollkommen unabhängig von der tatsächlichen Intelligenz der Versuchsperson, ihren Persönlichkeitszügen und anderen Faktoren.

Renae Franiuk entwickelte daraufhin die Idee, dass unsere Einstellung zur Liebe auf analoge Weise auch unser Verhalten in Paarbeziehungen beeinflusst, ohne dass wir uns dessen bewusst sind. 2000 trug sie ein paar ältere Studien zusammen, die das bestätigten. Wir Menschen unterscheiden uns in zwei Gruppen, wenn es um die Haltung zur Liebe geht. Für die einen ist Liebe Schicksal, das uns treffen kann und uns hilflos zurücklässt, die anderen glauben, dass Liebe wachsen kann und durch die Umstände geformt wird.

Franiuk nannte diese beiden Denkmuster die *soulmate*-Theorie und die *work-it-out*-Theorie. 2002 entwarf sie zwei Antwortskalen mit je 10 Fragen, um diese Theorien zu testen. Die Skalen sollen ermitteln, wie sehr man daran glaubt, dass Qualität und Zufriedenheit in der Partnerschaft davon abhängen, ob man den Richtigen gefunden hat, oder ob man das Richtige mit dem Partner macht, den man gefunden hat.

»Ob eine romantische Beziehung Erfolg hat, hängt davon ab, ob man ›richtig‹ füreinander ist«, lautet beispielsweise die erste Frage auf der *Soulmate*-Skala. Und es geht in der Richtung weiter. »Es gibt Verbindungen zwischen Menschen, die schon da sind, bevor sie sich begegnen.« – »Wer nach dem perfekten ›Match‹ sucht, verplempert seine Zeit.« – »Grund für das Scheitern der meisten Ehen ist, dass sie einfach nicht die Richtigen füreinander sind.« Jede dieser Aussagen wird bewertet, mit 1 bis 7 Punkten, je nachdem, ob man damit übereinstimmt oder nicht. Nach 10 Fragen wird das Ergebnis errechnet, das einem die endgültige Antwort gibt.

Natürlich sagen die Ergebnisse nicht aus, dass alle Menschen entweder das eine oder das andere sind, sondern nur, dass wir uns irgendwo auf den beiden Skalen befinden. Die einen sind etwas unterkühlt oder eher so in der Mitte, während die anderen eine sehr deutliche Überzeugung haben und somit an dem einen oder anderen Ende der Skalen stehen.

Renae Franiuk bat 550 Studenten, an ihrer ersten Studie teilzunehmen. Sie legte ihnen ihre Fragebögen vor, testete sie und befragte sie zusätzlich zu ihren Beziehungen. Diesen Vorgang wiederholte sie acht Monate später. Die Analyse der Testauswertungen kann man in der Zeitschrift *Personal Relationships* nachlesen. Das Fazit liest sich so: »Die Zufriedenheit in einer Partnerschaft ist ein Produkt aus einer grundsätzlichen Theorie über Beziehungen und den persönlichen Gefühlen für den Partner.«

Unsere Wahrnehmung des geliebten Gegenübers wird

demnach nicht vom Partner oder der Partnerin und seinen oder ihren Vorzügen erzeugt. Wir alle tragen Überzeugungen und Vorstellungen von der Liebe in uns, und die fungieren als mentale Schemata. Das Konzept der Seelenverwandtschaft schleicht sich unbemerkt ein und löst Erwartungen und Wünsche aus, die unsere Wirklichkeit färben. Glaubt man fest an dieses Konzept, überlagert es die eigenen Einstellungen zum Partner.

Hält man an der Idee der Seelenverwandtschaft fest, kann man erst Zufriedenheit in der Beziehung empfinden, wenn man das Gefühl hat, die oder den Seelenverwandten gefunden zu haben. Die Anhänger dieser Theorie wechseln häufiger den Partner als jene, die nicht so hoch auf der *Soulmate*-Skala abgeschnitten haben. Außerdem haben sie weniger Toleranz bei konkreten Problemen, wenn der Partner nicht als seelenverwandt angesehen wird. Der Glaube an die Seelenverwandtschaft beeinflusst auch die Wahrnehmung des Partners nachhaltig. Ist man davon überzeugt, kann es zur Überhöhung von Fehlern und Mängeln des Partners führen, falls man nicht glaubt, dass er der Richtige ist. Ist man aber davon überzeugt, sein *soulmate* gefunden zu haben, ist man eher geneigt, die Person zu idealisieren. Menschen, die dem Konzept skeptisch gegenüberstehen, bewerten ihre Partner wesentlich realistischer. Für sie ist der Abstand zwischen dem tatsächlichen und dem idealen Partner – groß und dunkel, talentiert und witzig – weniger bedeutsam für die Zufriedenheit in ihrer Beziehung.

Aber der Realismus hat eine Kehrseite, betont Renae Franiuk. Menschen, die an die Seelenverwandtschaft glauben, sind wesentlich zufriedener und glücklicher in ihren Beziehungen, wohlbemerkt, *wenn* sie der Ansicht sind, mit ihrem *soulmate* zusammen zu sein. Eigentümlicherweise rüttelt auch eine Trennung von dem vermeintlich idealen Partner nicht an der Überzeugung. Als Franiuk die Studenten erneut testete, die so eine Trennung erlebt hatten, schnitten sie auf der *Soulmate*-Skala ähnlich hoch ab wie acht Monate zuvor.

Vor meinem Skypeinterview mit Renae Franiuk mache ich den Test im Internet. Mein Ergebnis ist 2,6 auf der *Soulmate*-Skala, was Franiuk kommentiert mit: »Das ist ein sehr, sehr niedriger Wert!«

Sie runzelt ihre Stirn, sieht mich über den Rand ihrer schmalen Brille an und berichtet, dass der Durchschnittswert bei ihren Studenten bei 4,5 lag. Sie selbst lag knapp unter 4 und war damals auch überrascht davon, wie romantisch ihre Antworten waren.

»Ich war da seit 13 Jahren mit meinem Mann zusammen und habe nie an das Konzept der Seelenverwandtschaft geglaubt«, fährt sie fort. »Und ich frage mich bis heute, woher es kommt und warum es sich bei einigen festsetzt und bei anderen vollkommen abprallt.«

Franiuk konnte keinen Zusammenhang mit bestimmten Persönlichkeitszügen oder dem sozioökonomischen Hintergrund ausmachen. Es scheint auch nichts damit zu tun zu haben, ob man sein Leben im Griff hat und meint, es selbst gestalten zu können. Und es gibt auch keinen Geschlechterunterschied – Männer und Frauen sind gleichermaßen romantisch.

Allerdings zeichnen sich kulturelle Unterschiede ab. Franiuk konnte feststellen, dass wesentlich mehr ihrer weißen Studenten an das Konzept der Seelenverwandtschaft glaubten als die asiatischen. Das wiederum regte eine Gruppe von Ethnologen dazu an, eine Umfrage unter jungen Menschen in Südkorea zu machen. Dabei kam heraus, dass der *soulmate* in Südkorea wesentlich schwierigere Bedingungen vorfindet als in den USA.

»Als frischgebackene Psychologin ging ich davon aus, dass die Populärkultur mit ihrer zuckersüßen Glasur diese Vorstellung des *soulmates* quasi erfunden hat. Aber das ist wahrscheinlich naiv. Nur hatte bisher noch niemand eine bessere Erklärung dafür«, sagt Franiuk und fügt hinzu, dass man nicht einmal weiß, wann in der individuellen Entwicklung diese Überzeugung ausgebildet wird. Was man allerdings weiß, ist, dass sie sehr hartnäckig und schwer zu ändern ist.

Letzteres kann ich bestätigen. Ich kann so viele romantische Romane und Filme konsumieren, wie ich will, sie ändern nichts an meiner Einstellung dazu. Es ist vielmehr so, dass ich aufgrund meiner Haltung romantische Filme oder Bücher, die vor Liebe triefen, nicht besonders gerne mag.

Mentale Schemata haben einen direkten Einfluss auf unsere Gefühle. Das klingt vielleicht nicht nach viel, aber es ist eine interessante und wichtige Erkenntnis, weil es dem widerspricht, welchen Stellenwert wir dem Emotionalen in der Regel geben. Es ist eine gängige und weitverbreitete Überzeugung, dass die Gefühle in uns als Potenzial angelegt sind und nur zum Leben erweckt werden müssen. Und zwar von der Umwelt oder den Menschen, denen wir begegnen. Liebe zum Beispiel wird von jemandem ausgelöst, richtig? Seine oder ihre wundervollen Eigenschaften erzeugen Gefühle in einem. »Er« hat mir gezeigt, wie Ekstase funktioniert, weil »er« so unfassbar toll ist und alles macht, was mir wichtig ist. »Sie« ist unvergleichlich toll, weil sie mich besser als jede andere versteht.

Wir leben in einer Zeit, in der Gefühle große Bedeutsamkeit haben. Wie oft wird gesagt, dass man nachspüren soll oder seinem Bauchgefühl trauen kann, weil wir Gefühle für weise halten. Es heißt, Gefühle verfügten über eine Intelligenz, die unsere Vernunft übersteigt, und je stärker sie sind, desto klüger sind sie auch. Das ist eine geradezu verrückte Vorstellung.

Gefühle sind automatische Reaktionen und Bewertungen, die aus unserer evolutionären Vergangenheit stammen und in anderen Kontexten entstanden sind als die, in denen sie heute auftauchen. Aber damit nicht genug. Wir müssen uns eingestehen, dass unsere Gefühle, genau genommen das, was wir *überhaupt* fühlen können, unter dem Einfluss der mentalen Schemata steht. Diese wurden ohne unser Wissen installiert und aktivieren sich ohne unser Zutun, und ohne dass wir etwas dagegen unternehmen können.

Beim Gedanken an meinen unauslöschlichen Zweifel schäme ich mich etwas. Er war in jeder meiner Beziehungen präsent und führte sein eigenes Dasein, verdrängt und verborgen oder im Scheinwerferlicht. Aber ganz verschwunden war er nie.

»Du hast einfach noch nicht den Richtigen gefunden«, würde der Romantiker einwenden, überzeugt von der Existenz dieses einen Seelenverwandten. Aber ich befürchte, der Fehler liegt ganz woanders. Ich bin einfach nicht in der Lage, diese Gewissheit zu empfinden. Und ist es nicht genau das, was man »wahre Liebe« nennt?

»Liebe ist kein Gefühl.«

Asger Neumann hat sich in seinem Stuhl zurückgelehnt und mustert meine Reaktion auf diese sehr schwergewichtige Aussage.

»Wenn man die Leute fragt, wie sich Liebe *anfühlt*, kann einem keiner darauf antworten, stimmts?«, fährt er fort.

Das ist richtig. Beziehungsweise man bekommt alle möglichen Sorten von Antworten, wenn es nicht gerade die klassische ist: Du erkennst die Liebe, wenn sie vor dir steht.

»Eine Sache ist an deiner Herangehensweise problematisch. Du hinterfragst einen Zustand und erwartest ein bestimmtes Gefühl, das sich einstellen und bleiben soll. Aber die Liebe ist kein Gefühl …« Er schnipst mit den Fingern in der Luft. »Es ist die Qualität einer Verbindung, das Band zu einem anderen Menschen. Dieses Band kann alle möglichen Gefühle auslösen, alles von Ekstase bis Raserei, manchmal sogar Hass. Aber es gibt ein Band, das allem übergeordnet ist, das anzeigt, wie sehr du dich verpflichtet fühlst und was du bereit bist, für einen anderen Menschen zu tun.«

Natürlich kenne ich dieses Band. Nur zu gut. Es kann einen einschnüren und einem die Luft nehmen, wenn der andere krank wird und man verzweifelt die Türen des staatlichen Gesundheitssystems einrennt, um zu helfen und Schmerzen zu lindern.

»Aber …«, beginne ich meine Verteidigung. »Ich habe eben nicht gedacht, dass diese Beziehung jetzt die ultimative ist. Und ich für den Rest meines Lebens bleiben will. Was ist falsch an mir, dass ich mich nicht einfach zurücklehnen und fühlen kann, dass das hier das Richtige ist und ich jeden Zweifel und alle Sehnsucht über Bord werfen kann?«

Neumann holt tief Luft, als würde er nicht wissen, was er sagen will. Dann tut er es trotzdem.

»Ich glaube, dass es an deinem wissenschaftlichen Ansatz liegt, mit dem du dich allen Dingen annäherst. Wenn man damit beschäftigt ist, Dinge verstehen zu wollen, gibt es da jemals den Zeitpunkt, an dem man sagen kann, man hat alles verstanden?«

Wahrscheinlich nicht. Es gibt immer noch eine Ecke,

um die man biegen könnte, es gibt immer noch Details, die man begreifen will.

»Ich kann dein Streben nach immer mehr sehr gut verstehen. Das ist eine große, wichtige und antreibende Kraft in deinem Leben gewesen. Aber deshalb fällt dir vielleicht Stillstand auch so schwer. Psychologisch gesehen hast du ein starkes Motiv für diese Bewegung, mental, emotional, sogar physisch.«

Grübeln als Grundbedürfnis. Doch, das passt zu mir. Alles, was mich interessiert hat, in das ich mich vertieft habe, hatte immer das Innere, die geheime Kammer des Menschen zum Ziel. Mein Ansatz war und ist, dass wir uns selbst besser verstehen lernen, je mehr wir über die neurologischen Mechanismen, über die Chemie wissen.

»Das regt zum Nachdenken an«, sagt Neumann. »Du beschreibst eigentlich zwei fast paradigmatische Unterschiede. Zum einen ist deine professionelle Sicht auf die Dinge, mit der du dich einer Fragestellung näherst, Ursachen suchst – verstehen willst. Was aber deine Existenz betrifft, da folgst du dem phänomenologischen Ansatz. Du suchst nach einem Zustand, einer Sicherheit in dir, vor allem in der Liebe.« Er schnipst wieder mit den Fingern. »So, jetzt ist sie da, ich bin zu Hause!«

Ich muss an eine Stelle in Selma Lagerlöfs Roman *Gösta Berling* denken, die mich als Kind tief beeindruckt hat. Dort steht »der kalte Blick der ›Eisaugen‹ auf das eigene Ich«. Als Zwölfjährige erkannte ich dieses fröstelnde Schaudern wieder, gleichzeitig ich selbst zu sein und mich zu beobachten.

»Aber da ist auch noch etwas anderes«, sage ich, und die Worte purzeln mir nur so aus dem Mund. Über die Liebe spreche ich, die ich spüre, wenn ich allein bin und mich nach einem Partner sehne. Von dem Gefühl, eine gigantische Menge an Liebe in mir zu haben, als würde ich platzen. Ich muss sie jemandem geben, sonst ersticke ich daran. Und über die Liebe zu meinem Freund, die mich überkam, als ich weit weg von ihm war und Sehnsucht nach ihm hatte. Als hätte erst der Abstand die Liebe klar werden lassen.

»Gleichzeitig aber fällt es mir unglaublich schwer, einem Mann in die Augen zu sehen und ›Ich liebe dich‹ zu sagen. Wirklich. Ich bekomme es praktisch nicht über die Lippen. Das ist doch komisch.«

Es fühlt sich sogar hier im Büro des Psychologen komisch an, diese drei Worte zu sagen. Asger Neumann muss es mir angesehen haben, denn sein Blick ist fast besorgt.

»So wie du das beschreibst, bin ich mir nicht im Klaren darüber, ob du dir deiner Gefühle nicht sicher bist oder ob dich etwas daran hindert, die Worte auszusprechen.«

Er versucht es anders.

»Wird dir schlecht dabei? Findest du es sentimental und der beobachtende Teil in dir hält das nicht aus und sagt, es ist lächerlich?«

»Vielleicht liegt es daran, dass es so beobachtet und durchdacht, nicht unmittelbar ist. Ist es wirklich echt?«

»Echtheit ist wichtig für dich?«

»Ich würde sogar sagen, sie ist wesentlich.«

»Das Motiv muss rein sein?«

»Auch das. Wenn ich mit einer Sache große Probleme habe, dann ist das Heuchelei. Ich bin nicht in der Lage, mich zu verstellen oder etwas vorzugeben, um etwas Bestimmtes zu erreichen, mir Vorteile zu verschaffen. Allein der Gedanke an Falschheit …«

»Du willst nicht instrumentalisiert werden.«

»Ganz genau.«

»Das muss schwer sein, weil man sich ja immer fragen kann, ob nicht egoistische Motive vorliegen, wenn man sich ein kleines bisschen taktisch verhält. Da wird die Selbstansicht – der kalte Blick der Eisaugen – zum Fluch.«

Wir bewegen uns in einen Metabereich, als würden wir uns die scholastische Frage stellen, wie viele Engel auf die Spitze einer Nadel passen. Als würde Asger Neumann meinen Gedanken lesen können, holt er einen Theologen an Bord.

»*Eros und Agape*. Diesen christlichen Diskurs über die Liebe hat der schwedische Theologe Anders Nygren in den 50er-Jahren begonnen. Er beschrieb die diametral entgegengesetzten Begriffe des Eros als die erotische Liebe und der Agape als die bedingungslose christliche Liebe.«

Aha.

»Psychologisch betrachtet ist Agape der Aspekt meiner Liebe, die sich um dich, um deine Bedürfnisse, dein Wohlbefinden, dein Schicksal kümmert. Ich will alles tun, um eine sichere Hand über dich zu halten. Der Eros hingegen will dich haben, dich begehren, mit dir zusammen sein und dich spüren. Da geht es um meine Bedürfnisse.

In einem Liebesverhältnis, das funktioniert, herrscht ein Gleichgewicht zwischen diesen beiden Aspekten. Es geht nicht nur um Agape und alles andere für den anderen. Das berührt natürlich die Frage, inwiefern man instrumentalisiert wird, … oder ob man unecht wird.«

Mein Ideal von Verfall und Selbstaufgabe schrumpft in sich zusammen.

»Kennst du *Die unerträgliche Leichtigkeit des Seins*?«, fragt er mich.

Natürlich, der Roman von Milan Kundera, in dem es um den promisken Tomas geht und die ihm ergebene, eifersüchtige Tereza.

»In dem Buch gibt es eine Szene, die mir sehr gefällt. Darin macht sich Tereza Gedanken über die Liebe zu ihrem

Hund im Vergleich zur Liebe zu ihrem Mann. Sie kommt zu dem Schluss, dass die Liebe zum Hund schöner ist als die zu ihrem Mann. Wenn Tomas abends ausgeht, trifft er sich mit anderen Frauen. Das macht sie rasend und ängstlich, sie verflucht ihn, weil sie ihm dieses Vergnügen nicht gönnt. Die Liebe zu ihrem Hund ist wahrhaftig, weil sie sich freut, wenn der Hund sich freut, und andersherum.«

»Ich liebe Tiere«, platzt es aus mir heraus. »Vor allem Katzen.« Der Kommentar klingt in diesem Kontext idiotisch, und Asger Neumann nickt auch nur verhalten. Während er weiterspricht, verharren meine Gedanken eine Weile bei den Tieren. Ich muss an die Hunde und Pferde denken, die mein emotionaler Halt waren, in einer Zeit, in der meine fröhliche Kindheit in Bullerbü von großer Traurigkeit auf dem Land abgelöst wurde. Mit Eltern, die sich voneinander entfernten. In meinen späteren Beziehungen waren es ausschließlich Katzen. Besonders eine habe ich sehr geliebt, einen schwarz-weißen Kater mit einem abgebrochenen Eckzahn und einer hochneurotischen Persönlichkeit. Manchmal denke ich an ihn und vermisse ihn schrecklich. Mir ist das peinlich. Die Erkenntnis, dass sprachlose Tiere ein Ventil für meine überbordende Liebe sind, einer Liebe, nach der ich mich selbst sehne und die ich niemals in einer Beziehung umsetzen konnte.

»Ich finde«, höre ich Asger Neumann sagen, »dass Kundera sehr schön illustriert, dass man die totale und bedingungslose Liebe, von der so viele träumen, zu einem Hund haben kann, aber nicht zu einem Menschen.«

»Vielleicht findet die bedingungslose Liebe nur in der Erinnerung statt?«

Der Satz taucht plötzlich auf dem Weg zurück nach Kopenhagen auf. Er stammt aus einem Essay des Schriftstellers und großen Radiomannes Frederik Dessau. Damit hat er es unter Umständen auf den Punkt gebracht. Denn wir alle rennen durch die Welt mit Träumen und Wünschen, deren Herkunft und Ursprung wir nicht benennen können und die unerfüllbar sind. Nicht die Umstände machen es unmöglich, wir selbst sind es.

Im Halbdunkel der Straße flimmern Bilder meines Lebens durch den Kopf, während ich über die Sache mit dem Verfallen und der Selbstaufgabe nachdenken muss. Denn ich habe wirklich eine große Sehnsucht danach, mit einem anderen Menschen zu verschmelzen. Wenn es mir gut geht, bleibt diese Sehnsucht im Hintergrund, um dann aber umso härter zuzuschlagen, wenn sich der Raum auftut. Ich hatte sie immer als meine unzertrennliche Begleiterin angesehen, aber jetzt wird mir mit einem Mal bewusst, wie schlecht das zu allem passt, was ich in meinem Alltag mache und was für ein Mensch ich eigentlich bin.

Ich bin allein und bin es immer gewesen. Damit meine ich nicht Einsamkeit im banalen Sinn, sondern ein essenzielles Alleinsein. Es geht um die Erkenntnis, dass wir alle einsam sind. Wir können andere Menschen berühren, einigen sogar sehr nah kommen, aber wir werden niemals unser Gefängnis von Subjektivität und Individualität verlassen können. Rein intellektuell wissen wir das alle, der große Unterschied ist, wie stark die Wahrnehmung dessen ist, wie tief es in unser Bewusstsein gedrungen ist.

»Lern etwas Ordentliches, damit du dich selbst finanzieren kannst und niemals von jemandem abhängig sein musst«, hatte mir meine Mutter eingebläut. Damit war ich einverstanden, schließlich war es die natürliche Ergänzung dessen, was mir mein Vater gepredigt hatte. Selbstverständlich sollte man bloß nie von jemandem abhängig sein, auch nicht finanziell.

Ich glaube nicht, dass dieser Einfluss allein dafür verantwortlich ist, wie ich durchs Leben gegangen bin. Ich glaube vielmehr, dass es in meiner Psyche auf fruchtbaren Boden gefallen ist. Auf jeden Fall bin ich nie von jemandem abhängig gewesen. Ich habe zu keinem Zeitpunkt ein gemeinsames Konto mit meinen Partnern gehabt, obwohl ich mit zwei davon immerhin 12 und 13 Jahre zusammengelebt habe.

In der ersten langjährigen Beziehung war es für unsere Freunde ein *running gag*, dass unsere Bücher und CDs getrennt voneinander auf dem Regal standen und auch nicht gemischt werden durften. Sie fanden es auch wahnsinnig lustig, dass wir ein Kassenbuch führten und am Ende des Monats ausrechneten, wer wie viel für den gemeinsamen Haushalt ausgegeben hatte.

Ich konnte nie mitlachen. Wir verdienten beide genug Geld, was war so ungewöhnlich daran, die Ausgaben zu teilen? Mein Freund verdiente zwar mehr als ich, trotzdem fand ich die Vorstellung komisch, ein gemeinsames Konto zu haben.

Wie kam es eigentlich dazu? Ich hatte mir darüber nie Gedanken gemacht. Es war intuitiv, eine Art Weigerung, als Individuum aufgelöst zu werden. Wenn ich jetzt über die klare Aufteilung von Besitz nachdenke, war es wohl das beruhigende und verlockende Gefühl, jederzeit gehen zu können. Nicht, weil ich dazu Lust hatte oder auf dem Sprung war, aber allein die Option verlieh mir das Gefühl von Freiheit trotz großer Zusammengehörigkeit.

Warum dann überhaupt zusammenwohnen? Damals hatte sich das im Studium so ergeben. Keiner von uns hat weitergedacht, wir waren Anfang zwanzig, und für beide war es die erste, ernste Beziehung. Zusammenziehen gehörte irgendwie dazu. Zuerst ins Studentenwohnheim, dann in die erste Wohnung, später in eine andere. Unser Fokus war in die Zukunft gerichtet, wir waren beide auf der Suche nach unserem Platz in der Welt der Erwachsenen, in der man arbeitet und sich über Karriere und Zukunft Gedanken machte. Es funktionierte gut mit uns beiden, sehr gut, und keiner von uns hat über andere Optionen nachgedacht.

Die kamen von ganz allein ins Bild. Er bekam ein Angebot, das er nicht ausschlagen konnte. Ein Forschungsaufenthalt in New York. Meine Arbeit machte es unmöglich, die Zelte abzubrechen. Die Lösung war, dass ich ihn alle drei Monate für ein paar Wochen in den USA besuchte, ansonsten allein in unserer Wohnung in Kopenhagen lebte.

Während der Planung hatte sich das furchtbar angefühlt. Eine ungewollte und unglückliche Trennung. Aber dann erwies sie sich doch als eine kleine Offenbarung. Der faktische Abstand zwischen uns wurde zwar größer, aber nicht der innere. Wenn wir zusammen waren, erlebten wir das als intensiv und belebend, ganz ohne die alltäglichen Streitereien, die zwar unbedeutend sind, aber trotzdem Raum fordern, wenn man jeden Tag miteinander verbringt. Mich störte es nicht, ob er sein Badezimmer aufräumte oder nicht – es war ja seins und nicht meins. Und wenn wir getrennt voneinander waren, konnten wir unserem eigenen Rhythmus folgen, ohne dem anderen in die Quere zu kommen.

Die Freiheit, für mich sein zu können und trotzdem mit einem anderen Menschen verbunden zu sein, hatte etwas Berauschendes. Wenn ich heute auf die achtmonatige Fernbeziehung zurückblicke, war jene Zeit der Höhepunkt unserer Beziehung. Zumindest hat es nie wieder so gut funktioniert.

Die Krise klopfte an, als seine Rückkehr anstand. Es

fühlte sich an, als würde ich meine Freiheit verlieren. Ich wusste, dass ich auf keinen Fall in die alten Muster zurückfallen wollte. Keine Zweisamkeit den ganzen Tag. Ich bekam ein schlechtes Gewissen, was zu endlosen verheulten Telefonaten mit meinem Vater führte. Da stimmte doch was nicht in der Beziehung? Wir waren seit 12 Jahren zusammen und machten Witze, dass wir bald Kupferhochzeit feiern würden. Wir hatten uns so früh kennengelernt und uns parallel entwickelt, dass wir füreinander auch die besten Freunde wurden.

Aber das war auch der Kern des Problems, meines Problems. Unsere Beziehung war gut, vertraut und warm. Aber in mir hatte sich der Gedanke formiert, dass es noch etwas anderes dort draußen geben musste. Das Gefühl, dass man nicht mit Scheuklappen durch dieses eine Leben laufen und sich an einen einzigen Menschen binden sollte.

Er kam zurück, und ich zog aus. Im Gepäck nur ein paar Möbel, meine Bücher und CDs, die schnell eingepackt waren. Ich vermisste ihn und hatte ein schlechtes Gewissen, aber gleichzeitig war ich entflammt von der neuen Freiheit.

Als ich ein paar Jahre später meinen zweiten Partner traf, mit dem ich lange zusammen war, wohnte er nur zehn Minuten von meiner kleinen Dachgeschosswohnung entfernt. Er verfügte über 200 Quadratmeter und einen Garten, es dauerte trotzdem drei Jahre, bis ich bei ihm einzog. Dann wusste ich, dass er nicht nur viel Platz zum Teilen hatte, sondern auch mental über ausreichend Raum verfügte.

Wir waren zwei Menschen mit zwei Leben, und einem gemeinsamen. Ich veränderte nichts an seiner Einrichtung, die sehr deutlich signalisierte, »Hier wohnt ein Mann allein«. Ich versuchte auch nicht, ihn zu verändern. Er durfte ungestört im Wohnzimmer sitzen, umringt von seinen Computern und dem elektronischen Zubehör. Andersherum sagte er nie etwas dagegen, wenn ich für einen Monat oder auch mal drei auf Reisen ging, weil ich einen Tapetenwechsel brauchte.

Jetzt wohne ich wieder allein. Es ist wieder eine kleine Wohnung, aber ich kann mir trotzdem nicht vorstellen, mit jemandem zusammenzuziehen. Virginia Woolf hat von der Notwendigkeit gesprochen, »ein Zimmer für sich allein« zu haben, aber ich muss zugeben, dass es mir am besten mit einem ganzen Grundstück geht.

Auch das mit der Freiheit und der Einsamkeit erstreckt sich noch weiter. Ich habe aus freien Stücken keine Kinder bekommen. Es war keine händeringende Entscheidung Kinder versus Karriere. Ich habe mich nie hingesetzt und die Optionen einer unbekannten Zukunft durchgespielt. Keine Kinder zu bekommen, ist die Konsequenz meines Gefühls, dass ich nie welche haben wollte.

Ich bin nicht kinderlos, ich bin kinderfrei. Aber, aber, aber, werden einige sagen – gerade Kinder sind die beste Möglichkeit für das Erleben von Selbstvergessenheit, selbstloser Liebe und dem Verschmelzen mit einem anderen Menschen. Forscher werden das Oxytocin anbringen und die synchrone Hirnaktivität, und die Fürsprecher der Kinder führen an, dass sie erst mit Ankunft ihrer Kinder wussten, was der Sinn des Lebens ist.

Also, Lone Frank, warum du nicht? Wenn ich meine Unlust, Kinder zu bekommen, analysiere, geht es um die Unlust, Verantwortung zu übernehmen und für immer gebunden zu sein. Eine Verantwortung und emotionale Verbundenheit, die man nie wieder abgeben kann. Ich habe es oft gehört, und es trifft bestimmt für viele zu, dass sie mit den Kindern eine tiefe Ruhe überkommen hat. Weil die bohrenden, existenziellen Fragen teilweise verstummen. Aber ich kann mich nicht als die Mutter von jemandem sehen, weil ich mich ausnahmslos als das Kind von jemandem empfinde. Während viele eine große Zufriedenheit daraus ziehen, ein weiteres Glied in der Familie zu sein, sehe ich mich als Endprodukt. Ich bin das Kind, das meine Eltern in die Welt gesetzt haben und dessen Aufgabe es ist, zu untersuchen und zu forschen. Unreif, kann man das nennen. Widerstand gegen das Erwachsenwerden. Das kann sein. Aber ein Leben, in dem sich meine Verantwortung auf die Sachen bezieht, die ich mache, mit denen ich etwas beitragen will, das ist genau so, wie ich es haben will.

Mir fällt auf, dass mir immer die Sehnsucht nach einer Illusion im Weg gestanden hat. Mein Wesen, vor allem mein Drang nach Freiheit und Unabhängigkeit, ist nicht kompatibel mit einer totalen Selbstvergessenheit und selbstlosen Verschmelzung mit einem anderen Wesen. Asger Neumann hat mich darauf aufmerksam gemacht, dass die Liebe kein bestimmtes oder »richtiges« Gefühl ist, das sich einstellt oder eben nicht.

Was ist denn mit meinem Wunsch, die Liebe besser verstehen zu wollen, um sie sehen, sie wertschätzen zu können und blühen zu lassen?

Im Grunde geht es darum, mich selbst zu verstehen. Vielleicht gelingt es mir, das zu spüren, was schon längst *da* ist, wenn ich mich von der Fata Morgana aus Verschmelzung und Selbstaufgabe abwende und mich von ihren Erwartungen löse.

»Herzlichen Glückwunsch, Lone Frank – hoffe, du hattest einen tollen Tag mit deiner Familie und Freunden!«

Diese Nachricht tauchte auf meiner Facebookseite auf und stammte von einem meiner 5000 »Freunde«, die ich weder persönlich kannte noch je getroffen hatte. Ich bedankte mich artig, allerdings ohne zu erwähnen, wie ich meinen Geburtstag verbracht hatte. Nämlich allein. Und um es noch ein bisschen surrealer zu machen, war die einzige Person, mit der ich an dem Tag gesprochen hatte, der Veranstalter einer Konferenz, auf der ich einen Vortrag halten sollte. Die Konferenz hatte eine *Volksbewegung gegen die Einsamkeit* organisiert.

Der nett gemeinte Gruß und auch andere, die ähnlich klangen, machten mich nachdenklich. Was war das mit der Einsamkeit? Mein Bedürfnis nach Alleinsein entsprach eindeutig nicht den gängigen Vorstellungen davon, wie ein gutes Leben auszusehen hat.

Von außen betrachtet hätte ich mich unter dem grau melierten Banner der Einsamen einfinden müssen. Wenn ich an meine Geburtstage denke, gingen die meisten mehr oder weniger unbeachtet vorbei. Ich war entweder allein oder mit meinem Partner oder einer Freundin zusammen. Als ich zum Beispiel 40 wurde, war ich unterwegs und verbrachte den Tag mit einer Bekannten, die zufällig zeitgleich in Boston war und die ich seitdem auch nur ein- oder zweimal wiedergesehen habe.

Für viele mag das schrecklich klingen, so traurig, dass es einem die Tränen in die Augen treibt. Aber ich habe mich bisher in meinem Leben nur sehr selten einsam gefühlt. Ich glaube, man kann die Male an einer Hand abzählen. Es war auch nie ein lang anhaltender Zustand, noch nicht einmal am bisherigen absoluten Tiefpunkt in meinem Leben. Als mein Mann starb und ich ohne Familie und mit nur einer Handvoll Freunden übrig war. Aber auch da habe ich mich nicht einsam gefühlt. Trauer und Sehnsucht nach der verlorenen Liebe, ja. Aber kein Gefühl von Einsamkeit.

Mir ist aber nicht entgangen, dass die Einsamkeit ein

wachsendes Problem ist. Ein Aspekt des menschlichen Daseins, das traditionell als etwas Privates angesehen wird – weil traurig und peinlich – und jetzt zu einem der dringendsten Probleme der Gesellschaft geworden ist. Bei dem die schweren Geschütze aufgefahren werden. Britische Forscher sprechen sogar von *The Lonely Society,* und während des Brexit-Theaters zog die Premierministerin Theresa May die Konsequenzen daraus und ernannte kurzerhand die erste Ministerin für Einsamkeit.

Was ist da los? Ich frage mich, ob wir nicht nur auf ein Problem reagieren, das es fraglos gibt, sondern es auch zusätzlich großreden? Wir leben in einer Zeit, in der Geselligkeit viel bedeutet. In Geburtstagsreden betonen wir, dass wir Menschen soziale Wesen sind, dann heben wir die Gläser und trinken auf die Gemeinschaft. Gleichzeitig kann man seinen Status durch seine Beziehungen anheben. Ein gutes (und am besten großes) Netzwerk bedeutet Prestige, und eine glückliche Partnerschaft mit Kindern (gerne viele und am besten Patchwork) signalisiert, dass man viel Energie hat. Auf der anderen Seite ist es ein Stigma, ein Dasein ohne eine große Schar von Freunden zu führen und womöglich allein zu leben. Es ist wie ein Brandzeichen, das einen als ungeliebt und deshalb als wertlos markiert.

Welchen Einfluss hat es auf unser Verständnis von Einsamkeit, wenn nur das Vorhandensein von vielen Beziehungen mit Glück verbunden ist? Wenn nur das normal ist und das Alleinsein als etwas Abnormes angesehen wird? Das sollten wir uns genauer ansehen.

Als Erstes fällt einem die Sprache auf, wie wir mittlerweile über Einsamkeit sprechen. Das findet nämlich bevorzugt in medizinischen Begriffen statt. In den modernen, hoch entwickelten Gesellschaften ist eine kontinuierliche Zunahme von Einsamkeit festzustellen, und 2035 wird es geradezu »epidemische Proportionen« angenommen haben. Die Einsamkeit ist »die große Volkskrankheit der Zukunft«, und der Direktor des amerikanischen Gesundheitsunternehmens Anthem, Sachin Jain, hat der Zeitschrift *The Economist* gesagt, dass sein Unternehmen »versucht, die Einsamkeit als Krankheit zu deklarieren, die behandelt werden kann«. Ein sozialer Umstand ist zu einer Krankheit geworden.

Diese Betrachtungsweise lässt sich auf die amerikanische Psychologin Julianne Holt-Lunstad von der Brigham Young University zurückführen, die zunächst 2010, dann 2015 eine große Metaanalyse über das Verhältnis von Einsamkeit und Übersterblichkeit veröffentlicht hat. Mehr als 100 Studien deuten darauf hin, dass sowohl das subjektive Gefühl von Einsamkeit als auch die tatsächliche Isolation die Sterblichkeit um ein Viertel erhöhen kann. Das bedeutet, dass Einsamkeit als Risikofaktor sowohl Fettleibigkeit als auch Rauchen und Bewegungsmangel überholt hat.

Eine ziemlich umfangreiche Menge an Literatur zeigt zudem, dass die Einsamen und sozial Isolierten häufig kränker sind als die sozial Integrierten. Sie haben höheren Blutdruck, sie weisen häufiger Herz-Kreislauf-Erkrankungen auf und haben häufiger Schlaganfälle. Die Älteren unter ihnen verfügen über Mängel in der Kognition, dem Erinnerungsvermögen und der Lernfähigkeit. Lange war man der Ansicht, dass es den isoliert Lebenden einfach an sozialer Kontrolle fehlte. Aber eine ganze Reihe von Studien belegen, dass einsame Menschen nicht alle verwahrlosen und sich Alkohol, Nikotin und Fast Food hingeben.

Einsamkeit und Isolation kann man statistisch gesehen von allen anderen Risikofaktoren trennen. Forscher haben allerdings festgestellt, dass sie Einfluss auf die Physiologie haben. Das wirft die Frage auf: Was genau ist das Wesen der Einsamkeit? Zunächst ist sie lebensnotwendig, nicht das Alleinsein, sondern das unangenehme, subjektive Gefühl. Das ist eines unserer evolutionären Werkzeuge. Sie hat die Aufgabe einer Peitsche, die für die Bildung unserer sozialen Lebensweise von elementarer Bedeutung war. Dieser Gedanke stammt ursprünglich von dem bereits verstorbenen Psychologieprofessor der University of Chicago John Cacioppo, lange einer der führenden Einsamkeitsforscher.

In seinem Buch *Einsamkeit: Woher sie kommt, was sie bewirkt, wie man ihr entkommt* erklärt Cacioppo, dass es für eine Herde überlebenswichtig ist, sich auf die eindeutige Motivation jedes einzelnen Individuums verlassen zu können, an der Gemeinschaft festzuhalten und sich nicht bei der erstbesten Gelegenheit zu absentieren. Diese Motivation dient als die berühmte Mohrrübe, denn das Zusammenleben in der Gruppe ist angenehmer. Aber wir finden auch in der Evolution immer wieder die Peitsche, und der Schmerz der Einsamkeit ist mit dem physischen Schmerz von Hunger und Durst zu vergleichen. Ein starkes, deutliches Signal, dass man ausgeliefert ist und etwas an der Situation ändern muss.

Man kann diesen Mechanismus sehr gut an anderen Herdentieren ablesen. In der Depressionsforschung macht man die Experimente bevorzugt mit Nagetieren, denn es genügt, ein Tier aus seiner Gruppe oder vom Partner zu entfernen. Es zeigt fast augenblicklich Anzeichen einer Depression. Aber mit der Einsamkeit lassen sich auch bestimmte physiologische Reaktionen und Verhaltensmuster in Verbindung bringen, die schützende Funktionen haben. Sowohl bei Ratten als auch bei Affen, die man von ihrer Sippe oder Gruppe getrennt hat, konnte man feststellen, dass sie eine höhere Ausschüttung von Stresshormonen haben, nach potenziellen Gefahren Ausschau halten und sehr viel wachsamer sind. Sie verhalten sich weniger neugierig, erkunden die Umgebung nicht, sind ängstlicher und auch unbekannten Lebewesen gegenüber feindlich eingestellt. John Cacioppo schreibt: »Das Gehirn ist dafür ausgerichtet, das Individuum dadurch in die Lage zu versetzen, für kurze Zeit ohne Schutz der Gruppe zu überleben.«

Dieser Zustand aber wird schädlich, wenn die soziale Isolation zu lange anhält und unter Umständen chronisch wird. Und das ist wahrscheinlich der Fall, wenn man sich die paradoxe Reaktion einsamer Menschen in modernen Gesellschaften ansieht. Sie haben zwar den expliziten Wunsch nach mehr Sozialkontakt, Familien, Freunden oder was auch immer, aber in vielen Studien zeigt sich, dass die einsamen Versuchspersonen angeben, dass sie sich in solchen Kontexten unwohl fühlen. Dieses »Wachsamkeits-Verhalten« wird unbewusst durch das Alleinsein ausgelöst und führt sein Eigenleben, so John Cacioppo. In verschiedenen Experimenten haben er und seine Kollegen herausgefunden, dass die Welt des Einsamen fundamental anders aussieht als die des Nicht-Einsamen.

In einer Studie von 2014 wurde eine Gruppe von Jugendlichen mithilfe des Eye-Tracking untersucht, während ihnen Fotos von ambivalenten, sozialen Szenen gezeigt wurden. Es wurde gemessen, wo und wie lange ihre Blicke verweilten. Die Probanden, die mit einer hohen Punktzahl auf der Skala der Einsamkeit abgeschnitten hatten, suchten die Fotos sofort nach bedrohlichen Elementen ab und hielten sich an diesen Details auch am längsten auf. Die Probanden mit einer niedrigen Punktzahl blieben bei den Details hängen, die man als positiv und nicht bedrohlich deuten konnte. Wenn man Einsame und Nicht-Einsame in einen MRT legt und ihnen während der Untersuchung dieselben Fotos zeigt, entdeckt man auch dort einen markanten Unterschied, wie sie auf positive oder negative Inhalte reagieren. Wenn Nicht-Einsame etwas Positives sehen – lächelnde Menschen im Gespräch vertieft oder um einen langen Tisch versammelt –, aktiviert sich ihr Belohnungssystem im Gehirn. Im Gehirn der Einsamen bleibt diese Reaktion aus.

Diese Beobachtungen stimmen mit den Stressreaktionen überein, die man bei Einsamen beobachtet. In Schlafstudien hat man gemessen, dass sie sehr oft aufwachen und insgesamt eine schlechtere Schlafqualität haben. Und sogar auf dem molekularen Niveau zeigen sich die Folgen, das Immunsystem wird davon in Mitleidenschaft gezogen. Die genetische Aktivität der weißen Blutkörper weist eine besondere Signatur bei Einsamen auf. Ein Muster, das auf einen höheren Entzündungswert schließen lässt. Was wiederum ein Zustand ist, der die Ursache für viele Krankheiten sein kann.

Die Physiologie zeigt uns also auf, wie krank uns die Einsamkeit machen kann. Aber sobald man die soziologische Sphäre betritt und fragt, welche Umstände und kulturellen Aspekte an der Entstehung von Einsamkeit beteiligt sind, wird es schwammig.

Eine Botschaft zieht sich durch die Debatte. Die Einsamkeit ist der Preis der Moderne, und sie wird mit Zunahme des Individualismus immer weiter verschärft. Diese Interpretation ist naheliegend. Wir haben unsere ursprüngliche Stammesform mehr oder weniger verlassen und legen viel mehr Wert auf Familie. Das muss doch Konsequenzen haben, oder? Nicht notwendigerweise. Transkulturelle Studien haben gezeigt, dass Einsamkeit stärker in gemeinschaftsorientierten Gesellschaften verbreitet ist als in Gesellschaften, in denen der Individualismus vorherrscht.

Warum das so ist, fragen die Sozialpsychologen Reno

Valerie Lykes und Markus Kemmelmeier von der University of Nevada 2014 in ihrem Beitrag im *Journal of Cross-Cultural Psychology*. Sie kommen zu dem Schluss, dass eine Kultur, die eine enge Bindung zu anderen und zur Familie erwartet, das Gefühl von Leistungsschwäche auslöst, wenn man in dieser Hinsicht nichts vorweisen kann. Eine Kultur hingegen, die Unabhängigkeit und Selbstbestimmung betont, ermöglicht die freie Entscheidung, mit welchem Grad an Sozialität man sich am wohlsten fühlt.

Lykes und Kemmelmeier haben auch untersucht, wie Kulturen das Individuum formen und welche sozialen Bindungen gegen die Einsamkeit des Einzelnen helfen. »Wir stellen fest, dass der Austausch mit anderen Menschen, oder eben der Mangel an Austausch, sehr wichtig für das Erleben von Einsamkeit ist. Aber wir wollen hervorheben, dass nicht jede Form von Austausch gleichermaßen bedeutsam ist.«

Mit Sicherheit leben in den individualistischen Kulturen mehr Menschen allein, und trotzdem gibt es unter ihnen weniger Einsame als in den gemeinschaftsorientierten Gesellschaften. Gleichzeitig gibt es unterschiedliche Umstände, die das Gefühl von Einsamkeit erzeugen. Das Ergebnis regt zum Nachdenken an. In den individualistischen Gesellschaften besteht ein klarer Zusammenhang zwischen der Anzahl an Freunden und einer geringen Punktzahl beim Aspekt der Einsamkeit, während die familiäre Anbindung kaum Einfluss hat. Das genaue Gegenteil gilt in den kollektivistischen Gesellschaften, in denen Freunde nicht so viel gegen die Einsamkeit ausrichten können, sondern nur die Familie.

Skurril daran ist, wie die ältesten Teilnehmer der Befragung ihre Einsamkeit erleben. In den individualistischen Kulturen war das Erbitten von Hilfe im Alltag ein eindeutiger Indikator für Einsamkeit, wohingegen der Verlust der körperlichen Unabhängigkeit in den gemeinschaftsorientierten Kulturen nicht unbedingt damit in Verbindung gebracht wurde.

Ein weiterer markanter Unterschied trat bei der Bedeutung eines Vertrauten zutage, mit dem man reden und seine Sorgen teilen kann. Lykes und Kemmelmeier fanden heraus, dass Menschen in Gesellschaften, in denen man seine sozialen Bindungen selbst knüpft und sich nicht auf die bereits vorhandene, große Familie stützen kann, eher dazu neigen, sich potenziellen Vertrauten zu öffnen.

Zusammenfassend zeigen diese Ergebnisse, wie stark der Einfluss unserer Mentalität auf unsere Gefühle ist. Es kann durchaus sein, dass die Evolution uns mit der biologischen Kapazität ausgestattet hat, uns allein, verlassen und ausgestoßen zu fühlen. Aber was das für Gefühle und Reaktionen auslöst, ist in hohem Maße von kulturellen Normen geprägt. Von unserer Einstellung, was Einsamkeit ausmacht. Eine schöne Parallele zu Renae Franiuks Entdeckung, wie sehr unser Glauben an die Seelenverwandtschaft unser Liebesleben beeinflusst.

Vielleicht ist der große Lärm um die Einsamkeit in erster Linie eine Frage von Einstellungen, Ansichten und Äußerungen, die gedankenlos wiederholt werden. Wie weit verbreitet ist diese bedrohliche und gefährliche Einsamkeit eigentlich? Es ist nicht leicht, ein zuverlässiges Bild zu bekommen, weil es sich um Zahlen handelt, die aus vollkommen unterschiedlichen Bereichen kommen.

Ein Fixpunkt in den Berichten über die um sich greifende Einsamkeit ist eine amerikanische soziologische Studie aus dem Jahr 2004, die feststellte, dass die sozialen Netzwerke der Menschen schrumpfen. Der Durchschnittsamerikaner hatte demnach 1985 noch drei enge Freunde und Vertraute gehabt, 2004 waren es nur noch zwei. In derselben Periode wuchs die Anzahl der Amerikaner, die gar keine Freunde und Vertraute hatten, von 10 auf 25 Prozent. Mit anderen Worten lief jeder vierte Amerikaner durchs Leben, ohne sich einem einzigen Menschen anvertrauen zu können. Das war nicht tragbar, und man hörte dementsprechend den Aufschrei – es muss etwas unternommen werden!

Es zeigte sich später, dass die Zahlen durch einen Computerfehler entstanden waren, die Überprüfung hatte ergeben, dass keine Veränderung der Zahlen in der besagten Zeitspanne vorlagen. Einer der Forscher der umstrittenen Studie entschuldigte sich sogar öffentlich dafür. Trotzdem wird diese Studie nach wie vor herangezogen, und die Vorstellung einer weitverbreiteten und zunehmenden Einsamkeit hat sich in das kollektive Bewusstsein eingeschlichen.

Diese Behauptung scheinen Umfragen zu stützen, die von Zeit zu Zeit durchgeführt werden. So wie die vom *The Economist* und der Kaiser Family Foundation, die 2019 angeblich herausfanden, dass sich jeder zehnte Japaner entweder immer oder oft einsam fühlt, sich nach Nähe sehnt oder sich isoliert fühlt. Unter den Briten und Amerikanern waren die Zahlen sogar noch höher.

Das ist ein großer Kontrast zu der Studie, die John Cacioppo 2017 veröffentlichte. Seine Datenerhebung zeigte, dass sechs Prozent der Briten sich immer oder oft einsam fühlen. Diese Zahlen haben sich seit einer Erhebung 1948 nicht verändert. Und sie entsprechen auch den Ergebnissen im Norden. Die dänische Gesundheitsbehörde erstellte 2017 ein nationales Gesundheitsprofil. Dabei kam heraus, dass 6,3 Prozent der Dänen sich oft ungewollt einsam fühlen. Dieselben Zahlen kommen aus Norwegen, wie ein Artikel in der Onlinezeitschrift *Forskning.no* belegte. Norwegische Forscher wurden darin befragt, ob die Einsamkeit tatsächlich ein wachsendes und ernstzunehmendes Problem ist, wie die Politiker behaupten. Die Antwort lautete Nein. Der Soziologe Anders Barstad, der seine Doktorarbeit über die Einsamkeit geschrieben hat und jetzt bei der zentralen Statistikbehörde in Oslo arbeitet, erklärt, dass weder norwegische noch internationale Studien beweisen können, dass dieses Phänomen an Bedeutung zugenommen hat.

Wie kann es in den Untersuchungen zu so extrem abweichenden Zahlen kommen? Sicherlich hat das mit den Definitionen der Begrifflichkeiten und mit den Fragestellungen zu tun. Was genau ist damit gemeint, »sich oft einsam zu fühlen« oder »sich nach menschlicher Nähe zu sehnen«? Wer würde nicht bejahen können, dass er oder sie sich ab und zu einsam fühlt oder sich nach Nähe sehnt? Und wann qualifiziert sich das Gefühl zu »oft«? Während dieses Thema heiß diskutiert, beschrieben und betont wird, während neue Ministerposten ins Leben gerufen und nationale Initiativen lanciert werden, könnte man einfach festhalten, dass wir Menschen Bedürfnisse haben, die nicht immer gedeckt werden.

Die meisten Versuchspersonen, die in der Forschungsliteratur als Einsame geführt werden, leiden unter »einem milden und normalen Grad an Einsamkeit«, führt der Psychologe Thomas Hansen von der University of Oslo an. Ich glaube, da liegt der Schlüssel: die große Aufregung um die Einsamkeit ist auf eine Angst zurückzuführen, die tief in unserer Kultur verankert ist. Die Angst, dass die Einsamkeit von vornherein unausweichlich ein Teil unserer modernen Gesellschaft ist.

Es kann durchaus sein, dass die Diskussion in letzter Zeit neu aufgenommen und hochgekocht wurde, aber über die Einsamkeit gesprochen wird schon lange. Wenn man zum Beispiel in die 70er-Jahre zurückgeht und sich die damalige Debatte darüber oder die belletristische Literatur ansieht. Besonders laut wurde die Isolation und Entfremdung des Großstadtmenschen kritisiert. Die Leute machten sich Sorgen über die Abwicklung der landwirtschaftlichen Gesellschaft und das Ende der traditionellen Großfamilien. Heute sorgt man sich um den Individualismus, die Konkurrenzgesellschaft und die Kommunikationstechnologie. Besonders Letzteres. Denn diese mediale Sozialität *muss* unweigerlich zur Entfremdung und Isolation führen, oder nicht? »Freunde« und »Follower« im Cyberspace zu haben und den Bildschirm als Filter für alle menschlichen Kontakte zu benutzen, ist krank und unnatürlich.

Aber vieles deutet darauf hin, dass diese Wirklichkeit eine Verbundenheit erzeugt, die die Welt noch nie gesehen hat. Wir sind kreuz und quer über den Erdball miteinander verbunden, haben Zugang zu Foren und Gemeinschaften und sind permanent in Kontakt miteinander. Aber das ist doch nur elektronisch und unnatürlich und zählt deshalb nicht, könnte man sagen. Aber so wird es nicht unbedingt erlebt.

Die Kultur, in der wir leben, ist so hyperverbunden und gesättigt mit sozialen Kontakten, dass unser Bedürfnis wächst, allein zu sein. Das hat der amerikanische Soziologe Eric Klinenberg von der New York University herausgefunden, als er sich die Tendenz des Menschen, allein zu leben, genauer angesehen hat.

»In jedem Wohlfahrtsstaat, sobald Wohlstand herrscht, setzt der Mensch seine Ressourcen ein, um sich eigene Räume zu erschaffen«, beobachtet er in seinem 2013 erschienenen Buch *Going Solo: The Extraordinary Rise and Surprising Appeal of Living Alone*. Als einen der Faktoren für diese Entwicklung führt er unter anderem die Technologie an, denn sie ermöglicht es erst, allein zu sein, ohne einsam zu sein. Physisch allein, aber im Geist verbunden.

Klinenbergs Studien deuten an, dass zunehmend mehr Großstadtmenschen auf der ganzen Welt allein leben, dies aber nicht aus Not, sondern nach reiflicher Überlegung und aus freien Stücken tun. Auch nach der Finanzkrise, als alle vorhersagten, dass die wirtschaftlichen Umstände die Menschen dazu zwingen werden, enger zusammenzurücken und sich zusammenzutun, stiegen die Zahlen der Ein-Personen-Haushalte. Eric Klinenberg formuliert es so: »Es scheint sich hier um ein neues soziales Grundbedürfnis zu handeln, das sich etabliert hat und bleiben wird.«

Ich habe meinen Mann im Netz kennengelernt. Und bin im wahrsten Sinne der Worte mit ihm zusammengeblieben, bis dass der Tod uns geschieden hat. Heute mit Abstand kann ich unsere Begegnung als funkelndes Beispiel für Paul Eastwicks Argument der fehlenden romantischen Selbsterkenntnis werten. Wir glauben, dass wir wissen, wonach wir suchen und was wir wollen, aber haben keine Praxiserfahrung damit. Oder anders formuliert, wir wissen es, wenn wir vor ihm stehen.

Wir wären uns niemals in der echten Welt begegnet. Wir kamen aus zwei sehr unterschiedlichen Kreisen, die keine Überschneidungen hatten. Und wenn mir jemand ein Foto von ihm gezeigt und gesagt hätte, dieser Mann hier hat nur Abitur, hat sich als Autodidakt alles über Soundsysteme beigebracht und hat übrigens noch ein Kind aus erster Ehe im Schlepptau, dann hätte ich bestimmt gesagt: »Nein, danke, nichts für mich.« Keiner dieser Parameter stand auf meiner Wunschliste.

Aber im Strom der vielen Matches und Begegnungen mit vermeintlich perfekten Männern kam eines Tages eine Nachricht von einem ganz ungewöhnlichen Profil. Viel stand da nicht, vor allem nichts über seine Ausbildung oder was er beruflich machte. Aber mich sprach der selbstironische Ton an, in dem es geschrieben war. Ich antwortete. Und kurz darauf hatte sich eine Konversation entwickelt, die in einer Sprache stattfand, in der ich mich sehr zu Hause fühlte. Jeder Satz glühte vor Ironie, und wir waren inmitten eines Spiels, bei dem man sich Pointen und Literaturbezüge hin und her schickte, die auf einem Teppich aus sexuellen Anspielungen lagen.

Das Texten hatte eine ganz eigene, faszinierende Anziehungskraft. Aber eines Tages, ich saß am Schreibtisch und musste eigentlich arbeiten, hatte sich die Stimmung zwischen uns so aufgeheizt, dass er am Ende nur kommentarlos seine Adresse schickte. Ich packte augenblicklich meine Sachen zusammen, schnappte mir mein Fahrrad, fuhr nach Fredriksberg und klingelte an der schweren Eichentür.

»Es gibt da eine Sache, die wir als Allererstes hinter uns bringen müssen«, sagte der Mann, der mir die Tür öffnete. Ich konnte ihn mir nicht in Ruhe ansehen, denn er legte eine Hand in meinen Nacken und gab mir einen langen, leidenschaftlichen Kuss. In der Tür. »So, das hätten wir aus der Welt geschafft. Bitte, komm doch rein.«

Er entsprach überhaupt nicht meinen Vorstellungen. Ich hatte mir anhand seines Dialekts, der ihn bei unserem einzigen Telefonat ins Kopenhagener Stadtviertel Vesterbro verwies, und von ein paar Worten über seine Vergangenheit als Tontechniker, der seine Hochzeit in der Rockerszene der 80er-Jahre gehabt hatte, in meinem Kopf ein ganz anderes Bild gemalt. Das von einem langhaarigen, mäßig klugen

Typen, vielleicht mit einem Lederarmband am Handgelenk. Selbstverständlich in Jeans und einem sexy T-Shirt, so wie ich mir die Welt der Musik eben vorstellte.

Der Mann, der vor mir stand, war nur ein paar Zentimeter größer als ich und hatte blasse Haut, wie man das bei Rothaarigen oft sieht. Auf dem Kopf war ein Kranz aus rotgrau melierten Haaren. Er war auch ein bisschen korpulent und trug schwarze Klamotten. Als ich nach dem Begrüßungskuss im Wohnzimmer saß, fiel mir sofort die solide Bürgerlichkeit auf, die erst recht nicht zu meinem Bild von Musikern passte. Eine Mischung aus Arne Jacobsen, ein bisschen Piet Hein, ein paar Erbstücke aus Mahagoni und schließlich noch eine Schaltzentrale, bestehend aus mehreren Computern, Monitoren und anderem Zubehör. Das entsprach überhaupt nicht meinem Geschmack, der eher in die Richtung reines Weiß und Mönchszelle ging.

Es kam eine Flasche Chablis auf den Tisch, und zwei schwarze Katzen schlichen um uns herum und beobachteten uns, während wir redeten und redeten. Über unsere Vergangenheit und ehemalige Beziehungen, aber auch über Bücher, amerikanische Politik, das Verhältnis zu den Eltern, ob tot oder lebendig, Familiengeheimnisse, Ambitionen und den Wunsch, auf eine verlassene Insel zu ziehen. Über das Leben.

Dieses Gespräch führten wir 13 Jahre lang fort.

»Leid, so stellt sich heraus, ist ein Ort, den von uns niemand kennt, solange wir nicht dort sind«, schreibt die amerikanische Schriftstellerin Joan Didion. Ihr Buch *Das Jahr magischen Denkens* handelt von dem Jahr nach dem plötzlichen Tod ihres Mannes John Gregory Dunne. Es war das erste

Buch, das ich gelesen habe, als ich wieder lesen konnte. Es war viele Monate her, dass ich an seinem Krankenbett in der palliativen Abteilung des Bispebjerg Hospitals gestanden und zugesehen habe, wie *mein* Mann verschwand. Seit diesem Tag drückte mich ein schweres Gewicht zu Boden. Ich trug an einer Liebe, mit der ich nicht umgehen konnte, die sonderbar aufgeblasen war, und die ich nicht loswerden konnte. Eine Liebe, die heimatlos geworden war.

»Das Leben ändert sich in einem Augenblick«, schreibt Didion, und so war es auch bei mir. Überhaupt stimmte vieles von dem, was die 80-jährige Didion schrieb, mit meinen Erfahrungen überein. Dieser ganz besondere Schmerz, der physisch wurde, sich in Muskeln und Gelenke setzte. Die Art, wie Essen seinen Reiz verlor und ein Kilo nach dem anderen verschwand. Und dann diese unendliche Müdigkeit. Der hartnäckige Glauben daran, dass ich ihn auf magische Weise zurückgewinnen könnte. Weil er nicht einfach so verschwunden sein konnte. Jetzt kannst du ruhig wieder nach Hause kommen, flüsterte ich oft in die Dunkelheit und lauschte, ob ich Geräusche an der Tür hörte.

Die Trauer ist ein unbekannter Ort, und trotzdem haben wir alle Vorstellungen und Erwartungen, wie die Dinge ablaufen sollen. Zum Beispiel dieses Bild – und das war auch meins –, dass man am Boden eines schwarzen Loches liegt und langsam wieder nach oben krabbelt und es immer weiter bergauf geht, bis man an der Oberfläche ankommt. Dort sieht es ähnlich aus wie »vorher«. Aber mein Weg ging nicht steil bergauf, er verlief im Zickzack. Mein Verlustschmerz ließ nach den ersten zwei Monaten nicht nach, sondern er wurde schlimmer. Und das schwarze Loch blieb bestehen, und es tut sich auch heute noch auf, Jahre später, damit ich für eine Zeit lang darin Platz nehmen kann.

Am Anfang dachte ich, mein Ziel muss sein, weiterzuleben. Aber ich konnte nicht. Ich sah keinen einzigen Grund dafür und vermisste meinen Mann schrecklich. Ich war im wahrsten Sinne des Wortes niedergeschmettert und konnte nur liegen und auf Heilung hoffen.

Kurz vor Weihnachten geschah etwas, was das Fass beinahe zum Überlaufen gebracht hätte. Meine Nachbarin, die ich nur flüchtig kannte, lud mich auf ein Glas Wein ein. Als ich zurückkam, war in die Wohnung eingebrochen worden. Ein Fenster zum Garten war aufgebrochen worden, im Wohnzimmer lag alles auf dem Boden verstreut. Aber was hatten die Einbrecher mitgenommen?

Nicht die Stereoanlage, nicht einen der vier Laptops, nicht einmal das Silberbesteck seiner Mutter, das sichtbar in einem der Schränke lag. Nein, sie hatten seine beiden Handys mitgenommen, mit allen Adressen, Nummern, Passwörtern für seine Accounts und Fotos. Und sie hatten die Ohrringe und die Halskette eingesteckt, die er mir geschenkt hatte und die auf meinem Nachttisch gelegen haben.

Mit einem chirurgisch präzisen Schnitt hatten sie alles entfernt, was niemals hätte verloren gehen dürfen. Meine Nachbarin musste die Polizei rufen, und es kam ein etwas älterer Beamter, um die Anzeige aufzunehmen und den Bericht zu schreiben. Er seufzte, lief durch die Räume und teilte mir mit, dass es sich hier mit Sicherheit um »eine rumänische Bande« handelte und die Sachen mit großer Wahrscheinlichkeit niemals wieder auftauchen würden. Als er seinen Notizblock zusammenklappte und gehen wollte, brach ich vor ihm zusammen und schrie, dass ich das alles nicht mehr aushalten würde. Fuck!

Mein Mann war tot, ich musste aus seiner Wohnung ausziehen, und jetzt hatten mir irgendwelche Typen die wenigen Dinge genommen, an denen ich hing, weil er in ihnen weiterlebte. Der Polizeibeamte reagierte sehr höflich auf meinen Ausbruch, verabschiedete sich und wünschte mir gute Besserung.

Auf dem Nachtschränkchen stand ein ungeöffnetes Glas mit Tabletten. Doltard 30 Milligramm, 100 Retardtabletten. Insgesamt waren das drei Gramm Morphium. Das klang zwar viel, aber ich konnte nicht einschätzen, ob es eine tödliche Dosis wäre. Schließlich hatten die Tabletten Depotwirkung, die ihren Inhalt nur langsam abgaben. Google konnte mir nicht weiterhelfen, also rief ich die Giftzentrale an. »Wir dürfen über solche Details keine Auskünfte erteilen«, antwortete mir die nasale Frauenstimme. Dann wählte ich den Notruf, ein Arzt würde mir doch helfen können. Ich sagte, dass ich im Namen eines Patienten fragen würde, legte aber sofort auf, als die Krankenschwester nervös fragte, von wo ich anriefe.

Die Tabletten standen dort auf dem Tischchen. Es wäre ein Leichtes gewesen, den Deckel abzuschrauben und die weißen Kapseln herunterzuschlucken. Warum habe ich es nicht getan? Es war Lethargie, nein, es war grandioses Versagen, einfach nur gelähmt auf dem Bett zu liegen und an die Decke zu starren.

Plötzlich zuckte grelles Licht durch die Gardinen. Dann hörte ich Stimmen im Garten, kurz darauf klingelte es an der Tür. Draußen standen zwei Beamte in Uniform. Sie wollten wissen, ob ich vorhatte, mir etwas anzutun? Das geht sie nichts an, was ich bei mir zu Hause mache, erwiderte ich. Ja, aber wenn eine Selbstgefährdung vorliege, dann müssten sie mich zur Beobachtung in die Psychiatrie bringen. War ich eine Gefahr für mich selbst? Nein, das war ich nicht. Sie standen im Flur und fragten mich, was vorgefallen sei.

»Es wird besser. Sie müssen es nur auf die andere Seite

schaffen, dann geht es weiter«, sagte einer von ihnen, bevor sie endlich wieder gingen.

»Seit Freuds Essay *Trauer und Melancholie* von 1917 hat eine bestimmte Vorstellung von Trauerarbeit die klinische Arbeit und die Forschung dominiert«, schreibt der amerikanische Religionspsychologe Dennis Klass. Laut Freud klammert sich die eigene Libido an den Verstorbenen und muss abgezogen werden, um sie schließlich nach erfolgreicher Trauerarbeit wieder in neue Beziehungen und das eigene Leben zu investieren. Das war ein kraftvolles Bild und gab den nachfolgenden Psychologen und Psychiatern mit auf den Weg, dass die Trauernden sich durch ihre Trauer hindurcharbeiten mussten, um sich schließlich auf der anderen Seite von dem Toten losreißen zu können. Wenn einem das nicht gelang, sprach man von pathologischer Trauer.

Denselben Gedankengang findet man auch in den späteren Trauermodellen, die von mehreren Stadien der Trauerarbeit sprechen. Besonders die Schweizerin Elisabeth Kübler-Ross hat mit ihren fünf Phasen, die sie 1969 in ihrem Buch *Interviews mit Sterbenden* vorstellte, tiefe Spuren im kollektiven Bewusstsein hinterlassen. Nach dem ersten Schock reagieren wir mit Nicht-wahrhaben-Wollen und bewegen uns danach durch diese fünf Phasen, bestehend aus Zorn, Verhandeln, Depressionen und am Ende Zustimmung, und damit das Losreißen von dem Verstorbenen. Obwohl weder Kübler-Ross noch Freud auf große Datenmengen zurückgreifen konnten, wurden ihre Thesen zum Kanon. Seit den 70er-Jahren, als man die Trauerberatung einführte, sprechen die Therapeuten davon, dass man sich durch den Schmerz arbeiten musste, um das Ziel zu erreichen. Um weiterzukommen.

Hier setzt sich die Moderne durch. Die religiöse Vorstellung vom Leben nach dem Tod wurde zu Grabe getragen, und man kann nicht mehr, wie früher, davon ausgehen, dass man seine Lieben auf der anderen Seite wiedersieht. Wenn man weiß, dass der Tod das Ende ist, dann ist es logisch, dass man sich von dem losreißen *muss*, den man vermisst.

Aber das ist eine Lüge. Wie soll man aufhören können, an die Toten zu denken? Ich habe meinen Mann physisch verloren, aber er ist für immer in meinem Bewusstsein, und zwar in der Sekunde, in der ich die Augen öffne. Manchmal ganz nah, wie im Augenwinkel, und manchmal ganz fern, als Umriss einer Erinnerung. Wie er an der Bettkante saß und »Schatz« sagte, sein scharfes Profil, wenn er auf dem Rücken lag und vollkommen geräuschlos schlief. Oder sein lautes ansteckendes Lachen.

Es ist unheimlich, dass man einerseits miterlebt, wie ein Mensch stirbt, mit seinen eigenen Augen *sieht*, wie das Leben aus ihm weicht, und bis ins Mark spürt, dass der Körper, den man so gut kennt, jetzt nur eine tote Hülle ist, und es andererseits absolut nicht glauben kann. Ich war nie religiös oder habe an ein Leben nach dem Tod geglaubt, aber nachdem ich drei Menschen habe sterben sehen – meine Mutter, meinen Vater und meinen Mann –, verstehe ich das Konzept Seele vollkommen. Von der einen Sekunde auf die andere verschwindet eine nicht greifbare Essenz, der flackernde Funke des Lebens. Puff. Aber die Toten bleiben für immer im Bewusstsein, auch ohne religiösen Glauben. Dort *können* sie niemals sterben, und das ist gut so.

Die moderne Trauerforschung spricht von *dauerhafter Verbindung* und bricht damit mit den alten Annahmen. Diese Erkenntnisse sind 1996 in den wissenschaftlichen Radar geraten mit der Anthologie *Continuing Bonds: Another View of Grief*, in der Studien zusammengetragen werden, die sich mit dem Umgang mit Trauer in verschiedenen Kulturen beschäftigen, sowie empirische Untersuchungen von Trauernden, die Familienangehörige verloren haben.

Die Psychologen Phyllis Silvermann, Steven Nickman und Dennis Klass zeigen an einer großen Gruppe von Kindern, wie die für ihren verstorbenen Elternteil eine Rolle entworfen haben und auf diese Weise mental und aktiv mit ihnen in Verbindung bleiben können. Untersuchungen von Witwen und Witwern haben gezeigt, dass sie auch Jahre nach dem Tod des Partners sich noch *nicht* verabschiedet haben. Einige berichten, dass sie die Anwesenheit spüren – bis hin zu Halluzinationen – und die Toten auch in neuen Beziehungen dabei sind. Aber was viel wesentlicher ist: Alle Forscher haben festgestellt, dass diese Beziehungen zu den Toten weder Anzeichen für schwerwiegende Probleme bei den Trauernden noch für die Entwicklung von Pathologien sind. Im Gegenteil.

Die dauerhafte Verbindung hat einen festen Platz im Trauerverständnis, das auch langsam in die professionellen Kreise eindringt. Und es löst endlich den linearen und endgültigen Trauerprozess ab. Das Duale-Prozess-Modell der Trauerbewältigung wurde 1999 von den niederländischen Psychologen Margaret Stroebe und Henk Schut eingeführt. Das Modell ist durch die Beobachtung einer großen Gruppe von Trauernden, die ihre Lebenspartner verloren haben, entwickelt worden. Laut Stroebe und Schut kann ein Trauerprozess nicht beendet werden. Sie sehen ihn nicht als eine Arbeit, an dessen Ende man auf der anderen Seite angekommen ist. Für sie ist es ein dynamischer Prozess, der zwischen zwei Sphären pendelt: Verlust und Wiederherstellung.

Die eine Sphäre handelt von der Trauer, dem Verstorbenen und allem, was Schmerzen verursacht. In der anderen wendet man sich den Herausforderungen zu, die zu einem Leben ohne den anderen gehören. Heute weiß man, dass der Trauerprozess sehr individuell ist und keine Aufgabe, die irgendwann abgeschlossen und erledigt ist. Die Trauer kommt immer wieder, auch Jahre nach dem Verlust, und man pendelt sein Leben lang zwischen den beiden Sphären hin und her. »Ein wichtiger Grundsatz unseres Modells ist, dass der Wechsel, das Pendeln zwischen den beiden Sphären wichtig für eine adaptive Bewältigung ist«, sagen Stroebe und Schut.

Rückblickend kann ich nicht sagen, dass ich irgendetwas bewältigt habe. Die Tage gingen ineinander über, ich lag auf dem Sofa und ließ das Radio oder den Fernseher laufen, damit ich Geräusche hörte. Meine Gedanken kreisten die ganze Zeit um ihn – der Krankheitsverlauf mit dem grotesken Verfall seines Körpers, der Tod und alles Unzumutbare daran. Der Schmerz kam in Wellen, um die Wirklichkeit, die auf mich wartete, konnte ich mich nicht kümmern. Genau genommen konnte ich mir gar kein Leben außerhalb meines Sofas vorstellen.

»Wann wird es pathologisch?«, fragte ich den Psychologen, den mir die Palliativabteilung ein paar Monate danach schickte, denn das gehörte zu ihrem Serviceangebot.

»Wir bezeichnen das nicht mehr als pathologisch«, erklärte er, »wir nennen es *komplizierte Trauer.*«

Immerhin sprechen wir von einer anhaltenden Trauerstörung, einem Zustand, den die Psychiater als psychisches Leiden deklarieren wollen. Die Leute hinter dem großen amerikanischen psychiatrischen Klassifikationssystem *DSM-5* haben das noch nicht entschieden. Die Diagnose wäre nur denen vorbehalten, die länger als sechs Monate nach einem Verlust so schwer in Mitleidenschaft gezogen sind, dass sie ihren Alltag nicht bewältigen können. Sie stecken fest in der verlustorientierten Sphäre der Trauer und sind nicht in der Lage, in die wiederherstellungsorientierte zu wechseln. Das ist ein Phänomen, das etwa jeden zehnten Trauernden trifft, und vorläufige Untersuchungen haben einige Risikofaktoren ermittelt, zu dieser Gruppe zu gehören: Frauen, pessimistische Lebenseinstellung, Diagnose einer ehemaligen Depression und hohes Stressniveau.

Ich hätte hinter alle Punkte einen Haken setzen können. Trotzdem bin ich nicht im Sumpf der komplizierten Trauer gelandet. Ich hatte unerträgliche Tage, ich weinte viel, aber nach sechs Monaten auf dem Sofa konnte ich wieder zur Arbeit gehen und ab und zu an *etwas anderes* denken.

Es gibt keine einzelnen Faktoren, die einen »normalen« Trauerprozess begünstigen, sagt Georg Bonanno, der zwei Jahrzehnte lang an der Columbia University über Trauer geforscht hat. Solide wirtschaftliche Verhältnisse helfen, robuste Persönlichkeitszüge und ein gutes soziales Netzwerk.

Ich hatte nichts davon. Aber ich habe etwas getan, was die Psychologen Michael Norton und Francesca Gino im *Journal of Experimental Psychology* beschrieben haben. Sie fanden heraus, dass Trauernde, die sich emotional als besonders widerstandsfähig erwiesen, sehr unterschiedlich waren. Allerdings hatten sie eins gemeinsam: Rituale. Kleine, persönliche und bedeutungsvolle Handlungen, die dabei helfen, Ordnung im mentalen Chaos zu schaffen.

Für mich waren es keine Rituale. Ich ließ Leonard Cohen sich immer und immer wieder durch *Alexandra Leaving* brummen, während ich mich voll und ganz den Tränen und meinem unbeherrschten Schluchzen hingab und trauerte, bis es im ganzen Körper wehtat. Wenn ich ausgeweint hatte, konnte ich endlich einschlafen. Tagsüber machte ich bestimmte Übungen auf dem Wohnzimmerboden, die Anzahl der Wiederholungen musste immer 56 sein. Die Anzahl Jahre, die er leben durfte.

»Denkst du noch ab und zu an ihn?«

Jetzt, knapp fünf Jahre nach seinem Tod, wird mir diese Frage immer wieder mal gestellt. Sie tun es verlegen und versuchen, es beiläufig klingen zu lassen. Dann muss ich lächeln. Weil ich nicht »ab und zu« an ihn denke, sondern jeden Tag mehrmals. Das geschieht ganz von selbst. Er ist einfach die ganze Zeit da.

Die Liebe, mit der ich vor fünf Jahren konfrontiert wurde, und die mir fast den Atem nahm, lebt weiter. Ich kann mich jederzeit nach ihr ausstrecken und sie in mir finden. Sie wird sogar immer stärker, seit sie von der alltäglichen Schwere der Trauer befreit ist. Alles Positive erscheint in strahlendem Licht. Damit ich nicht in romantische Überhöhung verfalle, ermahne ich mich immer wieder, dass er auch nervige Seiten hatte. Er war unfassbar schwerfällig, wenn es um Veränderung ging. Er weigerte sich, mir abends ein Glas Wasser aus der Küche mit ins Bett zu bringen, weil ich das selbst machen könne. Und so weiter.

Ich weiß nicht mehr, wie oft ich von Leuten kontaktiert wurde, die mich als Rednerin für irgendeine Trauerinitiative haben wollten. Was ich von einem Interview für einen Podcast halten würde, der sich vor allem an junge trauernde Menschen richtet? Oder könnte ich mir vorstellen, vor der Kamera über Trauer zu sprechen, dann könnte man die Filme im Netz hochladen? Und jedes Mal höre ich von den Initiatoren, dass wir etwas gegen das große Tabu Tod in unserer Gesellschaft unternehmen müssen.

Welches Tabu? Soweit ich sehen kann, hat die Trauer ein Hoch. Es werden haufenweise Bücher und Zeitungsartikel darüber geschrieben, und auch im Radio und Fernsehen kommen ständig Sendungen dazu. Außerdem wird mehr Geld in die Trauerforschung gesteckt als je zuvor. Mir kommt es fast vor, als würden wir in der Trauer schwelgen und eine Art modernen Trauerkult kultivieren, dessen zentrales Diktum ist, dass wir etwas unternehmen müssen.

Das ist in gewisser Weise genauso schlimm wie das Vorhaben, die Trauer zu einer Diagnose zu machen. Mit der Taburhetorik und dem Fokus machen wir daraus etwas Extraordinäres, das man eigentlich nicht bewältigen kann. Da müssen Professionelle ran – es ist schrecklich, dass es zu wenige Trauergruppen und ausreichend psychologische Hilfe gibt.

Trauer ist schmerzhaft, manchmal sogar unerträglich, aber es ist weder eine Krankheit noch ein nicht zu überwindendes Trauma. Es ist ein unumgänglicher Preis, den man für eine starke Bindung bezahlt. Wenn man mit einem Partner verschmolzen war, ist es, als würde man in Stücke gerissen werden, wenn dieser Mensch verschwindet. Trauer ist der unvermeidliche Nachteil von Liebe, und sie trifft uns tief und persönlich. Aber sie ist etwas, das wir überstehen müssen und können.

Man kann Trauer als eine evolutionäre Logik begreifen, sagen einige Forscher. Für den amerikanischen Mediziner Randolph Nesse ist die Trauer eine dezidiert evolutionäre Anpassung, sie hat eine Funktion und Überlebensvorteile. Nesse betont, dass wir nicht die einzigen Lebewesen sind, die Trauer empfinden können. Man hat auch bei Tieren Trauerreaktionen beobachtet. Außerdem sind Schmerzen sehr effektive Lehrmeister. Die unerträgliche Sehnsucht und der brennende Wunsch, den Verstorbenen noch an seiner Seite zu haben, sorgt nicht nur dafür, dass wir uns an ihn erinnern, sondern auch auf die Verbliebenen, mit denen wir verbunden sind, besser aufzupassen. Trauer verstärkt die Qualität des sozialen Zusammenhalts.

Der junge Psychologe Bo Winegard von der Florida State University fügt 2014 in einem Artikel in der *Personality and Social Psychology Review* noch einen weiteren Aspekt hinzu. Trauer ist als soziales Signal entwickelt worden. Als Zeichen für die anderen Gruppenmitglieder – sowohl existierende als auch potenzielle Partner –, dass man in der Lage ist, enge und verpflichtende Bindungen einzugehen. Ich trauere, ergo bin ich vertrauenswürdig, du kannst dich mir getrost ergeben.

Der Verlust eines geliebten Menschen ist intensiv und schmerzvoll, aber für mich vermischt sich das mit dem Hochgefühl, eine Katastrophe überlebt zu haben. Nicht, weil ich meine, dass man immer etwas aus dem lernen kann, was man erlebt hat. Und ich bin überzeugt, dass Verlust und Trauer in vielen Fällen eindeutig ein großes Unheil sind. Die Floskel – was nicht tötet, härtet ab – ist eben eine Floskel und keine universelle Wahrheit. Aber wenn ich mich so ansehe, kann ich Veränderungen feststellen, die zu meinem Besten sind.

Das ist zum einen der natürlich sehr banale Perspektivwechsel. Die meisten Probleme kommen mir auf einmal klein und unbedeutend vor, und ich habe das Grundgefühl, alles überstehen zu können. Komm schon! Aber die einschneidendste Veränderung war, dass die Liebe zu meinem Mann sich in mir eingerichtet hat. Als ein inneres Kraftwerk. Die heimatlose Liebe, die so lange nur brannte und schmerzte, hat sich in einem Feuer gesammelt, an dem ich mich wärmen kann und das niemals ausgeht.

Aber da ist noch etwas. Es hat mich umgeworfen, dass

mein Mann so schnell und so früh gestorben ist. Unzumutbar früh. Aber jetzt, auf der anderen Seite von dem Allerschlimmsten, habe ich keine Angst mehr vor dem Tod. Natürlich habe ich eine Todesangst, wenn ich in einer scharfen Rechtskurve fast von einem Laster umgefahren werde oder mich ein Fahrradbote rammt. Aber der Gedanke, dass ich eines Tages spurlos verschwinde (und meine sterbliche Hülle von Studenten im Keller unter dem Panum Institut sezieren lasse), ist friedlich.

Das hat nichts mit Lebensmüdigkeit zu tun. Im Gegenteil. Die Trauer ist immer bei mir und schlägt manchmal ihre Klauen in mich. Weil Trauer so funktioniert. Aber ich kann fröhlich durch die Welt gehen, manchmal sogar glücklich. Aber ich lebe getreu nach Epikurs Haltung zum Tod: »Das schauerlichste Übel also, der Tod, geht uns nichts an; denn solange wir existieren, ist der Tod nicht da, und wenn der Tod da ist, existieren wir nicht mehr.«

Die Abwesenheit von der Angst, wann das Leben vorbei sein könnte, gibt die Freiheit zu leben.

»Meine Liebe zu einem Mann wird niemals größer sein als die Liebe zu meiner Familie und meinen Freunden«, sagt die 27-jährige Journalistin und Schriftstellerin Amalie Langballe. Das steht so in einer Frauenzeitschrift, und zwar von jener Sorte, die ich nur beim Friseur lese, während mir die trockenen Spitzen geschnitten werden. Der Satz berührt etwas, was mir auch schon aufgefallen ist.

Es hat sich etwas in der Landschaft der Liebe getan, ein Erdrutsch oder eine seismische Verschiebung. Die klassische Romantik, die seit dem 19. Jahrhundert als Rahmen fungierte, bekommt die ersten Sprünge. Nehmen wir zum

Beispiel den neuen zentralen Fokus auf Freundschaften und Familie.

Amalie Langballes Satz klingt wie das Echo eines Gesprächs, das ich mit der belgischen Soziologin Beate Volker geführt habe. Sie hat sich als eine der wenigen dezidiert mit Freundschaften beschäftigt, mit ihrer Bedeutung und Entwicklung. Wie selbstverständlich sprach sie von einer neuen Tendenz in den ganz jungen Generationen, die ihre Freundschaften viel mehr als früher als feste und eigentliche Liebesbeziehungen ansehen. Für sie sind es die romantischen Beziehungen zu Partnern oder Fast-Partnern, die kommen und gehen.

Ein Anzeichen für diese Verschiebung hat auch der Literaturhistoriker Sophus Helle in der populären Kultur festgestellt. In dem digitalen Magazin *Aeon* beschreibt er, wie sich die Liebe und ihre Formen in den Disneyfilmen der letzten zehn Jahre verändert haben. Gerade Disney ist als kommerzieller Unterhaltungsgigant ein hervorragender Thermostat für Mainstream und breite gesellschaftliche Akzeptanz. Hier geht es nicht um Trends oder darum, sozial und moralisch Zeichen zu setzen, sondern um ein kollektives Stimmungsbild.

Liebesgeschichten sind nach wie vor die Expertise von Disney, stellt Sophus Helle fest, und die Geschichten sollen alle ein Happy End haben. Aber der Schwerpunkt hat sich merklich verschoben von der guten alten (heterosexuellen) romantischen Liebesgeschichte, die wir aus *Schneewittchen*, *Dornröschen* und *Die Schöne und das Biest* kennen, hin zu Geschichten von der Liebe unter Freunden und der Liebe in der Familie.

In den neueren Filmen wie *Merida – Die Legende der Highlands* von 2012 oder *Die Eiskönigin – Völlig unverfroren* von 2013 geht es um Eltern und ihre Kinder, die wieder vereint werden, oder entfremdete Geschwister, die wieder zueinanderfinden. Auch der Kontrast zwischen der klassischen Version von Dornröschen und dem Remake *Maleficent – Die dunkle Fee* von 2014 ist sehr deutlich. Ist es noch der Prinz, der in der ersten Ausgabe Dornröschen wachküsst und von der Verwünschung der bösen Fee befreit, muss die böse Fee in der moderneren Variante ihre Taten bereuen und Dornröschen höchstpersönlich wachküssen. In *Findet Dorie* von 2016 wird die Liebe in Form einer bunt zusammengewürfelten Regenbogenfamilie gelebt, die neben dem Hauptcharakter, einem kleinen Fisch, aus wiedergefundenen biologischen Verbindungen und Freunden besteht.

Das Universum der Liebe wandelt sich. Es ist kein klassisches Sonnensystem mehr mit einem romantischen Partner im strahlenden Zentrum. Heute ist es eher ein Sternennebel oder ein Asteroidengürtel. Echte Liebe – *true love* – muss nicht mehr notwendigerweise zwischen zwei Partnern stattfinden, sondern kann das sein, was einen mit der Familie oder mit Freunden verbindet.

Wir sprechen hier zwar *nur* von Popkultur, allerdings gibt es mittlerweile ein paar handfeste Statistiken, die etwas über die Lebensentscheidungen der jungen Menschen von heute aussagen. 2018 wurde in der Zeitschrift *The Atlantic* eine Sex-Rezession bei den Millennials – die zwischen 1980 und 2000 geboren wurden – proklamiert.

»Es könnte eine großartige Zeit für Sex sein«, schreibt die Journalistin Kate Julian und weist damit auf die moralische Befreiung hin, die größer sei als jemals zuvor. Trotzdem haben die Jüngeren weit weniger Sex als ihre Eltern und sogar Großeltern im entsprechenden Alter.

Der amerikanische Psychologe Jean Twenge hat sich die Sache etwas genauer angesehen und herausgefunden, dass etwa 15 Prozent der Millennials gar keinen Sex haben, dreimal so viel wie in den vorangegangenen Generationen, der Generation X oder der Babyboomer der Nachkriegsjahre. In der Zeit von 1991 bis 2017 fiel die Zahl der Highschoolschüler, die Sex hatten, von 54 auf 40 Prozent.

Diese Zurückhaltung begrenzt sich nicht nur auf die USA, sondern zeigt sich auch in europäischen Ländern wie den Niederlanden, Großbritannien, Schweden und Dänemark. In Großbritannien bestätigen die Zahlen des National Survey of Sexual Attitudes and Lifestyles die amerikanischen Ergebnisse. Zwischen 2001 und 2012 haben die 16–44-Jährigen ihr Sexualverhalten deutlich verändert, von etwa sechs Mal im Monat bis knapp vier Mal im Monat. Das ist eine Abnahme von fast 60 Prozent. Gleichzeitig haben die Niederlande beobachtet, dass das Alter für das »erste Mal« zwischen 2012 und 2017 von 17,1 auf 18,6 gestiegen ist. Und auch der erste Kuss und physische Kontakte zwischen den Geschlechtern finden später statt.

Was passiert da? Für mich ist nicht der fehlende Sex das Interessante, sondern was die Enthaltsamkeit über das Gefühlsleben aussagt. Die Sex-Rezession, wenn wir diesen Begriff akzeptieren, könnte lediglich ein Symptom dafür sein, dass sich das Verhältnis zur Liebe verändert, dass die jungen Menschen weniger feste Beziehungen eingehen und dies später tun.

Es ist eine weitverbreitete Vorstellung, dass die Jugend von heute in einer Hook-up-Kultur lebt, in der man Sex und Liebe trennt, und ihre animalischen und entfesselten Triebe in One-Night-Stands und kurzlebigen Beziehungen auslebt. Hook-ups sind akzeptiert in unserer Kultur, aber sie sind nicht das Verlockendste. Sex findet in der Regel häufiger in Beziehungen statt, aber genau damit tun sich die Millennials schwer.

Als 1995 die große amerikanische Add-Health-Studie 17-jährige befragte, ob sie schon eine romantische Beziehung gehabt hätten, antworteten 74 Prozent der Frauen und 66 Prozent der Männer mit Ja. 2014 stellte das Pew Research Center die etwas breiter aufgefächerte Frage, ob die 17-jährigen entweder eine Beziehung, ein Hookup oder ein Date gehabt hatten. Dieses Mal antworteten nur 46 Prozent mit Ja. Auch hier sind die Zahlen um etwa 60 Prozent gesunken.

Niemand hat gute oder zufriedenstellende Antworten auf das Warum. Aber die meisten qualifizierten Ansätze zeigen auf einen eher pragmatischen Aspekt. Besonders die amerikanischen Forscher beobachten, dass die jungen Menschen unter einem großen Druck stehen, etwas im Leben zu erreichen. Sie haben einfach keine Zeit für romantische Beziehungen. Freunde passen viel besser in dieses getriebene Leben.

Slow love nennen der Psychologe Justin Garcia und die Anthropologin Helen Fisher diese Tendenz. Ihre Hypothese lautet, dass den jungen Menschen lang anhaltende verpflichtende Beziehungen wichtig sind, sie aber einfach die Phase verlängern, die dieser Verpflichtung vorausgeht. Wo frühere Generationen sich kopfüber in die Liebe gestürzt haben, alles gewagt und grandios gescheitert sind (daher kommt die serielle Monogamie), wollen die Jungen »alles über den potenziellen Partner erfahren, bevor sie Energie und Geld für eine Partnerschaft investieren«.

Diese Haltung veranlasst unter anderem den Medienforscher Biswarup Sen von der University of Oregon, von einer antiromantischen Strömung zu sprechen. Ich finde, man kann das sehr gut an der Fernsehserie *Hochzeit auf den ersten Blick* sehen, die von den Dänen heiß geliebt wird. Dort überlässt man es sogenannten »Experten«, mithilfe von Statistiken und psychologischen Modellen passende Paare zusammenzustellen, die auch im Alltag funktionieren könnten. Hier wird die Romantik zu etwas Stabilem und Haltbarem und die Partnerwahl zu einer Art sozialer Ingenieurskunst.

Zurückblickend sehe ich, dass meine längste und intensivste Beziehung, die zu meinem Mann, sich von meiner Seite nicht durch große, stürmische Verliebtheit ausgezeichnet hat. Keine Blitze, kein euphorischer Wahnsinn. Und doch hat mich diese Beziehung dazu gebracht, über die Liebe nachzudenken.

Das Große, Laute fehlte, dafür habe ich eine tiefe, warme Freude empfunden, wenn wir zusammen waren. Ein kleines Fest. Ich saß in seiner Küche, und wir unterhielten uns bei gratiniertem Lachs, und ich hatte das Gefühl, dass es *richtig* ist. Ich war mit ihm eine bessere Version von mir. Es fühlte sich natürlich an, ein Gleichklang. Und daraus wurde eine Zusammengehörigkeit, die einfach passierte und dann zu einer festen Größe wurde.

Wir waren uns nicht immer einig, überhaupt nicht, aber wir wussten, was wir an uns hatten. Nichts, was ich sagte, konnte ihn verärgern oder beleidigen. Und sein extremer Sarkasmus, der andere manchmal verstörte, perlte einfach an mir ab. Wir waren zwei kantige Menschen, deren Kanten sehr gut zusammenpassten.

Aber ich gebe zu, dass ich eine Weile lang die berauschende Verliebtheit vermisst habe. Mir war sehr wohl klar, dass diese Phase maximal ein paar Monate anhält, trotzdem misstraute ich meinen Gefühlen. Konnte es denn wirklich »richtig« sein, wenn wir gar keinen »richtigen« Anfang gehabt hatten?

Damals kannte ich den Begriff nicht, aber man spricht in diesem Zusammenhang von einem kulturellen Fetisch.

Als Erben der Romantik haben wir diese besondere Phase als einen teuren Schatz hegen gelernt. Wir beschreiben uns gegenseitig, wie großartig es ist, verliebt zu sein, und sehen diesen Zustand als einen Rausch, dem man sich bedingungslos hingeben soll. Und wir haben keinen Zweifel daran, dass die Verliebtheit der natürliche Anfang einer lang anhaltenden Beziehung ist. Denn die Liebe entsteht aus der Verliebtheit, stimmts?

Eine gute Gelegenheit, sich wieder an die Biologie zu erinnern. Die Verliebtheit ist ein Trick, mit dem zwei Individuen dazu veranlasst werden, zusammenzukommen und für eine bestimmte Zeit beieinanderzubleiben. Ziel ist die Reproduktion. Es gibt keinen naturgegebenen Automatismus für die Entwicklung der lang anhaltenden Bindung, die wir Liebe nennen. Dass Verliebtheit und Liebe aneinandergekoppelt sein müssen, ist eine kulturelle Erfindung, die mit der Institution Ehe erklärt werden kann. Diese war schon lange als tragendes Element der Gesellschaft eingeführt worden, die Romantiker des 19. Jahrhunderts hatten diese Erbschaft angetreten und mussten nun ihre Huldigung der Gefühle darin unterbringen. Deshalb wurde die Verliebtheit der Auftakt der Liebe, die ein Leben lang halten sollte. Denn eine Ehe war lebenslänglich.

Ich glaube, wir tun uns alle einen großen Gefallen, wenn wir das enge Band zu den Romantikern lösen. Ich will damit nicht sagen, dass wir aus der Liebe einen pragmatischen Vorgang machen sollen. Wir sollten sie nur realistischer betrachten. Die Verliebtheit wird es immer geben, und wir können entscheiden, ob wir uns darauf einlassen wollen. Und die Erfahrung, im Bann dieser Gefühle von Wildheit und Hochspannung zu sein, erweitert den Horizont und bereichert das Lebensgefühl. Liebe, als Band von tiefer und lang anhaltender Qualität, können wir auf die unterschiedlichste Weise finden und erleben, wenn sich die Verliebtheit nicht einstellt oder sie sich nicht in Liebe verwandelt.

Ruth Feldman hat es so ähnlich in einem unserer Gespräche formuliert. Liebe kann eine unmittelbare Emotion sein, die einen überwältigt. Aber sie kann genauso gut *bottom up* entstehen, wie sie es nannte, und aus unseren Handlungen erwachsen.

»Es gibt unzählige Möglichkeiten, Liebe zu empfinden. Man muss nicht stillsitzen und warten, dass einen der Liebesblitz trifft. Man kann sich auf Menschen einlassen und sich die Zeit geben, sie kennenzulernen.«

»Eine Weile habe ich diagnostisch gedacht und ernsthaft überlegt, ob du eine Art Asperger hast«, sagt Asger Neumann und lässt diesen Satz zwischen uns in der Luft schweben. Dieses Mal findet die Sitzung bei mir zu Hause statt, und er sitzt auf dem Stuhl an meinem niedrigen Couchtisch, auf dem schon ein anderer Psychologe gesessen hat. Neun Monate nach dem Tod meines Mannes war der braungebrannte Psychologe, den die Palliativabteilung des Krankenhauses geschickt hatte, zu seinem letzten Besuch gekommen, um endlich sein Notizbuch zuzuklappen und sich zu verabschieden. Ich sei auf dem richtigen Weg und er wünsche mir alles Gute.

Und jetzt, während ich versuche, meinen Umgang mit der Liebe zu begreifen, wirft mir Neumann eine Aspergerdiagnose an den Kopf. Zugegeben, ich kann manchmal ganz schön sperrig sein, aber eine Autistin?

»Jaja, immer mit der Ruhe«, sagt er mit einem schiefen Lächeln und hält abwehrend die Hand in die Luft. »Ich habe mich sehr schnell wieder von dieser Idee verabschiedet, als ich erfahren habe, was mit dir nach dem Verlust deines Mannes passiert ist. Diese tiefe Liebe, von der du sprichst, die dich zu diesen Fragen gebracht hat und deretwegen wir hier zusammensitzen, zeigt sehr deutlich, dass du eine sichere und tiefe Verbundenheit erfahren hast.«

Neumann lächelt.

»Lass mich woanders anfangen«, sagt er und beißt in eins der Croissants, die er mitgebracht hat. »Mein Bild von dir ist der Marlboro-Mann. Du weißt schon, der *lone rider*-Typ.«

Einverstanden.

»Deine Herkunft hat dir eine sichere Bindung mitgegeben. Die frühen glücklichen Kindheitsjahre in Risskov, dein Bullerbü, haben deinen Blick auf die Welt geprägt. Die Welt ist ein aufregender Ort für dich. Das ändert sich mit eurem Umzug aufs Land und den Verlusten, die du erfährst.«

Er zählt diese Stationen mit den Fingern auf. Die Scheidung, ein weiterer ungewollter Umzug, die Krankheit meiner Mutter und ihr Tod.

»Wenn du über diese Zeit erzählst, spürt man deine Distanz dazu, du gehst auf Abstand zu anderen Menschen. Du darfst dabei eine Sache nicht übersehen, diese Verluste haben dich nicht umgeworfen. Du hast vielmehr eine Strategie entwickelt, damit umzugehen, indem du deine Aufmerksamkeit auf etwas anderes gerichtet hast.«

Das stimmt. Und wenn ich ehrlich bin, beschämt es mich fast, wenn ich daran denke, wie stark mich meine beiden großen Unglücke meines Lebens gemacht haben. Als ich meine Mutter verlor, war das mein Startschuss ins Leben, meine Jugend, berufliche Leidenschaft und Genuss. Als mein Mann stirbt, bin ich am Boden zerstört und bleibe lange dort unten liegen, aber ich verharre dort nicht, sondern finde meinen Weg zurück ins Leben, das sich vorwärtsbewegt. Ich habe Bücher geschrieben, eine Radiosendung ins Leben gerufen, und obwohl ich meine Trauer um den Verlust und meine Sehnsucht immer in mir trage, bin ich nicht chronisch unglücklich. Oder geschwächt. Wenn ich mich aufrichtig befrage, muss ich eingestehen, dass es mir in vielerlei Hinsicht sogar besser geht als je zuvor. Und es ist alles viel leichter geworden, hier auf der anderen Seite des »denkbar Schrecklichsten«.

»Du hast diese Verluste und Unglücke für dich nutzen gelernt, und das ist gut so …«, sagt Asger Neumann, macht aber eine Kunstpause. »Die Frage ist jetzt, welchen Einfluss diese Distanzierung auf deine Fähigkeit hat, Liebe zu *geben.*«

»Und?«

»Wenn du von deinen konkreten Beziehungen erzählst, höre ich deine Erwartung, dass von der anderen Seite Liebe kommt. Und die hast du auch bekommen. Aber irgendetwas stimmt nicht mit der Gegenseitigkeit. Es gibt Dinge, die du weder siehst noch machst. Und dieser blinde Fleck ist meiner Ansicht nach in der Zeit entstanden, als du in deinen Beziehungen auf Distanz gehen musstest.«

Neumann wechselt seine Beinstellung und lehnt sich in dem etwas zu tiefen Sessel vor.

»Das wird deutlich, wenn du von den fast therapeutischen Gesprächen mit deiner Mutter über ihr Leben und die Scheidung erzählst. Viele Jugendliche in deinem Alter von 14–15 Jahren wären in die totale Verweigerung gegangen, weil es sie überfordert hätte. Du aber bist geblieben und hast einen Weg gefunden, es auszuhalten, indem du das Thema wie auf Armlänge von dir ferngehalten hast. Das ist eine sehr effektive Methode, aber sie hat ihren Preis. Denn du hast dir diese innere Armlänge als Schema installiert.«

Und da waren sie schon wieder, die automatischen mentalen Reaktionen.

»Jetzt, wo du das sagst …«, murmele ich und erzähle Neumann von meinem Raum tief in mir. Denn es ist tatsächlich so. Wenn es in einer Beziehung schwierig für mich wird, ziehe ich mich in diesen Raum zurück. Dort habe ich die Gewissheit, dass ich in Sicherheit bin, ganz gleich, was dort draußen vor sich geht. Hier kann mich nichts berühren. Aber vielleicht hängt dieser Rückzug auch mit meiner tiefen diffusen Sehnsucht zusammen. Die Sehnsucht, oder zumindest der Gedanke daran, dass es dort draußen noch etwas anderes, Besseres geben könnte. Einen anderen. Wenn ich mich einem einzigen Menschen voll und ganz hingebe, mache ich mich verletzlich.

»Ja«, antwortet Asger Neumann. Dann steht er auf und verlässt kurz den Raum.

»Im Hinblick auf dieses ›Muster‹ von mir, was soll ich dagegen tun?«, frage ich, als er zurückkommt. »Was kannst du mir raten?«

»Als wir uns das erste Mal begegnet sind, hast du die Liebe als solches als dein Problem beschrieben, aber das ist sie nicht. Du hast als Kind Verbundenheit erfahren, du spürst eine starke Verbindung zu den Menschen, die du liebst, und mit deinen Gefühlen ist alles in Ordnung. Also, vergiss das. Aber dein Verhalten ist nach wie vor davon geprägt, du hältst dich zurück und vermeidest, weil du gelernt hast, dass es so am sichersten ist.«

Unten auf der Straße schreien Kinder.

»Lieben ist ein Verb«, sagt Asger Neumann. »Man *tut* etwas. Was du tun kannst, ist ein Gespür dafür zu entwickeln, wie *Akte der Liebe* aussehen, und sie dann zu üben. Wenn dir jemand etwas zu essen kocht, dann erinnere dich daran zu sagen, wie großartig es schmeckt.«

»Ich soll daran denken, mich fürs Essen zu bedanken? Das ist die Summe deiner psychologischen Weisheit?«, erwidere ich sarkastisch und habe das Gefühl, dass mein Vater neben mir sitzt und grinst.

»Da hast du es!«, ruft Neumann und kichert, wird aber gleich wieder ernst und kehrt zurück zu dem Ausgangspunkt unserer Gespräche.

»Die Liebe ist kein bestimmter Begriff oder ein Phänomen, sie ist ein Syndrom. Das bedeutet, dass man mehrere Ebenen und verschiedene Blickwinkel mit einbeziehen muss, um die Gesamtheit zu begreifen. Eine geeignete Analogie dafür ist eine Landschaft mit Dörfern, Wegen und so weiter. Diese Landschaft, unsere Natur, wurde von der Evolution geformt, und wir bestücken sie mit Konstruktionen, die wiederum eng mit unserer Erziehung und Kultur zusammenhängen. Jeder von uns hat eine eigene Konstituierung und Organisation, wenn es um die Liebe geht.«

Die Natur und die verschiedenen Ebenen aus Erziehung und kulturellen Normen bilden sozusagen die Konstitution unseres Ausgangspunktes, führt Neumann aus. Dazu gehören unsere Triebe und die Art, wie die Werte unseres Umfeldes diese Triebe beeinflussen und daraus dann Präferenzen entstehen. Die Organisation erfolgt in Form von Reflexion. Es ist die Verwaltung unserer Voraussetzungen. Man kann entscheiden, ob man etwas anderes probiert als das Triebgesteuerte, und sehen, ob es einem hilft.

»Dein Impuls und dein Bedürfnis müssen nicht eins sein, bedeutet, dein unmittelbarer Impuls kann im Ungleichgewicht mit deinem übergeordneten Bedürfnis stehen. Je besser wir unsere Landschaft, unsere Natur, kennen, desto freier können wir uns darin bewegen und Entscheidungen treffen.«

Da sind wir wieder bei seinem Bild des *lone rider.*

»Das Regulieren deiner Gefühle war sehr effizient, es

hat dich gerettet und es dir ermöglicht, deine Aufmerksamkeit auf die Welt zu richten. Außerdem konntest du so deine Autonomie bewahren. Für dich ist Unabhängigkeit keine bewusste Entscheidung, sondern eine Lebensbedingung, sie ist ein Teil deiner Natur und Genetik. Deshalb hat sich auf dein Gefühl, sicher gebunden zu sein, eine Schicht aus Abweisung und Vermeidung gelegt.«

Ich schenke uns Kaffee nach.

»Es gibt immer Interessenskonflikte, zwischenmenschlich und in uns selbst«, sagt Asger Neumann und nippt am Kaffee. »Der australische Arzt und Therapeut Russ Harris hat es auf den Punkt gebracht: *Love is a messy business.*«

Jetzt bin ich an der Reihe, stumm zu nicken. Ich bin davon überzeugt, dass die Liebe zwischen zwei Menschen niemals perfekt und problemlos sein wird, außer ab und zu in funkelnden Momenten, wenn wir Glück haben. Aber ich merke auch, dass mich das nicht stört. Es gibt keine hübsche Pauschallösung für das vielseitige Rätsel der Liebe. Das Interessante geschieht, während wir versuchen, die Dinge zu verstehen und es besser zu machen. Ich fühle mich furchtbar unbeholfen, aber habe das große Bedürfnis, meine Gedanken in Worte zu fassen.

»Die Liebe ist nicht das Ziel, kein sicherer Ort, den man nur erreichen muss, um erleichtert aufatmen zu können. Die Liebe ist der Weg dorthin.«

EPILOG

Die Situation in der leeren Kapelle ist absurd. Ich weiß nicht, was sie mit ihm gemacht haben, aber seine Wangen sind leicht gerötet, als könnte er jederzeit die Augen aufschlagen. Er sieht aus, als würde er schlafen, denke ich, als ich den weißen Sargdeckel schließe. *Er ist es wirklich, der Mann, den ich liebe, er liegt dort in der Kiste, und ich werde ihn nie wiedersehen.*

Gleich werden die anderen, die noch draußen warten, in die Kapelle kommen. Sie werden sich stumm an ihren Platz am Sarg stellen, während ihre Atemzüge kleine Wölkchen erzeugen. Viele von ihnen kenne ich nicht. Es sind seine Freunde aus Schulzeiten, ein paar enge Vertraute und einige Kollegen aus der Musikbranche, die er vor Jahrzehnten verließ.

Ich werde mit meiner sonderbar dünnen Stimme meine Rede halten und mich fühlen, als würde ich neben mir stehen und mich beobachten. Nach diesen Worten und einer Minute der Andacht werden sechs von uns den Sarg, in dem er liegt, mit kleinen Schritten in den Leichenwagen tragen, der ihn direkt ins Panum-Institut fährt. Ich werde noch eine rote Rose auf den Sarg legen, bevor der Bestatter mit professionell gesenktem Blick diskret die Kofferraumklappe schließt.

Der Wagen wird auf kürzestem Weg zum Anatomischen Institut fahren, wo ihn ein Angestellter empfängt, die notwendigen Papiere ausfüllt und die Sendung quittiert. Ich weiß, wie das läuft, weil mich ein alter Professor durch die Kellerräume geführt hat. Ich immer hinterher mit meinem Notizblock, weil ich einen Artikel über den Vorgang geschrieben habe. Von der Körperspende, der monatelangen Präparation, zuerst in Alkohol, dann in Formalin, bis er unters Messer kommt. Ich habe einer Gruppe Studenten zugesehen, die begeistert Sehnen und Muskeln seziert haben, die sie nur aus Büchern kannten.

»Wenn ich sterbe, will ich nicht in der Erde liegen und vor mich hinrotten, sondern meine Organe spenden«, hatte er vor vielen Jahren schon gesagt. »Außerdem hoffe ich, dass sie einen Teil von mir als Präparat ins Regal von der anatomischen Sammlung stellen. Dann kannst du immer vorbeikommen und mich grüßen.«

Wie sollte ich jemals wieder über Liebe sprechen können? Es kam mir vollkommen unmöglich vor, einem Verrat gleich. Ich konnte mir nicht vorstellen, einem anderen Menschen jemals wieder so nah zu kommen. Auf physischer Ebene schon, und das konnte ich auch nach geraumer Zeit wieder zulassen. Aber tiefe und anhaltende Gefühle für jemanden zu entwickeln, war undenkbar.

Deshalb war dieser Teil von mir auch nicht involviert, als ich auf eine Nachricht auf Facebook antwortete. Darin stand, dass er meine Arbeit schon lange verfolgte und sich selbst sehr für Wissenschaft interessierte. Die Nachricht endete mit einer Frage: »Was hältst du von einer Tasse Kaffee oder einem Glas Wein?«

Unternehmertyp, dachte ich, als ich sein Profilbild sah. Strahlend weißes Hemd und schmale Anzughose, eine dünne Krawatte und ein großer, hässlicher Ring am Finger. Wahrscheinlich langweilig, aber unter Umständen eine ganz gute Connection, über die vielleicht ein paar Vorträge rausspringen würden. Also, warum nicht?

Als er die Weinbar betritt, trägt er ein T-Shirt und eine ziemlich zerschlissene Jeans; seine kurz geschnittenen Haare, die auf dem Profilbild braun aussahen, sind in Wirklichkeit grau. So auch die Bartstoppeln. Er redet sofort drauflos, mit ausschweifenden Gesten, seine Stimme ist tief und warm, wir reden über Filme und Bücher. Er ist so weit von einem Unternehmer entfernt, wie man das sein kann.

Aber er sieht viel zu gut aus, denke ich. Nicht besonders groß, dafür aber durchtrainiert, der Typ von Mann, der so viele Gewichte gestemmt und so viele Kilometer gerannt ist, dass sein Körper wie eine polierte Statue aussieht. Dieser Typ von Mann, um den ich immer einen weiten Bogen gemacht habe. Zu viel Oberfläche, nichts für mich – wenn ich überhaupt an so etwas interessiert gewesen wäre.

Im Laufe des Abends verliert er eine Wette und muss mich zu einem zweiten Date einladen. Es gibt mehr Wein, und über Monate hinweg taucht er immer wieder, wie zufällig, in meinem Leben auf. Zum Kaffee im Kongens Have, zu einem Spaziergang um den See oder zu einer Buchpremiere eines Freundes von ihm. Ich erfahre von seinem nicht-linearen Leben, seinem eigenwilligen Weg durchs Berufsleben und seiner wilden Leidenschaft für Schach und seiner Begabung für dieses Spiel. Ich höre ihm zu, ich erzähle von mir, aber halte ihn tatsächlich immer eine Armlänge von mir weg. Denn, ich bin nicht interessiert an einer Beziehung.

Dann wird es Sommer, und er fängt plötzlich an, sich

zurückzuziehen. Der Ton seiner Nachrichten wird etwas kühler, als wäre er schon auf dem Weg woandershin. Unerwartet trifft mich das Gefühl, dass mir etwas aus den Händen gleitet und droht für immer verloren zu gehen. Er hat eine andere kennengelernt, schießt es mir durch den Kopf, und ich spüre einen Stich. Ich bin allein auf Mallorca im Urlaub und fange an, ihm Fotos und kleine Berichte zu schicken. Das ist eine schamlose Selbstinszenierung, und mir ist das auch peinlich, aber ich kann nicht anders.

Er kommt zurück und scheint sehr viel näher zu kommen. Ich weiß nicht so genau, was ich davon halten soll. Aber dann, eines Spätsommerabends bei einem Sonnenuntergang auf Refshaleøen, auf einer abgeblätterten Parkbank, löst sich etwas tief in mir und schwebt an die Oberfläche.

Nach und nach merke ich, dass ich doch wieder über die Liebe sprechen kann. Und ich erkenne, dass man zwei Männer lieben *kann*, auch wenn der eine tot und der andere lebendig ist. Das Gefühl von Verrat, das ich erwarte, meldet sich nicht. Die neue Liebe überschreibt nicht meine Gefühle für den anderen, der nicht mehr da ist, sondern führt ihr eigenes Leben.

»Wir wissen heute sehr viel mehr über die Liebe und das Gehirn als noch vor ein paar Jahrzehnten … aber glauben wir wirklich, dass wir deshalb besser lieben oder Menschen bei der Liebe helfen können?«, fragt Richard Schwartz, Professor an der psychiatrischen Fakultät der *Harvard* Medical School in einem Interview mit der hauseigenen Zeitschrift. Er gibt auch gleich die Antwort: »Ganz bestimmt nicht.«

Diese Äußerung irritiert mich. Für mich bedeutet mehr Wissen auch mehr Handlungsmöglichkeiten. Je besser man die Mechanismen eines Phänomens begreift – die biologischen, psychologischen, soziologischen –, desto besser ist man in der Lage, am Rand der Fallgrube anzuhalten und den Sturz zu vermeiden. In der Welt der Therapeuten hat dieser Ansatz einen eigenen Ausdruck bekommen; man spricht von Metakognition. Die Methode der metakognitiven Therapie verwendet das Wissen über das Gehirn und somit über die Prozesse unserer Psyche, um beides wieder geradezurücken. Man identifiziert Denkmuster, die einem nicht guttun, und lernt, sein Gehirn in neue Bahnen zu lenken. Mit der Zeit werden die alten Muster durch neue ersetzt.

Mit der metakognitiven Therapie kann man seine Angst behandeln, posttraumatischen Stress und Zwangsgedanken lindern und einen Weg aus der negativen Grübelspirale finden, um Depressionen zu begegnen. Es gibt Untersuchungen und Material, die die Wirkung belegen. Warum sollte eine ähnliche Herangehensweise nicht auch bei der Liebe möglich sein?

Du findest das Wesen der Liebe nicht in irgendwelchen molekularen Strukturen, hatte mein Freund J gesagt. Damit hatte er recht. Liebe ist kein Gefühl, sagt Asger Neumann, sondern die Qualität einer Verbindung. Die Essenz dieses sonderbaren Bandes ist individuell, abhängig von unserem subjektiven Erleben der Liebe.

Es wird niemals einen genetischen Test oder eine physiologische Messvorrichtung geben, der uns zufriedenstellend und ein für alle Mal erklären kann, warum wir uns immer in den falschen Typen verlieben oder ob unsere Liebe genauso tief ist wie die unseres Partners. Es gibt keine Skala, keine Maßeinheit für Liebe.

Aber die biologischen Erkenntnisse helfen dennoch weiter. Zum einen das Verständnis dafür, dass die Voraussetzungen bei jedem Menschen anders sind. Kleine, angeborene genetische Variationen hinterlassen ihre Spuren in unserer Sexualität, unserer Lust und unseren Sehnsüchten. Vererbte DNA hat einen Einfluss auf die Konturen unseres Liebesbedürfnisses und -fähigkeit.

Bisher wissen wir nur wenig über einzelne, bereits identifizierte und untersuchte Gene. Die Forscher beobachten Varianten, die für die Umsetzung der Liebeschemikalien zuständig sind – Oxytocin, Vasopressin, Beta-Endorphin und so weiter –, und können dadurch statistische Unterschiede in der Qualität der Liebesbeziehungen feststellen. Sie haben erst angefangen, an der Oberfläche zu kratzen, dafür ist es die Oberfläche von etwas sehr Großem. Je mehr wir über die Bedeutung des genetischen Erbes erfahren, desto größer sind unsere Möglichkeiten, die Rolle der Umwelt zu verstehen.

Unsere Genetik entwickelt sich nicht nach einem festgelegten Programm, sondern befindet sich in einem ständigen Tanz mit dem Leben. Alles, was uns die Welt anbietet, was wir uns selbst anbieten, bestimmt, wie unsere Gene in jeder einzelnen Zelle aktiviert werden oder versiegen. Damit bestimmen wir auch, welche Rolle sie für unsere Gefühle und auch unser Verhalten spielen.

Hier verbinden sich Biologie und Psychologie wieder miteinander. Was kann uns die Neurobiologie über die Liebe sagen? Ruth Feldman sagt, dass keine der vielen und variierenden Liebesbeziehungen und -bande nur aus *Gefühl* bestehen. Die Mentalisierung hat einen großen Anteil daran, bewusste und unbewusste Überlegungen und Interpretationen. Der Teil des Gehirns, der für die soziale Kognition, Motivation und Zielstrebigkeit zuständig ist, beeinflusst unentwegt die Gefühle, indem er Erinnerungen, Persönlichkeit, Präferenzen und kulturelle Normen integriert.

Zentral ist auch die Erkenntnis der Plastizität unseres Gehirns. Die inneren Systeme der Liebe, ihre Biochemie und der permanente Austausch zwischen den Zellen ist keineswegs statisch und unveränderlich, sondern kann moduliert werden. Mehr oder weniger zumindest, denn auch dort gibt es Unterschiede. Die einen haben mehr Glück bei der Lotterie der Gene und sind weniger starr und verfügen deshalb über mehr Spielraum für Veränderungen. Wir müssen selbst experimentieren und herausfinden, wie weit unsere Veränderungsmöglichkeiten und die Bereitschaft dazu gehen.

»Und, was hast du daraus gelernt?«, würde mein Vater fragen.

Eine ganze Menge, hätte ich ihm geantwortet, wobei er vor allem am Wissenschaftlichen interessiert gewesen wäre. Die Bindungstheorie, und wie die frühen Bindungen Zugang in die psychologischen Schemata finden und in unseren Erwartungen und Gefühlen Spuren hinterlassen. Ihn hätte auch die komplexe und komplizierte Verschmelzung von Natur und Kultur interessiert. Wir hätten uns stundenlang darüber unterhalten können, wie die Eigenschaften und Präferenzen, die uns die Evolution sorgfältig eingepflanzt hat, im Laufe der Zeit durch die Geschichte, gesellschaftliche Normen und Erziehung verändert wurden.

Wovon ich ihm aber am liebsten erzählt hätte, ist von meiner Dankbarkeit. Wie die Entdeckungsreise zum Wesen der Liebe meinen Blick auf meine eigene Geschichte verändert hat. Was mit einem monströsen Verlust und der eiskalten Erkenntnis begann, dass ich für die Liebe blind war, endet mit einem neuen Blick auf mich und mit der Möglichkeit, den Kurs zu korrigieren.

Mein Vater hat mir mit dem, was wir hatten – der

Resonanz und unserem gegenseitigen Einverständnis –, ein großes Geschenk gemacht. Diese Liebe hat mich auf meiner Reise durch die Welt getragen. Sie zieht sich wie ein fein gesponnener goldener Faden durch alles, was ich gemacht habe. Sie glitzert in meiner Leidenschaft, Dinge zu beobachten, zu untersuchen und zu entdecken, und bildet ein feinmaschiges Netz, das mich immer und immer wieder aufgefangen hat, wenn mich das Unglück zu Boden warf.

Mein Projekt war von Anfang an ein offenes Experiment. Ich wollte sehen, was dabei herauskommt, wenn ich meine persönlichen, subjektiven Erfahrungen und Fragestellungen dem analytischen Blick eines Psychologen vorlege und gleichzeitig meinen Horizont mit einem wissenschaftlichen Blick erweitere. Daraus ist keine klare, lineare Geschichte über die Liebe geworden, viel eher ein Mosaik. Und das ist auch die Lehre, die ich daraus ziehe: Unser Leben ist keine vorgegebene und stringente Erzählung, sondern ein Mosaik, das zum Großteil aus mehr oder weniger zufällig ausgewählten Teilen zusammengesetzt wird. Je nachdem, womit wir gestartet sind, was uns unterwegs begegnet ist und wofür wir uns entschieden haben.

Ich bin mit der etwas schwammigen Ambition losgelaufen, besser lieben zu können. Aber meine Reise hat mir gezeigt, dass es gar nicht unbedingt um diese Fähigkeit geht. Ich habe Liebe erfahren und starke Bindungen geknüpft. Das konnte ich. Was mir gefehlt hat, war der Blick auf diese Bindungen und wie sie mich gehalten haben und halten können.

Jetzt ist diese Erkenntnis so klar wie ein Eimer Wasser, der über das Mosaik meines Lebens geschüttet wird, damit ich endlich die vielen funkelnden Formen *sehen* kann, die Liebe ausmacht. Wenn ich jetzt meinen Weg fortsetze, weiß ich, welche Teile ich als Nächstes aufheben werde.

DANKSAGUNG

Liebe. Vom höchsten der Gefühle war kein einfaches Projekt, und es ist überhaupt nur möglich gewesen, weil mich wohlwollende und enthusiastische Menschen begleitet und unterstützt haben, finanziell oder moralisch.

Ein großer, herzlicher Dank geht an Asger Neumann, der für unsere Gespräche viel Zeit und Energie investiert hat. Ich danke Klaus Rothstein dafür, nicht nur ein guter Freund, sondern auch ein sehr guter Kritiker zu sein.

Ich bin sehr dankbar für die finanzielle Unterstützung, die ich vom Carlsbergs Mindelegat for Brygger J. C. Jacobsen, vom Statens Kunstfond, vom William Demant Fonden sowie vom Bodil Pedersen Fonden erhalten habe.

Und ich verneige mich tief vor Peter Skovgaard, der ungeachtet aller Prüfungen an meiner Seite steht und es unverdrossen weiterhin tut.

LITERATURVERZEICHNIS

Bücher

Blum, Deborah. *Die Entdeckung der Mutterliebe: Die legendären Affenexperimente des Harry Harlow (Neue Wege für Eltern und Kind)*, Psychosozial-Verlag 2022.

Bonke, Jens. *Familien – et rationelt valg*. Aarhus Universitetsforlag, 2016.

Gray, Peter B. & Kermyt G. Anderson. *Fatherhood: Evolution and Human Paternal Behavior*. Harvard University Press, 2012.

Karandashev, Victor. *Romantic Love in Cultural Contexts*. Springer International Publishing, 2017.

Lehrer, Jonah. *A Book About Love*. Simon & Schuster, 2016.

Platon. *Das Gastmahl,* Über u. hrsg. v. Thomas Paulsen. Nachw. u. Anm. v. Thomas Paulsen u. Rudolf Rehn, Reclam 2008.

Sternberg, Robert J. & Karin Sternberg (Hrsg.). *The New Psychology of Love,* 2. Ausgabe Cambridge University Press, 2018.

Allgemeine Artikel

Anderson, Oscar C. A. »Vem ska en kvinnlig akademiker gifta sig med?«. *Kvartal*, 14. Februar 2019.

Aronson, Polina. »Romantic regimes«. *Aeon*, 22. Oktober 2015.

Christensen, Mie. »Danmark sætter verdensrekord i utroskab«. *Euroman*, 8. August 2017.

Emerging Technology. »First Evidence That Online Dating Is Changing the Nature of Society«. *MIT Technology Review*, 10. Oktober 2017.

Feldman, Ruth. »The biology of love«. *Aeon*, 13. Februar 2020.

Finkel, Eli J. »In Defense of Tinder«. *The New York Times*, 6. Februar 2015.

Finkel, Eli J., Paul W. Estwick, Benjamin R. Karney, Harry T. Reis & Susan Sprecher. »Tips for Successful Dating in a Digital World.« *Scientific American Mind*, März 2016, vol. 25(1).

Healy, Ben. »Are Siblings More Important Than Parents?«. *The Atlantic*, November 2018.

Helle, Sophu. »Love isn't what it was«. *Aeon*, 12. Juni 2019.

Jakobsen, Siw Ellen. »Politikerne er bekymret for ensomhet. Men er det virkelig et økende folkehelseproblem?« *forskning.no*, 13. Mai 2019.

Jankowiak, William. »When It Comes to Love, is Three (or More) a Crowd?«. *SAPIENS*, 14. Februar 2018.

Julian, Kate. »Why Are Young People Having So Little Sex?«. *The Atlantic*, Dezember 2018.

Machin, Anna. »The marvel of the human dad«. *Aeon*, 17. Januar 2019. 285

Parker-Pope, Tara. »Should We All Take the Slow Road to Love?«. *The New York Times*, 2. Juli 2019.

Powell, Alvin. »When love and science double date«. *The Harvard Gazette*, 13. Februar 2018.

Ringgaard, Anne. »Du lever i en anti-romantisk tid: Tinder og SoMe går ud over kærligheden«. *Videnskab.dk*, 23. Oktober 2019.

Salam, Maya. »For Online Daters, Women Peak at 18 While Men Peak at 50, Study Find Oy«. *The New York Times*, 15. August 2018.

Shellenbarger, Sue. »Moms, Let Dad Be Dad«. *The Wall Street Journal*, 16. Juni 2015.

Titlow, John Paul. »How To Get A Match, According to Tinder's Sociologist«. *Fast Company*, 3. August 2016.

Whyte, Chelsea. »Survey reveals students' hopes and fears about sex«. *New Scientist*, 10. Juli 2019.

Abraham, Eyal, Talma Hendler, Orna Zagoory-Sharon & Ruth Feldman. »Network integrity of the parental brain in infancy supports the development of children's social competencies«. *Social Cognitive and Affective Neuroscience*, November 2016, vol. 11(11), 1707–1718.

Atzil, Shir, Talma Hendler & Ruth Feldman. »The brain basis of social synchrony«. *Social Cognitive and Affective Neuroscience*, August 2014, vol. 9(8), 1193–1202.

Atzil, Shir, Talma Hendler, Orna Zagoory-Sharon, Yonatan Winetraub & Ruth Feldman. »Synchrony and Specificity in the Maternal and the Paternal Brain: Relations to Oxytocin and Vasopressin«. *Journal of the American Academy of Child & Adolescent Psychiatry*, August 2012, vol. 51(8), 798–811.

Bartz, Jennifer A. »Oxytocin and the Pharmacological Dissection of Affiliation«. *Current Directions in Psychological Science*, April 2016, vol. 25(2), 104–110.

Bartz, Jennifer A., Jamil Zaki, Kevin N. Ochsner, Niall Bolger, Alexander Kolevzon, Natasha Ludwig & John E. Lydon. »Effects of oxytocin on recollections of maternal care and closeness«. *Proceedings of the National Academy of Sciences of the United States of America*, Dezember 2010, vol. 107(50), 21371–21375.

Buss, David M. »Sexual Jealousy«. *Psychological Topics*, September 2013, vol. 22(2), 155–182.

Buss, David M. & David P. Schmitt. »Evolutionary Psychology and Feminism«. *Sex Roles*, April 2011, vol. 64(9), 768–787.

Buss, David M. & David P. Schmitt. »Mate Preferences and Their Behavioral Manifestations«. *Annual Review of Psychology*, Januar 2019, vol. 70, 77–110.

Cacioppo, Stephanie, Francesco Bianchi-Demicheli, Chris Frum, James G. Pfaus & James W. Lewi. »The Common Neural Bases Between Sexual Desire and Love: A Multilevel Kernel Density fMRI Analysis«. *The Journal of Sexual Medicine*, April 2012, vol. 9(4), 1048–1054.

Fearon, R. Pasco, Marian J. Bakermans-Kranenburg, Marinus H. Van Ijzendoorn, Anne-Marie Lapsley & Glenn I. Roisman. »The Significance of Insecure Attachment and Disorganization in the Development of Children's Externalizing Behavior: A Meta-Analytic Study«. *Child Development*, März-April 2010, vol. 81(2), 435–456.

Feldman, Ruth, Katharina Braun & Frances A. Champagne. »The neural mechanisms and consequences of paternal caregiving«. *Nature Reviews Neuroscience*, April 2019, vol. 20(4), 205–224.
Feldman, Ruth. »The neurobiology of mammalian parenting and the biosocial context of human caregiving«. *Hormones and Behavior*, Januar 2016, vol. 77, 3–17.
Fisher, Helen E., Arthur Aron & Lucy L. Brown. »Romantic Love: A Mammalian Brain System for Mate Choice«. *Philosophical Transactions: Biological Sciences*, Dezember 2006, vol. 361(1476), 2173–2186.
Fisher, Helen E., Garcia, Justin R., *Why we Hook up. Searching for Sex or Looking for Love?* in: Shira Tarrant (Hrsg.), Gender, Sex, and Politics In the Streets and Between the Sheets in the 21st Century (2015), 238–250.
Franiuk, Renae, Dov Cohen & Eva M. Pomerantz. »Implicit theories of relationships: Implications for relationship satisfaction and longevity«. *Personal Relationships*, Dezember 2002, vol. 9(4), 345–367.
Franiuk, Renae, E. Ashley Shain, Lauren Bieritz & Courtney Murray. »Relationship theories and relationship violence: Is it beneficial to believe in soulmates?«. *Journal of Social and Personal Relationships*, September 2012, vol. 29(6), 820–838.
Franiuk, Renae, Eva M. Pomerantz & Dov Cohen. »The Causal Role of Theories of Relationships: Consequences for Satisfaction and Cognitive Strategies«. *Personality and Social Psychology Bulletin*, November 2004, vol. 30(11), 1494–1507.
Gildersleeve, Kelly, Martie G. Haselton & Melissa R. Fale. »Do Women's Mate Preferences Change Across the Ovulatory Cycle? A Meta-Analytic Review«. *Psychological Bulletin*, September 2014, vol. 140(5), 1205–1259.
Groh, Ashley M., Angela J. Narayan, Marian J. Bakermans-Kranenburg, Glenn I. Roisman, Brian E. Vaughn, R. M. Pasco Fearon & Marinus H. van Ijzendoorn. »Attachment and Temperament in the Early Life Course: A Meta-Analytic Review«. *Child Development*, Mai 2017, vol. 88(3), 770–795.
Groh, Ashley M., R. M. Pasco Fearon, Marian J. Bakermans-Kranenburg, Marinus H. van Ijzendoorn, Ryan D. Steele & Glenn I. Roisman. »The significance of attachment security for children's social competence with peers: a meta-analytic study«. *Attachment & Human Development*, März 2014, vol. 16(2), 103–136.

Groh, Ashley M., R. M. Pasco Fearon, Marinus H. van Ijzendoorn, Marian J. Bakermans-Kranenburg & Glenn I. Roisman. »Attachment in the Early Life Course: Meta-Analytic Evidence for Its Role in Socioemotional Development«. *Child Development Perspectives*, März 2017, vol. 11(1), 70–76.

Heckert, D. Alex, Thomas C. Nowak & Kay A. Snyder. »The Impact of Husbands' and Wives' Relative Earnings on Marital Disruption«. *Journal of Marriage and Family*, August 1998, vol. 60(3), 690–703.

Jankowiak, William, Yifei Shen, Shiyu Yao, Cancan Wang & Shelly Volsche. »Investigating Love's Universal Attributes: A Research Report From China«. *Cross-Cultural Research*, Oktober 2015, vol. 49(4), 422–436.

Joel, Samantha, Paul W. Eastwick & Eli J. Finkel. »Is Romantic Desire Predictable? Machine Learning Applied to Initial Romantic Attraction«. *Psychological Science*, vol. 28(10), Oktober 2017, 1478–1489.

Keller, Heidi. »Attachment and Culture«. *Journal of Cross-Cultural Psychology*, Februar 2013, vol. 44(2), 175–194.

Lindholm, Charles. »Romantic Love and Anthropology«. *Etnofoor*, Januar 2006, vol. 19(1), 5–21.

Loving, Timothy J., Erin E. Crockett & Aubri A. Paxson. »Passionate love and relationship thinkers: Experimental evidence for acute cortisol elevations in women«. *Psychoneuroendocrinology*, Juli 2009, vol. 34(6), 939–946.

Lukas, D. & T. H. Clutton-Brock. »The Evolution of Social Monogamy in Mammals«. *Science*, August 2013, vol. 341(6145), 526–530.

Lykes, Valerie A. & Markus Kemmelmeier. »What Predicts Loneliness? Cultural Difference Between Individualistic and Collectivistic Societies in Europe«. *Journal of Cross-Cultural Psychology*, April 2014, vol. 45(3), 468–490.

Maner, Jon K. & Joshua M. Ackerman. »Sexually selective cognition«. *Current Opinion in Psychology*, Februar 2015, vol. 1, 52–56.

Moss, Justin H. & Jon K. Maner. »Biased Sex Ratios Influence Fundamental Aspects of Human Mating«. *Personality and Social Psychology Bulletin*, Januar 2016, vol. 42(1), 72–80.

Nelson, Alex J. & Kyu Jin Yon. »Core and Peripheral Features of the Cross-Cultural Model of Romantic Love«. *Cross-Cultural Research*, Dezember 2019, vol. 53(5), 447–482.

Park, Yoobin & Geoff MacDonald. »Consistency between individuals' past and current romantic partners' own reports of their personalities«. *Proceedings of the National Academy of Sciences of the United States of America*, Juni 2019, vol. 116(26), 12793–12797.

Pearce, Eiluned, Rafael Wlodarski, Anna Machin & Robin I. M. Dunbar. »Variation in the β-endorphin, oxytocin, and dopamine receptor genes is associated with different dimensions of human sociality«. *Proceedings of the National Academy of Sciences of the United States of America*, Mai 2017, vol. 114(20), 5300–5305.

Schmitt, David P. & Todd K. Shackelford. »Big Five Traits Related to Short-Term Mating: From Personality to Promiscuity across 46 Nations«. *Evolutionary Psychology*, April 2008, vol. 6(2), 246–282.

Schneiderman, Inna, Orna Zagoory-Sharon, James F. Leckman & Ruth Feldman. »Oxytocin during the initial stages of romantic attachment: Relations to couples' interactive reciprocity«. *Psychoneuroendocrinology*, August 2012, vol. 37(8), 1277–1285.

Štěrbová, Zuzana, Petr Tureček & Karel Kleisner. »She Always Steps in the Same River: Similarity Among Long-Term Partners in Their Demographic, Physical, and Personality Characteristics«. *Frontiers in Psychology*, Februar 2019, vol. 10(52).

Swain, James E., Jeffrey P. Lorberbaum, Samet Kose & Lane Strathearn. »Brain basis of early parent-infant interactions: psychology, physiology, and in vivo functional neuroimaging studies«. *Journal of Child Psychology and Psychiatry*, März 2007, vol. 48(3–4), 262–287.

Twenge, Jean M., Ryne A. Sherman & Brooke E. Well. »Sexual Inactivity During Young Adulthood Is More Common Among U.S. Millennials and iGen: Age, Period, and Cohort Effects on Having No Sexual Partners After Age 18«. *Archives of Sexual Behavior*, Februar 2017, vol. 46(2), 433–440.

Verhage, Marije L., R. M. Pasco Fearon, Carlo Schuengel, Marinus H. van Ijzendoorn, Marian J. Bakermans-Kranenburg, Sheri Madigan, Glenn I. Roisman, Mirjam Oosterman, Kazuko Y. Behrens, Maria S. Wong, Sarah C. Mangelsdorf, Lynn E. Priddis & Karl-Heinz Brisch. »Examining Ecological Constraints on the Intergenerational Transmission of Attachment Via Individual Participant Data Meta-analysis«. *Child Development*, November 2018, vol. 89(6), 2023–2037.

Walum, Hasse, Lars Westberg, Susanne Henningsson, Jenae M. Neiderhiser, David Reiss, Wilmar Igl, Jody M. Ganiban, Erica L. Spotts, Nancy L. Pedersen, Elias Eriksson & Paul Lichtenstein. »Genetic variation in the vasopressin receptor 1a gene (AVPR1A) associates with pair-bonding behavior in humans«. *Proceedings of the National Academy of Sciences of the United States of America*, September 2008, vol. 105(37), 14153–14156.

Walum, Hasse, Paul Lichtenstein, Jenae M. Neiderhiser, David Reiss, Jody M. Ganiban, Erica L. Spotts, Nancy L. Pedersen, 292 Henrik Anckarsäter, Henrik Larsson & Lars Westberg. »Variation in the oxytocin receptor gene (OXTR) is associated with pair-bonding and social behavior.« *Biol Psychiatry*, März 2012, vol. 71(5), 419–426.

Young, Rebecca L., Michael H. Ferkin, Nina F. Ockendon-Powell, Veronica N. Orr, Steven M. Phelps, Ákos Pogány, Corinne L. Richards-Zawacki, Kyle Summers, Tamás Székely, Brian C. Trainor, Araxi O. Urrutia, Gergely Zachar, Lauren A. O'Connell & Hans A. Hofmann. »Conserved transcriptomic profiles underpin monogamy across vertebrates«. *Proceedings of the National Academy of Sciences of the United States of America*, Januar 2019, vol. 116(4), 1331–1336.

Zengel, Bettina, Ellen M. Lee, W. Richard Walker & John J. Skowronski. »Romantic relationships and fading of affect for memories of the shared past«. *Applied Cognitive Psychology*, September-Oktober 2019, vol. 33(5), 861–872.